U1000707

YUYAN JIAOJI YISHU YU YINGYONG XIEZUO

语言交际艺术与应用写作

方习文　主编

全国百佳图书出版单位
时代出版传媒股份有限公司
黄山书社

图书在版编目(CIP)数据

语言交际艺术与应用写作 / 方习文主编 .—合肥：黄山书社，2019.8
ISBN 978-7-5461-8223-0

Ⅰ.①语… Ⅱ.①方… Ⅲ.①言语交往—语言艺术 ②汉语—应用文—写作 Ⅳ.① H019 ② H152.3

中国版本图书馆 CIP 数据核字（2019）第 086286 号

语言交际艺术与应用写作
YUYAN JIAOJI YISHU YU YINGYONG XIEZUO

方习文 主 编

出 品 人 葛永波
策　　划 张 锐
责任编辑 张 锐
装帧设计 李 昕
责任印制 李 磊
出版发行 黄山书社
地　　址 安徽省合肥市蜀山区翡翠路 1118 号出版传媒广场 7 层 邮编：230071
印　　刷 安徽国文彩印有限公司
版　　次 2019 年 8 月第 1 版
印　　次 2025 年 1 月第 4 次印刷
开　　本 787 mm × 1092 mm 1/16
字　　数 329 千字
印　　张 16.5
书　　号 ISBN 978-7-5461-8223-0
定　　价 43.00 元

服务热线 0551-63533706

销售热线 0551-63533761

官方直营书店（https://hsss.tmall.com）

《语言交际艺术与应用写作》

编　委　会

主　编　方习文

副主编　谈　莉　施小琼　曹栓姐

编　委　（按姓氏拼音排序）

曹栓姐　陈海银　褚群武　杜红梅

方习文　冯学红　刘玲玲　施小琼

谈　莉　童明均　徐兴菊　章杏玲

朱大银

目　录

上编　交际与非语言交际艺术

中编 语言交际艺术

下编 应用写作

上编

交际与非语言交际艺术

第一节　交际的含义与特点

一、什么是交际

“交际”这个词最早出现在《孟子·万章章句下》中。万章问曰:“敢问交际,何心也?”意思是,斗胆问一句,“交际”,要用什么样的心？什么是“交际”？朱熹的注解为:“际,接也。交际,谓人以礼仪币帛相交接也。”朱熹的注解里含有三个关键词:第一是“人”,“交际”是人与人之间的活动;第二是“交接”,“交际”就是与人打交道,接触,交往;第三是与“礼仪”“币帛”有关。概括起来,按朱熹的解释,交际就是人与人之间的礼尚往来。

这里可能存在疑问。动物与动物之间的交往行为算不算交际？从广义上说,这也是交际。科学研究与实验证明,动物会通过身体语言、声音、味道等,去表达合作、求偶、征服等动机,动物与动物之间的交往特征与规则,很多方面和人类是有相似性的。不只动物之间存在交际,就是自然本身、自然与人之间也存在“交际”互动关系。人类之间的交往规律与艺术不仅源自自然的赋予与感悟,也可以从对动物的研究中获得启示。原因在于,人是具有生物性基础与特征的。只是动物行为学不是我们关注的对象与目标,更重要的是,动物之间的交往和人与人之间的交际还是有着本质的不同。

还有一个疑问是,有没有一种可能,一个人可以彻底脱离人群,不和别人打交道,也能够生存与生活？这也成为生活中有些人性格内向,不爱交际、不善交际,并为此寻找的一个理由与借口。事实上,彻底孤立自己、绝对不和别人打交道,也能够生存与生活,这是不成立的。一个人交际的方式可能特殊一些,交际面可能窄一些,影响其积极交际的原因可能复杂一些,但是不可能彻底没有交际。“老死不相往来”,实际上是一种幻想。古人说“小国寡民”,虽然不开展对外交往,内部也是要求人与人之间相互交往合作的。陶渊明《桃花源记》中写道:

> 土地平旷,屋舍俨然,有良田美池桑竹之属。阡陌交通,鸡犬相闻。其中往来种作,男女衣着,悉如外人。黄发垂髫,并怡然自乐。

看似世外桃源,实则是理想的人间生活——人与人之间彼此文明交际,相处和谐美好,自给自足又互爱互助。所以,生存是必须相互依靠的,生活是必须彼此依赖的,进步与成长更是需要他人的帮助与认同的。如果不明白这个简单明确的道理,就对交际的重要性与艺术性缺乏足够的认识,会影响自身积极交际与主动交际。

孟子说,交际与"礼仪""币帛"有关。其实这两样东西,可用一个"礼"字概括。前者是礼节、礼仪,后者是礼物。前者是精神层面的,后者是物质层面的。一般情况下,交际都会表现出两者之间的统一。也就是,一方面要有礼貌、礼节与礼仪,另一方面,会同时赠送礼物。这是一种相互关系,即"礼尚往来"。礼多人不怪,礼轻情意重,都是中华交际文化的优良传统。虽然古今中外,交际的方式与礼仪的具体表现、要求不一样,但是交际的核心价值与实质性的要素并没有改变。

孟子谈到"交际"的原话是这样的:

> 万章问曰:"敢问交际,何心也?"孟子曰:"恭也。"曰:"却之,却之,为不恭,何哉?"曰:"尊者赐之,曰:'其所取之者,义乎? 不义乎?'而后受之;以是为不恭,故弗却也。"

万章问交际应该持有一个怎样的心,也就是交际的核心原则是什么,孟子回答了一个字:恭。恭就是恭敬。万章继续问,为什么人家送你礼物,你反复推辞,却被认为是不恭敬呢? 意思是,推辞别人的礼物也是不恭敬吗? 或者说人家送你礼物可以不问理由就直接收下吗? 孟子举了一个例子,譬如一位尊者或者长者送你礼物,你还要问,你的礼物是取之有道,还是不义之财,问清楚再去接受,这样做就是不恭敬的,所以最好不推辞,恭敬从命就好。孟子是讲"义"的,讲"义"并不是不讲策略的,不能不分场合问清楚是不是"义",对别人表达尊重恭敬也要讲实际情况。

在孟子这段话的前面,还有这样一段文字:

> 万章问曰:"敢问友。"孟子曰:"不挟长,不挟贵,不挟兄弟而友。友也者,友其德也,不可以有挟也。"

万章问交友的原则是什么,孟子说:"不倚仗年龄大,不倚仗地位高,不倚仗兄弟的势力去交朋友。交朋友,交的是品德,不能够有什么倚仗。"孟子认为交友,"德"才是最重要的。不要倚仗或者附加什么条件。所以"以财交者,财尽则交绝;以色交者,华落而爱渝。"(《战国策·楚策一》)"以权利合者,权利尽而交疏。"(《史记·郑世家赞》)"以势交者，势倾则绝；以利交者，利穷则散。”（《中说·礼乐》）一言以蔽之，这就是孟子所说的“友其德”，而不要友其财、色、权、利、势。

所以，交际是一门大学问，里面有道德境界，有知识要求，又有行为规范；有原则性，又有灵活性。

中国传统文化十分重视“交际”之学，其属于“礼学”的范畴。“五经”是《诗经》《尚书》《礼记》《周易》和《春秋》等五本儒家经典的合称，简称《诗》《书》《礼》《易》《春秋》，其中就有《礼》这部经典。“礼”的教育也是源远流长。传统教育重“六艺”，即六种才能与本领，类似于今天的核心知识与核心技能。它们是“礼”“乐”“射”“御”“书”“数”，分别为礼法、乐舞、射箭、驾车、识字书写和算数，其中射箭、驾车（御战车）为军事技能，“六艺”加在一起类似德智体美劳全面发展。而第一条就是“礼”，“礼”的教育与传授是放在第一位的。这里面有一个值得思考的问题，就是古代对于思想品德的教育是十分重视的，但是并没有专门的课程，而是和“礼”“诗”等教育融合在一起的。

孔子教育自己的儿子，有两句著名的话：“不学诗，无以言”“不学礼，无以立”。诗就是《诗经》，不学《诗经》怎么就不会说话呢？古代人写文章，包括在正式的场合下说话，常常引经据典，子曰诗云，很多观点材料都是来自《诗经》《论语》。曹操写《短歌行》，里面有诗句“呦呦鹿鸣，食野之苹。我有嘉宾，鼓瑟吹笙”。它不是曹操写的，而是曹操从《诗经》摘录的诗句。直到今天，人们很多场合下都会有意无意用《诗经》里的句子说理抒情，足以证明孔子的话是正确的。不学礼，无以立，就是不学礼，是干不成任何事情的。足见交际中知书达礼的重要性。

孔子是思想家，也是教育家。作为思想家，他重视“仁”“礼”；作为教育家，他重视“仁”与“礼”的传授与践行。子曰：“群居终日，言不及义，好行小慧，难矣哉！”孔子说，一群人整天聚在一起，说话不讲道德原则，胡吹乱侃，漫无边际，好逞能要小聪明，对这种口无遮拦、心中空虚、不能以道德来约束心身行为的人，对他们进行教化真感到困难呀！这里也是从人们的言行看出社会上普遍存在失仁失礼现象。

孔子十分善于听其言，观其行，从而判断一个人的品质与才能。他说：

> 侍于君子有三愆，言未及之而言，谓之躁；言及之而不言，谓之隐；未见颜色而言，谓之瞽。

意思是陪君子说话，要注意三种过失，第一是没到说话的时候说话，这叫急躁；到该说话的时候不说，这叫隐瞒；不顾对方的态度与表情说话，这叫自说自话。孔子认为，不会说话不只是不注意时机与艺术的问题，其实也是人品人格的问题。

《论语》中还记载“樊迟问稼”的事情。

> 樊迟请学稼。子曰:“吾不如老农。”请学为圃。曰:“吾不如老圃。”樊迟出,子曰:“小人哉,樊须也!”

樊迟请教如何耕种。孔子说:“我不如老农呀。”樊迟又请学如何治理园圃,孔子说:“我不如老圃呀。”樊迟退出后,孔子说他是没有出息的人。

孔子为什么骂他,应该有这样几个原因。首先是从问话中,孔子看出樊须是一个没有理想与志向的人。类似于今天的学生常常问老师,考试通过难不难,学习这门课有什么实际用途,不是关心最重要的事情,不是去看实质性或者本质性的东西。樊须看上去显得谦虚好学,但是问话的内容没有什么水平,尤其是问错了对象。其次是交际的艺术还不够,他可能动机不纯,故意为难老师。他问了第一个问题,孔子已经表示不感兴趣,或者不愿回答,他还不知趣接着问类似的问题,结果是自讨没趣挨了骂。经典中讲到的这些现象今天依然存在,经典的意义与价值依然不过时。

总之,交际的定义,可以简单理解为,人们凭借一定的载体来传递信息,交流思想,传达感情,加强合作,以达到某种目的的社会行为。它不仅是人的本能,也是生存生活中最基本的活动,还是价值实现与成功追求的需要。

据统计资料表明:良好的人际关系,可使工作成功率与个人幸福达成率达85%以上;一个人获得成功的因素中,85%取决于人际关系,而知识、技术、经验等因素仅占15%。

其实,几乎所有的人都懂得处理好人际关系的重要性,但尽管如此,不少人并不知道怎样才能处理好人际关系。重交际是态度与认识问题,善交际是能力与水平问题。尤其是后者,才是解决问题的关键。因为交际并不是简简单单和人打交道,而是具有文化性、艺术性、智慧性、技能性的综合素质体现。

二、构成交际的基本要素

交际过程包括五个要素,即交际主体、交际客体、交际载体、交际环境和交际渠道。

(一)交际主体

交际主体是相对于交际客体而言的,是指有目的地对交际客体施加影响的个人或团体。交际双方实际上包括个人、团队两种。交际的形式无非个人与个人、个人与团队、团队与团队之间的交际。这里的团队是指特定组织机构,如家庭、学校、政府、企业乃至国家等。

个人有时候可以代表独立的个体。如同发言时说“我说一点儿个人看法”,或者声明“属于个人观点”,与他人无关。有时候可以直接代表某个组织。譬如代表单位、代表家庭、代表班级。值得注意的是,一个人具有个人性与个人化特点,但是一个人不是纯粹个人化的,其必然携带相关的各种社会信息,这在交际中,也常常成为重要内容。譬如交际中,在介绍自己时,除了姓名,有时还要交流个人社会化信息,如来自何地、什么职业、什么身份等。交际双方常常就是从自我介绍开始,从交流与己相关的信息开始,由此打开话题,逐步深入。因为这是加强了解、增进共识、推动交流的基础。

个人对于自己与组织的态度、情感会有意无意影响到交际效果。譬如一些人介绍自己时,有意无意遮蔽自己的身世、出生地、受教育的学校等信息,原因是交际主体觉得这些信息会让人瞧不起;反过来有些人又有意识炫耀自我的这些信息,让人觉得了不起,这都反映一个人的品德与性格。所以,如何介绍自我,看似简单,实则已经决定你在对方的眼中形成怎样的信息判断与人格判断。其中有一条,就是你如何认知你和团队的关系。简单说,你是不是真诚坦率的人、自信务实的人、重情重义的人,只要看你如何介绍自己,人们就会形成初步印象。

个人与团队、团队与团队之间的交际,其实最终体现为人与人之间的交际。要去某个单位办事,自然找某单位具体办事人员。团队式的交际,如谈判团队,还是由个人组成。只是这时的个人代表团队,既有团队内部的交流与合作,又有一致对外的交流与沟通技巧、策略,与一般人际交往的具体要求不一样。

（二）交际客体

交际客体,即交际对象,包括个体交际对象和团体交际对象。交际除必须具备交际的实施主体——信息的发送者外,还必须具备交际的实施客体——信息的接受者。一些人往往只着眼于主体,而忽视客体。一些人甚至认为自己的口才不错,很重视交际的自我准备工作,但是因为忽视客体,或者对交际客体认知不够,导致交际效果不理想。《战国策·宋卫》里有一则《卫人迎新妇》的小故事:

> 卫人迎新妇,妇上车,问:“骖马,谁马也?”御曰:“借之。”新妇谓仆曰:“拊骖,无笞服!”车至门,扶,教送母:“灭灶,将失火。”入室,见臼,曰:“徙之牖下,妨往来者。”主人笑之。

这位新妇很会说话,说的话听上去并没有错,为什么别人讥笑她,原因是她忽视了说话的对象,完全不顾及他人感受。她此时此刻只是一位刚过门的新娘,暂时还轮不到她这样指手画脚。在单向交际中,如作报告、讲课、训话、演讲、发言、述职、广播中是如此;

在双向交际中,如谈判、讨论、座谈、辩论、聊天、问答中更是如此。一方面,主体的言语发送需要有接受者听取;另一方面,主体在发送言语时,又需要从接受者那里获得反馈的信息,以便确定自己发送的效果和调整发送的走向。这就是说,言语交际活动必须有作为接受者的客体的共同参与。在这个活动中,作为发送者的主体显然起主导、支配作用,但没有作为接受者的客体的参与和配合,就不能进行。可以说,言语交际的实施客体,对交际活动及其主体,起着重要的制约和影响作用。因此,在探讨言语交际活动时,也必须重视对客体的研究。所以"知彼知己"在交际中十分重要。研究对方的心理、特点,有目的、有技巧、有策略的交际是有效交际所必需的。

写作,无论是公文写作,还是文案创作与文学写作,其实都是一种交际行为。公文写作的"对象性"十分明确,文案创作或者文学写作,看似没有明确的"客体",实则都有直接的或者潜在的读者对象,就是为谁而写,或者写给谁看。

(三)交际载体

交际载体,即交际主体用以影响、作用于交际客体的中介。朱熹认为"交际,谓人以礼仪币帛相交接也"。礼仪、币帛向交接也,也就是礼仪、礼物的交换。礼物自然很好理解。在日常生活中,人们见面会递上一支烟,端上一杯茶,别看一支烟、一杯茶,不仅可以拉近距离,而且有助于交流深入。

交际载体的核心是人的形象、行为、语言,其中语言是交际最重要的载体。所以团队合作需要谈判,处对象叫谈恋爱,做说服工作叫谈心,关键是"谈",也就是话语交流。需要强调的是,交际载体是各种不同载体的综合运用与灵活运用。譬如老师上课,有形象,有行为,有语言,还要借助教材、板书、教具、多媒体等工具,也是综合使用各种载体的。

虽然语言是交际最普遍、最重要的载体,但是并非看上去口才好的人一定就懂得交际之道。这里面除了语言交际本身是一门艺术之外,也与一些人并没有对应该注意的其他交际载体引起重视并合理运用有关。譬如对于自己形象不加修饰,或者衣物配饰随意而不恰当,或者有一些引起别人不愉快、容易误会的行为习惯。这样的例子在生活中随处可见。

反过来,生活中也有一些人语言交际能力弱一些,但是依然可以利用自身其他载体达到交际目的,甚至受到的认可不逊色于所谓口才好的人,这就是他们善于使用身体、行为、礼物等交际载体。所以交际中,行胜于言,无声胜有声,不是交际者有什么特殊本领,而是一方面礼貌待人,一方面很好地利用了非语言交际载体与工具。

(四)交际环境

交际环境,既包括主客体交际的场合,也包括与个体间接联系的社会整体环境(政治制度、经济制度、政治观点、道德风尚、群体结构等）。交际总会发生在一定的场合中，也就是发生在一定的情境中。是生活的场合还是工作的场合，是静态的场合还是动态的场合，是安静的场合还是嘈杂的场合，是正式场合还是非正式场合，是面见尊者长者的场合还是寻求交流沟通的场合……面对的对象与场合在发生变化，那么对于形象、行为、语言也应该有调整与变化，以显示自身具有很好的环境适应力与交际适应力。不顾及场合，因为语言与行为不得体，遭遇尴尬，甚至引发冲突的现象常常发生。

交际环境对于交际的影响体现在，交际者要迅速熟悉环境、适应环境，让自己变得自信、自然与主动。反过来，交际者也可以营造环境，利用环境，便于交际的开展与深入推进，从而达到双方满意的交际效果。

很多人在致欢迎辞时，常常会说，在什么样的季节、什么样的气候下，我们迎来了什么样的客人。谈恋爱的人，为什么选择花前月下、情调浪漫的地方，就是因为美好的环境有利于形成良好的情绪与感情，从而促进交流与沟通。反之，不懂得这个道理的人，如果环境选择不当，很容易产生不满情绪与消极情绪。谈判遇到障碍时，谈判的高手会暂停谈判，换一个话题与主题，换一种环境，另行交流或者调整情绪心态，为改善关系或再次谈判做主动灵活的处理。所以，保证交流顺畅的秘密之一是选择合适的场合与环境。换一个环境交流也是消除交流障碍的秘密之一。

环境并非始终处于预设的理想状态，甚至随时出现突发状况。这都要有心理准备，或者要有很好的应急处理能力。有时可能面对一个人的环境，也可能面对很多人的环境。即便面对一个人，客观上所处的安静环境与嘈杂环境，交际始终畅通的环境与突然被干扰的环境，都会对交际者临场应变能力提出要求。这就如同老师教学，单个辅导与大班授课，是在办公室、教室还是在实验室，教学中突然遭遇恶劣天气、学生中有人出现状况等，都会随时发生意想不到的情况，能力强的教师会及时调整与有效处理，而不是手足无措，或者简单行事。

当交际者处于特定场合与特定环境时，交际行为的选择是受制于政治制度、经济制度、政治观点、道德风尚、群体结构等间接影响的。家庭场合、学校场合、公共场合、私密场合、外事场合，其实都有一系列既定规矩、文化习俗、通行要求，这对交际双方都是同时有效的。为什么常常是年轻人看望老者，而看望老者时应该带点适合老人的礼物？为什么第一次约会，男生最好先到，而且男生最好送女生一束花？这不是理论上如何定性的问题，而是一种传统与习俗。所以，了解并遵循这些场合背后的规矩制度、风俗传统等是十分重要的。

（五）交际渠道

交际渠道，即交际载体从交际主体传达给交际客体的途径。交际渠道在传统社会主要是人际交往,也就是面对面的交流。当然为了改善单一的状况,可能会利用“中间人”,后来出现书信文牍的间接形式。再后来出现电报、电话、报纸、电视,大大拓展了人与人交流的时空距离。今天的移动技术、网络技术更是对交际渠道产生革命性的影响。

交际渠道的拓展与丰富并不能无视与忽视交际文化出现的问题。譬如,资讯发达与交流便捷,并不意味着交际焦虑的减少,为什么电视红娘、网络红娘、民间红娘业兴盛不衰,“不谈对象”“谈不着对象”“谈不到合适对象”仍会成为社会问题?今天的家庭交流、师生交流、朋友交流等常常因为工具依赖与“网络吸引”而产生矛盾。电影《手机》《非诚勿扰》就是反映这个社会问题的。

这里要强调的是,不同的交际渠道具有不同的特征,由此也就有不同的交际要求。所以我们要了解不同交际渠道的不同特征,并善于选择合适的交际渠道。譬如你和领导谈工作,最好是面见,打电话、发短信一定要慎重。和亲人、亲近的人相处,最好少点掌控与被掌控的状态。

灵活得当地选择交际渠道也成为当下交际素养的重要体现。不同的渠道,选择不同的交际工具,都有特定的技能与技巧。譬如,人际交往有声音有图像,视频交流也有声音有图像,但是交际的特点与感受是不一样的。譬如有些人通过电话、网络进行诈骗,就是利用这些渠道具有隐身性、表演性、低成本、高效率的特点。所以直接的、面对面的人际交往,与间接的、虚拟的其他交际方式,以及每一个渠道、工具、技巧的运用,都要依据交际目的、交际对象等因素综合处理。

总之,交际中的“五要素”可以简单理解为“我是谁”“面对谁”“用什么工具”“在什么场合”“通过什么途径”。这“五要素”既在理论上具有复杂的联系,又在行动上具有动态运动的特点,随时发生变化,随时需要调整。也就是说,交际行为选择与策略是需要放到一个复杂的要素系统中进行权衡考量的,其中每一个要素的分析与处理都牵涉交际计划是否完备合理,自然也会涉及结果是否理想与满意。

三、交际的特点

交际的特点表现在如下六个方面。

（一）交际的社会性

交际的社会性是由人的社会性本质所决定的,主要包括以下几个方面内容。

第一,相互依存性是人生存的必要条件。即便人类社会自身存在诸多问题甚至冲突,共存共生共发展仍是人类遵循的价值观。无论是作为团队的一员,还是作为团队的管理者,都要通过有效交际与沟通强化相互依存性。

第二,社会交往。它是社会发展和个体发展的必要条件,是人的自觉的行为和需要。交往不仅是信息交换的精神过程,也是物质交换的过程。交往还是社会个体意识和自我意识形成的极其重要的条件之一。交往,是形成共同人性的一个重要形式。

第三,人际关系交往中的规矩意识与道德性。人在社会生活中必须共同遵守某些规则,以保证社会生活的正常进行。

第四,人在劳动、实践过程中的合作性。这是人的社会性中最关键、最深刻的内容。个人与社会有着辩证统一的关系。社会是由无数个人组成的,人的生存离不开社会,人的发展更需要社会提供种种条件,任何一个社会的存在和发展,都是所有的个人及其集体努力的结果,一切个人活动的总和构成社会的整体运动及其发展。

总之,交际的社会性,决定交际首先要正确处理“自我”与“他者”的关系,同时这种关系的联系与互动既要遵循特定“主体”与“客体”的特殊性,又要遵循交际的社会化规则与普遍要求。

(二)交际的符号性

交际双方交流也好,沟通也好,是要借助一定的符号开展的,是要通过符号的选择、展现、传达、理解、交流等互动过程进行的。这些符号,主要体现为礼物符号、语言符号、非语言符号三种类型。

礼物符号,有些是仪式性的,有些是日常性的。仪式性场合的礼物意指关系非常明确,礼物已经被特定语境与文化固定了下来,成为一种象征物,因此,送什么则代表什么,其背后有一套固有的文化意义作为支撑。类似于传统节日,清明节祭祖、烧纸钱、献花,端午节吃粽子,中秋节送月饼……“纸钱”“花”“粽子”“月饼”都是符号体现,其象征意义是固定与明确的。日常交际性礼物则不同,送礼双方有一个表意距离,礼物符号所携带的含义需要靠符号接受者的解释才能获得意义与价值。所以,礼物符号一方面取决于送礼者的准备,另一方面有一个是否被接受与认同的过程。

语言符号、非语言符号的特点与要求在后面的章节中会详细论及。这里只强调,交际的符号性既要有规则意识,又要有灵活运用的意识与技巧。如我们在使用语言时,要遵守语法规则,按照正确的语序组织句子,使用恰当的词语,句子、段落之间都要符合逻辑。违背这些规则就会导致交际障碍或失败。同样,在非言语交际过程中,我们也要遵循一些规则。例如,在禁止喧哗的公共场合我们会自然降低声音讲话;在家里和办公场所,我们会用不同的坐姿;我们使用不同的方式同朋友或领导讲话。交际双方的差异性越大,尊重对方、跨越差异、寻求共性,就越来越成为交际的基本原则。灵活运用的意识与技巧,则表现为根据不同的对象与情境,得体合理地使用符号。如非言语交际的规则可能会因为场景、性别、地位、年龄等因素而发生变化。如果你想鼓励别人,可以拍拍对方的肩膀，或是拍他的后背（脑袋），或竖起拇指，或鼓掌，等等。

（三）交际的目的性

不妨设想，有这么一个人，他既不能与你信息共享、情感沟通，也不能与你相求相助，你会与他交朋友吗？恐怕不会。可见，人际交往还是有选择的，选择就是一种目的的体现。

刘姥姥进大观园，就是带着现实目的的，为此她不惜用自己一张老脸，去讨好贾府的上上下下。她是世故的，又是很具有交际应酬能力的。贾母是她讨好的中心人物，她知道搞定贾母，其他人都可以搞定。事实证明，刘姥姥是成功的。刘姥姥来的时候，是牵着板儿，背着土特产，一路风尘走着来的。回去的时候，是坐着贾府的车子，由两个小厮，把包包财物搬到车上，看着风景满载而归。车上的衣裳物品吃的用的，还有日后生计，凑在一起，几乎就是她的幸福晚年和女儿女婿的后半辈子。这些东西并不是刘姥姥自己开出的清单，也远远超出刘姥姥的预期。在贾府这不过九牛一毛，但于刘姥姥而言，却重如泰山。刘姥姥的成功是用心交际换来的。她是知道轻重的，你看她与贾母辞别，即便贾母在病中，她也在旁边静等久候，知礼感恩，周到妥帖。她收获回报，也得到敬服、收回尊严，满载而归。后来狱庙相见，拼救巧姐，更是大恩不言谢。对于两边而言其实都是赢家。

交际的目的因人因事而异，有些是感情交流，有些是有事相求，有些是宣传鼓动。它是交际的动力，也是交际期待达成的目标。交际目的有时候是直接表达的，直奔主题，有一说一，譬如公务性交流。有时候则不能直接表现出目的性与功利性，似乎对方应当是目的满足的对象，这里就有交际的策略与技巧，有一个行动实施计划与过程。

而有时候交际的本身就是交际的目的。譬如主动建立自己的交际圈，储备自身的人脉资源。善于拓展“圈子”的人，是标准的社交高手，不管是在宴会、洽谈公事或私人聚会上，总是会掌握时机。对这些“沟通大师”而言，人生就是一场历险记——会议室、酒吧、街角、餐厅，甚至在澡堂里，处处都可以“增广见闻”，因此随时竖起耳朵，收听精彩的内幕消息。只要你多走动，多用心，多交往，则必有收获，助力成功。

（四）交际的双向性

如果从主体性角度看，我们和这个世界打交道，只有两种形式，一种是单向的，一种是双向的。

单向形式其实也是一种“交际”，它有时表现为“自我内倾式”的选择，有时表现为“被动接受”，有时表现为“个人表演”。所谓“自我内倾式”就是面对自我，回到自我，一个人处理自己的事情，一个人独立生活与工作。所谓“被动接受”，譬如我们看书、读报、听广播、看电视,也是单向度的,提供的信息是已经固化的,你要么拒绝,要么接受。所以单向形式是注重自我主体性的,如同你对电视节目不满,你可以批评,也可以不看,但是不能改变这个节目存在的事实。“个人表演”则是演讲、布置工作、管控局面等,是具有特定要求、权力与情境的个人表达行为。

双向性则不同。它是交际“五要素”的统一,尤其是“主体”“客体”同时存在于某种情境,双方共同参加,相互交换信息,相互施加影响,最终各自接受结果的过程。

有一则笑话。

一个年轻人向一个老人问路,喊道:“老头儿,到青年路还有多远?”老人告诉他:“大约还有两千拐杖。”年轻人很奇怪:“路有论拐杖的吗?应当论里呀。”老人说:“论理你该叫我大爷。”

这是一次不成功的交际。注意这个老人的互动,这个老人没有选择拒绝,也没有选择直接训斥,但是老人心存不快,迅速选择用智慧的方式教育这个年轻人。而这个年轻人对于老人的回答反应迟钝,还是继续互动,当然这种互动使得年轻人正好给了老人完成目的的机会。

“问路”是生活中常见的交际需要。时间虽短,却是一个完整的交往过程。这样一个过程,不是单向度的,而是双向互动的,随时因为各种因素改变方向与结果。譬如,年轻人出言不敬,老人可能拒绝不理,这种情况下,也许年轻人自知不当,默默离开。也许年轻人由出言不敬转化为出言不逊,反过来老人会迅速反击,也可能老年人转而躲避。当然年轻人也会主动认错,取得老人谅解,在互动中得到另外的结果。这也就形成了“问路”的人生万象,原因是交际双方互动的过程不一样。

交际的互动最主要的还是语言沟通能力,不善言辞,或者言辞展开的能力不够,都会使得互动出现障碍,或者互动长度不够,使交际呈现被动性。所以,做事重行,交际重言。电影中常常出现彼此相爱的男女,而男方因为内向话短,就是不愿意直接表白,弄得女方又着急又无奈。这种缺乏语言互动的相处并不是性别交流的理想状态。

当然互动除了语言,还有身体接触(如握手)、手势、借助工具、邀请合作等,这些互动都是有规律性或者规则性的,需要在日常生活中不断训练,才能在规范的同时灵活地使用。

(五)交际的不可逆性

可逆与不可逆是标志自然过程方向性的物理概念。某一物质系统经过某一过程,由某一状态变到另一状态,如果存在另一过程,它能使物质系统和环境完全复原,即物质复原到原来状态，同时消除了原来过程对环境所产生的影响，则原来的过程称为可逆过程。反之，如果用任何方法都不可能使系统和环境完全复原，则原来的过程称为不可逆过程。

运用到交际中，是指交际一旦形成某种过程与结果，就成为不可改变的事实。譬如交际中可能会出现错误，会和某人出现争执，你不可能再收回，别人原不原谅是一回事，但是争执已经成为事实与记忆。你也可以在事后赔礼道歉，请求原谅，但是错了就是错了。这就是有人经常拿来对简单行事导致后果严重的人说："既然如此，何必当初。"所以交际不可逆性，提出对于交际后果心理承受与责任担当的问题。中国文化在这一点上，有注重谨言慎行的传统，就是因为稍不注意，后果很严重。当然，人非圣人，难免会出现交际错误或者交往失败，"不可逆"既强调事实已经形成，不能更改，同时也强调正确面对，做好调整与自我完善。

（六）交际的不可重复性

这里面有两层意思：第一层，交际过程是不能重复的，如若重复，就是错误的甚至失败的。譬如演讲，讲了几句，突然发现和准备的内容不同，于是说"对不起，我再来一遍"。譬如一项仪式正有序进行，结果发现错误，于是决定重新进行一次。为了避免这种情况发生，就要准备充分，精心安排，熟练于心。如果真的出现错误，也是在将错就错的基础上正视错误，修正错误，迅速变被动为主动，从而回到正确的轨道上。第二层，交际的经验是不可重复的，不可能"绝对复制"，原因是即使同一个对象，环境变了，目的也会变化，所以只能不断求变以适应新情况。如同老师上课，每天应该都是不同的。即使方式不变，内容也是要更新的。这也印证了"苟日新，日日新，又日新"这个道理。唯有不断学习，不断适应，不断摸索，才能成为交际的能手。

四、交际的类型

（一）性别特征

交际可以划分为同性交际、异性交际。这里涉及性别文化及其知识。重要的一点是，男性、女性具有差异性，不只体现在身体、生理上，还体现在思维、心理、行为方式等方面。

有一则广告。一对夫妻走进餐厅，丈夫问："亲爱的，你想要点什么？"妻子回答："没关系，什么都行。"丈夫自言自语道："她肯定是在考验我，看我对她有多了解。"然后丈夫要了一些妻子喜欢的东西回到座位上，妻子开心地说道："谢谢你，你真是太了解我了。"妻子的那句"没关系，什么都行"看似简单，但其中蕴藏着深意，如果丈夫没有意识到这层深意,恐怕是不会得到妻子的满意的。由此可见,女性表达偏向含蓄、委婉,如果只是从字面意思直接理解,则很难读懂女性真正的意愿。这些差异性几乎很鲜明地表现在方方面面。

譬如在语言交流方面,如果说女性话语多是以亲近为核心的语言,那么男性说的则是以地位和独立为核心的语言。在谈话方式上,男性往往习惯于公开谈话,而女性则习惯于私下谈话,也就是"报告式谈话"和"聊天式谈话"。在谈话内容上,男性的话题通常关于政治、经济、工作、体育等方面,而女性多围绕家庭、朋友以及生活中的琐事。男女在交流时,男性一般控制着话题的走向,占据主导的地位,女性则往往被动。男女还具有截然不同的谈话风格,对于多数男性来说,谈话主要是一种用来保持独立、维护自己地位和权力的方式,而女性则通过谈话来建立和保持彼此之间和谐友好的关系。女性谈话表现的是平等和合作,人人都有说话机会,轮流发言,女性倾向于保持交谈的连贯与顺畅,话题转换较为缓慢,说话过程中比较注意听者的反应,并使其在言语中有所表现,一般很少打断别人的谈话。男性在交谈中则常表现出较强的竞争性,倾向于由自己来控制话题的选择与说话的机会,不肯轻易让出话语权,男性话题转换较为突然,交谈中跳跃较多,连贯性不强,打断别人说话的情况较多却很少表示歉意。

总之,了解性别文化及其差异,求同存异,互相尊重,互相弥补,是处理性别交际的基本原则。

(二)交际方式

交际有传统交际方式和现代交际方式。这种区分虽然是相对的,但是在客观上是存在的。譬如传统的交际方式,和人沟通,通常是拜访式或者书信往来。而今天的现代交际一个电话、一个短信就可以完成。所以传统交际方式的条件使得交际的成本较高,体现在时间、心理、花费、效率等方面。这可以从一封书信与一条短信的比较中得出结论。但是传统交际更重视礼仪文化、重视用心用情。现代交际则置于更加民主、自由、开放的情境中,交际条件、手段、方式更加先进、丰富,人的空间被放大。

值得注意的是,对于优秀传统文化的继承,对于家风、乡愁文化的提倡等,使得现代交际文化呈现新的发展趋势,民族性的交际形式、交际符号、交际环境等,会进一步浓厚与增强。譬如节日庆典、民族服装与礼仪、中国话语与中国声音的重视,对于交际主体的文化立场与文化自信,提出新的要求。

(三)交际符号

交际符号,主要分为言语交际符号与非言语交际符号,一般交际是两者的统一。只是特殊情形下,呈现出单一性特征。譬如打电话,主要是言语交际,而不能发声的情形下，则主要依靠非语言符号。其特点与实践要求将在后面的内容中具体展开。

（四）角色程度

每一个人在某个特定的情境中都是有角色的。在家庭有伦理关系，在学校有师生、同学的关系，在单位有同事、上下级关系，甚至有具体的职务与职位。即便在公共场合，也有服务者与被服务者、长幼性别等角色划分。实际上一个人的角色是随着情境与关系的变化不断转换的。譬如两口子回到家中，是夫妻关系，回到单位，可能是上下级关系，其交际策略与交际方式是不同的，如果处理不当，则不仅两口子之间产生冲突，还导致两口子公共形象的认知度下降。譬如丈夫是单位领导，领导是会形成职业习惯的，严谨务实甚至刻板，这种做派带回家中，是会影响夫妻交流与夫妻情感的。假使这对夫妻在工作场合表现出亲密，则肯定会给自己造成不好的印象。这种情况类似于在课堂上，你的角色是学生，谈恋爱的学生之间表现出亲密是会加强别人的排斥与孤立的。

角色的程度还指在特定的交际场合，你的重要程度、身份地位、工作任务等具体要求。类似于戏剧中的主角、配角、跑龙套等角色划分。喧宾夺主是不对的，不敢担当、不敢表现也是不对的，什么时候做红花，什么时候做绿叶，这都是你的角色决定的。这也叫“自我定位”，在这一点上，随意与任性是交际之大忌，也是引起尴尬冲突的主要原因。

（五）交际愿望

交际的愿望主要分为主动性与被动性，这与交际主体的目的性有关。所以，在某种场合下，交际主体会变得积极主动，十分活跃，有时则相反。譬如一场同学聚会，组织者一定是有目的并且积极主动的。从被邀请的对象看，有的表现积极，而有的显得消极，显得消极的人可能会接受邀请，有些可能会借口辞谢。在聚会的过程中，主动性与被动性是会随时发生变化的。譬如，开始显得被动的人，因为情绪感染，或者临时萌发交际目的，会突然显得兴奋积极。

这里要强调的是，无论交际的愿望是主动还是被动，都要避免两个极端，一是主动性表现得不合时宜，类似于有些人喜欢打断别人说话，过于以自我为中心，且充满着表现欲。一是过于被动，影响并抑制了别人交际的愿望，这如果不是交际能力差，就是过度自我的体现。所以，愿望的主动与被动，一方面是建立在良好交际能力的基础上，一方面主动性与被动性表现是依据交际具体情况灵活使用的，动静相宜，真诚得体，类似于合理处理“说话”与“倾听”的关系。

（六）交际环境

交际环境是多样性、动态性的。就其性质而言，主要分为正式场合与非正式场合。譬如具有一定仪式性与程序性的场合多为正式场合，如宴会、招待会、重大会议、红白喜事以及特定的晚间社交活动等(如西方的沙龙)。外出旅游、上街购物、访亲问友等活动,就是非正式场合,其活动还是有计划、有目的的,但是交际上随意一些,自由灵活一些。

这种划分也是相对性的。譬如国家领导人接待外宾,会谈、宴请、陪同参观都是正式场合,但是业余时间也有私人性的互动,看上去并非正式,其实也是十分正式的,只是形式与要求不一样。日常生活也一样,看似非正式场合,也是要注重礼节礼仪的,并非"非正式"就没有讲究。

生活中,因为没有"场合意识",不得体、不文明的现象很多。一些人不顾场合,不顾及形象与行为,做出有辱个人、团队甚至国家的言行。有些是性质严重的大事,有些是不自律的坏习惯——包括在正式场合下,没有关闭手机的习惯,没有倾听的习惯,没有注重穿着打扮的习惯。值得注意的是,非正式场合,譬如日常交际,看似没有硬性的仪式与程序性要求,但是并非交际的要求可以降低,习惯与细节常常成为日常交际中容易忽视的问题。所以中国传统文化,对人的"道德""礼仪"的教育就是从洒扫、待客、晨读等日常生活能力的培养开始,为一生的做人做事打下良好基础。

思考与练习

一、阅读《红楼梦》"林黛玉初进大观园"章节,运用交际"五要素",分析贾府是如何接待林黛玉的、林黛玉是如何表现的、人物之间是如何互动的。

二、案例分析:口角是如何形成的?

妻子加班,给丈夫打电话,说晚点回去。丈夫听说她要晚点回来,就问:"你回来吃饭吗?"

妻子:"回啊。"

丈夫:"你别回来吃饭了吧,就在外面吃了得了。"

妻子生气:"为什么不让我回家吃饭啊?!"

丈夫:"你要回来就回来吧……"

三、翻译下面的文言文,体会其中的含义。

子游曰:"子夏之门人小子,当洒扫应对进退,则可矣,抑末也。本之则无,如之何?"子夏闻之,曰:"噫!言游过矣!君子之道,孰先传焉?孰后倦焉?譬诸草木,区以别矣。君子之道,焉可诬也?有始有卒者,其惟圣人乎!"

第二节　人际交往

这里的人际交往,需要做一个界定,就是人与人"面对面"的交往,是回到人与人交往最本原、处于现实与真实情境的交往。面对面的交往具有如下特点:

(一)真实性

借助中介工具的交往,譬如写信、打电话,在交往体验上与面对面人际交往还是很不相同的。它们虽然弥补、改善了交际条件,使得很多不可能的交际行为得以实现,但是传递的信息是有限的、不完整的,而且可能是经过修饰甚至是伪装的。写信是单向度传播,反馈的时间较长,交流无法做到真正、及时、互动。电话解决了交流及时的问题,但"只闻其声,不见其人",可能造成新的人际关系复杂的现实问题。网络交际的"虚拟性",对于交际最大的挑战就是如何首先确立"真实性"的问题。只有面对面的人际交往才是获得真实性、有效性、完整性信息的最佳方式。

(二)情感性

人际交往是可以直接表达情感、证实情感、交流情感的。为什么说孝敬父母,最真诚、最有效的方式是"常回家看看",就是这个道理。交际中,"身体距离"是情感距离的体现,距离亲密等同于情感亲密。电话道歉所表现出的诚意不如当面道歉;送礼物、登门拜访、当面交流显示真正的用心与尊重;短信拜年更大程度上是一种礼貌性、程序化的交际,唯有邀约相聚者感情最好最真。人际交往,更能了解情况,加深印象,增进感情,交流充分,为进一步交往打下良好基础。所以"叙旧"常常是人际交往时交谈的重要话题。

(三)现场性

交际无非叙情办事。现场面谈,常常是最及时、快捷、有效的方式。当面交谈,现场办公,直接谈判,都是基于人际交往特点的综合运用。很多事情只有面谈,只有到达现场,才能充分沟通,面对问题,协商方案,达成共识。以"会"办事,如果和"人"有关,是一种重要形式,但是事情如何落实,去"现场"更能说明问题、分析问题、解决问题。

了解人际交往的这些特点,针对当下交际环境便利、丰富、快捷的情形,如何综合运用交际方式与手段,显得尤为重要。

一、人际交往与中华优秀传统

中国人的人际交往具有“中国特色”。这些特色并不包含一些陋习与不良表现,这是需要区分的。所以,不能因为文化差异性就无视这些特色,也不能将陋习等归于特色的体现。

无论怎么认识这个问题,重视“关系”(尤其是人伦关系)、重视面对面的亲密度构成其重要的特点。就前者而言,重视个人在“家庭”“国家”中的关系,“修身齐家治国平天下”就是在这一关系下提出来的价值观。西方文化更注重个性主义、私人空间、法律关系,这和中国人重视人伦关系完全不同。譬如,中国人可以在家庭自己动手给孩子看病,可以训斥责骂自己的孩子,可以随便进入家人的空间,在西方这些是不允许的,甚至是违法的。“恋爱”是两个人的事情,可以自己做主,中国的法律也是保护的,实际的做法是应该取得父母的认可与同意,双方家庭皆大欢喜。原因是中国人的生活方式,一家人是相依相随,互助互爱的。传统社会,提倡“父母在,不远游”,不主张漂泊迁徙,也是由农业文明带来的文化传统。要安享太平,自给自足,就必须互助互爱,同舟共济。一个家庭,一个村庄,无不如此。远游了,父母的困难谁来解决,父母的病痛谁来减轻,都是现实中必须面对的事情。以“人际交往”为核心,中国人形成了很多优秀传统,这是需要继承发扬的。

(一)礼节交往,交往以礼

传统中国,人们之间交往,很看重尊卑秩序,这是由彼时中国社会的经济、政治和社会结构决定的。在一个农耕经济占主导地位的社会里,生产安排和经验传授主要靠一个生产单位的长者来承担,经验和权威是这样的社会里宝贵的资源;在皇权至上的政治权力分配中,上下尊卑贵贱是确保帝国行政权力有序高效运行的保障;在社会宗法结构中,齿序排辈和血缘亲疏也是宗族系统内相关资源分配的依据。这样的社会存在反映在社会成员的各种交往中,便有一个鲜明的特色,叫“差序”,具体表现在君臣、长幼、亲疏、内外等。这四个维度交织在一起,便构成了一个色彩斑斓,令人眼花缭乱的人际交往网络。儒家把这些交往要素加以梳理,赋予理论(甚至宗教色彩),就建构了一套关于礼的学说。单就社会交往而言,流传下来的这方面的记载比比皆是。《论语》就不厌其烦地记载了孔子在庙堂上、与同僚间及在乡党里展开交往和社会活动的举止、神态和情感流露,把交往的礼制具象化了,生动到每个阅读者都可以依样去“习”。汉代刘向在《说苑》里,也专条对差序交往进行概括:

> 行步中矩，折旋中规。立则磬折，拱则抱鼓。其以入君朝，尊以严；其以入宗庙，敬以忠；其以入乡曲，和以顺；其以入州里族党之中，和以亲。

现代中国人在展开人际交往时，不可能也没有必要复制当时的交往礼制，但是，抛开那些时代性的东西，先秦礼制交往自有超越性甚至普适性的内容。比如，强调职场交往的礼仪、交往的身份角色意识、日常交往的身体距离和心理距离，等等，不妨从礼制里去寻找思想资源和历史经验，作一创新和转换。

（二）道义交往，交往以义

先秦儒家强调“义利之辨”，就是社会成员之间的交往，反对功利化，尊崇人文精神。这是中国古代从上流社会到下流社会人们交往的价值推崇。知识世界有一句话叫“君子之交淡如水”，民间社会通俗化为“交义不交财，交财两不来”。我们在研究中国思想史的时候有一个经验，那就是一旦一个思想提法和价值表述经历了从雅到俗、从庙堂到江湖的贯彻，那这个东西一定有其根植于这个社会土壤的必然性和合理性。韩非子在《五蠹》里说：“上古竞于道德，中古逐于智谋，当今争于气力。”“争于气力”就是功利交往，这种交往必然带来人与人、人与社会、国家与国家的纷争和乱象。而这与儒家知识精英的政治理想和社会理想是背道而驰的。不独儒家秉持这种讲义尚和的社会交往，墨家学派的创始人墨子在《尚贤》这篇文献中也强调，“有力者疾以助人，有财者勉以分人，有道者劝以教人”，这些话对中国人的人际交往产生深刻影响。我们还可以举出例证来说明这种交往在传统中国，是存在于社会成员之间的“日常人伦”中的。

> 曩昔东游维扬，不逾一年，散金三十余万，有落魄公子，悉皆济之。此则是白之轻财好施也。又昔与蜀中友人吴指南同游于楚，指南死于洞庭之上，白禫服恸哭，若丧天伦，炎月伏尸，泣尽而继之以血。行路闻者，悉皆伤心。猛虎前临，坚守不动。遂权殡于湖侧，便之金陵。数年来观，筋骨尚在。白雪泣持刃，躬身洗削，裹骨徒步，负之而趋，寝兴携持，无辍身手。遂丐贷营葬于鄂城之东。故乡路遥，魂魄无主，礼以迁窆，式昭朋情。此则是白存交重义也。（李白《上安州裴长史书》）

诚然，在当代社会，人们交往不讲功利是不现实的，但举凡所有交往无往而非利，也是与传统中国的君子之交的精神相隔离的。文化保守主义固然不可取，但认为当代中国发展应与传统中国相断裂，则绝不是一种民族复兴的理性取向。比较中庸的一条路是，对交往进行分类，有功利性交往也有非功利性交往。亲情、友情、爱情等交往，应该是情感和心灵的交流，是“嘤其鸣矣，求其友声”，“彤管有炜，悦怿女美”。这也是儒家的君子之交留给我们的资源。

（三）可续交往，交往以诚

《大学章句》有“诚意”说。朱熹的经典诠释是这样的：“诚，实也。意者，心之所发也。实其心之所发，欲其一于善而无自欺也。”人与人之间的相知相期相许，把交往维持在一个较长的时间内，有两个关键要素，一个是内化的诚实，一个是外推的不相欺骗。钟子期、俞伯牙的交往就是诚意交往的典范。《史记》关于管鲍之交的记载千载之间仍然让人感慨唏嘘：

> 管仲夷吾者，颍上人也。少时常与鲍叔牙游，鲍叔知其贤。管仲贫困，常欺鲍叔，鲍叔终善遇之，不以为言。已而鲍叔事齐公子小白，管仲事公子纠。及小白立为桓公，公子纠死，管仲囚焉。鲍叔遂进管仲。管仲既用，任政于齐，齐桓公以霸，九合诸侯，一匡天下，管仲之谋也。
>
> 管仲曰：“吾始困时，尝与鲍叔贾，分财利多自与，鲍叔不以我为贪，知我贫也。吾尝为鲍叔谋事而更穷困，鲍叔不以我为愚，知时有利不利也。吾尝三仕三见逐于君，鲍叔不以我为不肖，知我不遭时也。吾尝三战三走，鲍叔不以我为怯，知我有老母也。公子纠败，召忽死之，吾幽囚受辱，鲍叔不以我为无耻，知我不羞小节而耻功名不显于天下也。生我者父母，知我者鲍子也。”（司马迁《史记·管晏列传》）

王阳明说：“意之所在便是物。”从某种意义上说，友谊忠诚之类的交往，就是诚实落实在社会交往上的产物。在急剧变迁的当代社会，随着原有的社会结构渐趋瓦解，社会成员的流动性加剧，诚信交往在维护社会公序良俗和降低社会交易成本方面，有着巨大的价值。

（四）谦道交往，交往以柔

《尚书·大禹谟》关于“谦道”的记载可能是经典里最早的。“惟德动天，无远弗届，满招损，谦受益，时乃天道。”这里，“谦”作为一种德，被赋予“天道”的崇高地位。华夏先民重视实践和实用，谦德被推崇与他们观察天文地理所得、生产生活经验及政治社会治理理路是密不可分的。经过百家发挥后，先秦中国把“谦道”视为人生的美德和生存的智慧。最典型的，是《道德经》强调“知雄守雌”，儒家推崇“谦抑”。从完整意义上说，谦道不是一味地退让和怯弱，恰恰相反，谦道是一种态度和技巧，是生存和斗争的大智慧。“知雄守雌”强调两个互为条件互相转化的面相，“守其雌”的前提是“知其雄”，知道了雄强（物壮则死），故守雌弱（则天长地久）。在《道德经》里，雌柔同义，雌柔的具象就是

“水”(天下莫能与之争)。准此而论,道家(还有从其发展出的兵家)的谦柔具有鲜明的目的性和手段性。儒家的“谦抑”相对表现出的是一种德性修养,但并非没有目的性和功利性。不论是哪一家,都对传统中国人的交往(包括政治军事斗争)产生巨大深远的影响。举一个例子,中国人的谦称之繁密在世界文化史上可能是独绝的,“鄙人”“老朽”“不敏”“不才”“不肖”“小可”“小人”“在下”“下官”“后生”“晚生”等称谓,其实指称的就是一个社会交往中成年男性社会成员。为什么在交往中要这样“作践”自己,而不直截了当地自称“我”? 一个原因就是遵从谦道文化,达成交往目的。

当代中国人大可不必在交往中如此称谓、如此表现。因为,成熟开放的社会需要“我”的表达,市场经济发展需要“我”的个性创造。但不要忘了,文化具有传承性,其一经形成便具有某种超稳定性,谦虚、谦逊、谦柔、谦让、谦退依然是当代中国人构建人际关系、发展人际交往的主调。除去一些不合时宜的东西,谦道交往重视交往对象,注意交往分寸,看重交往接纳,营造交往空间,留有交往余地,很好地体现了中国人交往的气质特色和优雅智慧。台湾星云大师把人际交往概括为“你好我坏,你对我错,你大我小,你有我无”,正是对谦道文化的通俗表达,不是“生活佛教化”甚至“佛系生活”那么简单。

(五)省察交往,交往以思

传统中国士人之间交往,看重“省察”。“省”专注于内,“察”专注于外,内外结合,以思贯通。《论语·里仁》说:“见贤思齐焉,见不贤而内自省也。”就是说,在社会活动和朋辈交往中,见贤才就要发愤看齐,见不贤之人或者人身上不贤之处,就要自我反思,有则发愤去除。“交往以思”保证了整个交往活动的理性克制,同时也设定了交往活动追求的目标是自我完善,达成“贤”。这是传统中国人交往的一个鲜明特色。那么,这个求贤的交往过程是如何展开的呢? 孔子的学生曾子做了简要的回答。曾子曰:“吾日三省吾身:为人谋而不忠乎? 与朋友交而不信乎? 传不习乎?”就是说,人们之间的交往可以从三个方面展开:一是职业交往上,一是日常生活上,一是学业求取上。职业交往上要“忠”,日常生活上的交往要“信”,学习交往上要“习”(反复实践至掌握)。不论从哪个维度看,都体现着交往的“理性克制”。而且,省察交往不但对交往行为进行规范,对交往对象也要进行理性甄别。《论语》记载孔子关于“益者三友,损者三友”的划分。《荀子·修身》篇说,“非我而当者,吾师也;是我而当者,吾友也;谄谀我者,吾贼也”。这句论断对孔子的“三三划分法”进行了发展,问题是,我们在现实掺杂着迷雾般动机的交往中,要真正区别出“非我”“是我”特别是“谄谀我”,是需要一双慧眼的,需要一个人具有强大的反思能力。

社会生活的丰富多彩,社会结构的日趋复杂,多元文化的不断交融,人性欲望的不断升级,商业和资本的层层塑造,社交媒体的日新月异,使得当代中国人的交往,呈现出种种面相。

在这里,优秀传统交往文化的理性克制态度和省察精神可以为转型期的社会成员指出可遵循的路径,提供思想供给和价值支撑。

（六）侠游交往，交往以气

一部瑰伟多彩的中国思想文化史,最富感性色彩的也是最启人智慧的篇章是历代才智之士的交游唱和。从战国的稷下学宫,诸子的士人团队,两汉的经学传授,魏晋的竹林雅集,盛唐的李杜交游,南宋的鹅湖之会,明代的王阳明天泉论道,一直到晚清的康梁万木草堂,贯穿其间的就是中国传统文化所推崇的"气"。对"气"的解释,精彩纷呈,令人炫目。回到原典,当是孟子首倡的"浩然之气",其源出于心,其流在于神,其体是"道与义",其用是"至大至刚"。这个思想观念,对历代中国士人的修养和交往影响之巨,从晚清维新革命史可见一斑。在昌明盛世,这种"气"便表现为对超越性的道或理的追求,包含着探索科学的精神;在动荡衰世,这种"气"便落到具体的用,个体追求是"独善其身",激扬之下,便是群而参与现实政治,演出一幕幕动人心魄的变革活剧,推动中国的历史进步。

在当代的历史条件下,这种侠气交往的超越性精神应该融入到学术团队的打造和创新能力的追求方面。在个体层面,社会成员的日常交往也应该向这种至大至刚的精神借鉴力量和信仰,不为物质所役,在超越性的交往中体味境界之美、人性之美。

二、人际交往的原则

（一）自我定位明确化

自我定位明确就是角色认知正确。社会学和心理学的研究成果告诉我们,角色分为社会角色和心理角色。社会角色,一般是指在社会系统中与一定社会位置相关联的符合社会要求的一套个人行为模式,这套行为模式决定了个体在社会中应有的责任与行为。心理角色,一般是指在社会交往系统中个体对性别、人格、年龄、经历、外貌等心理层面的认知及由此规范的个体行为模式和个体与个体之间的相互作用。

人际交往从某种程度上说,就是角色交往。角色知觉水平决定了人际交往的成效。角色知觉良好的人,能够对自我及自我与他人、自我与社会的关系作出准确的判断,继而采取符合自我角色的行为,这种人就容易被社会所接受,被他人所接受,产生"人际喜欢";反之,那些角色知觉混乱的人,由于对自我的社会身份地位、文化教育及个体特征没有清晰的判断,往往在社会交往中跌跌撞撞,人际交往受挫是必然的。

（二）言行举止针对化

人际交往的实现内容就是言行举止的交往。言行举止针对化有两层内容,一是自我的言行举止表达要符合自我的社会规范和心理规范;一是自我的言行举止表达要符合交往对象的社会心理特征和交往期待。钱钟书所调侃的对文人谈武和对武人谈文,就是批评那种交往中不考虑交往对象特殊性的社会现象(当然,作为一种智谋和策略就另当别论)。孔乙己的"茴"字的四种写法的交往表达也是找错了对象。

那么,如何做到交往中言行举止具有针对性呢?一要明确社会给予自我的身份定位和行为许可,知道我是何许人也;二要明确人际交往对象的社会心理特征,知道对方是何许人也;三要根据具体人际交往所要达成的目标,在尊重、平等和照顾的交际礼仪中有意识进行选择性沟通表达。

"我本将心向明月,奈何明月照沟渠。落花有意随流水,流水无心恋落花。"就是没有考虑交往对象的实际情况。

(三)现场交流和谐化

人际交往一定要形成人际关系。社会心理学认为,人际关系是人与人之间通过交往与相互作用而形成的直接的心理关系,它反映了个人或群体满足其社会需求的心理状态,人际关系的发展变化取决于双方社会需求满足的程度。在现场的人际交往中,我们主张和谐,就是考虑到人际交往的心理基础是"社会需求满足"这个事实。我们参加一场同学聚会,见或者不见某一个人,加入或者退出某一个群,取舍其间的,就是"社会需求满足"与否的考量。

细分一下,现场交流的和谐要建立在三个基础之上:一是交往人际的亲密性、融洽性和协调性;二是对交往人际的亲密性、融洽性和协调性的情感认同;三是这种亲密性、融洽性和协调性要通过彼此的交往活动来展开和发展。当然,随着社会的发展,人际交往呈现出日益纷繁复杂的状况,追求现场交流的和谐只能在一定的交往范围内才能真正实现。这个范围,从其关系媒介来划分,主要是血缘、地缘和趣缘三类人际关系,从心理情感来划分,主要是相互喜欢、亲近、友好的吸引性关系和满足人际间情感交流与沟通协调以达到某一目的的工具性关系。

那么,实现现场交流和谐要构建哪些条件?培养和发展"人际吸引",形成"人际喜欢"至关重要。我们可借鉴社会心理学研究的相关成果来帮助和谐交流的实现。

一是强化理论。强化理论认为,人际吸引过程可以通过首因效应(即第一印象)以及借助于奖励、惩罚等强化方式来实现。第一印象所产生的作用和持续的时间比以后得到的信息更强,因此,人际交往往往要从第一印象的强化开始。人际吸引的强弱与奖惩也有相应的关系。如果首次交往的背后紧跟着表扬、称赞、报答等奖励行为,就会引起对方喜欢,产生愉悦情绪体验,形成良性人际关系,反之亦然。二是相互作用理论。就是采取一种"投桃报李"的互酬行为或报答行为。相互尊敬、相互喜欢、相互称赞、相互报答,这类交往行为会使得交往双方经常感到情感上满足和安定，感到心情愉快，并且非常乐意与对方继续发展关系，增加交往频次和交往强度。三是得失理论。就是相对于对某一交往对象一成不变地赞美说好话，改变成先说不好的话，再慢慢说好话对构建良好人际关系更有效果。这就是“先抑后扬”的和谐交往策略。四是相等理论。就是在人际交往中，不要寻求并维持报酬大于付出的人际关系，要理性地构建交往中付出和报酬相等的人际关系。这种“吃锅巴还蚕豆”的功利主义交往虽然功利化一些，但对形成和发展和谐人际关系有实际作用。

（四）效果实现细节化

细节决定成败。人际交往再纷繁复杂，其构成要素不外乎时间、空间、过程、结果及评价反馈等。一次成功的人际交往，事先就要进行相关要素运用的设计。时间上，一般可以提前和准时，但原则上不能迟到，刻板印象一经形成，对后续的交往影响非常大，关于这点，前文已经表述；在空间位置上，要区别是首次交往还是后续交往，如果是首次交往，就要注意宾主身体空间的距离适当拉开，较近的距离会让对方感觉受到威胁，或者心理上感觉压抑和不舒服；交往过程中，自我和对方的面部表情、身体语言、眼神交流、语言和非语言，都是关键的细节。如果交往过程中，对方频繁在身体前面握紧拳头，双手在大腿上来回搓，或双手按在头部后面，或边交谈，边不断地玩桌子上的东西，或打开抽屉又关上，好像在找什么东西，这些手部动作就告诉你，对方不耐烦这次交往，对你产生了排斥性情绪，你该知趣地退场了。

在结果及交际成效评价评估上，要综合考虑一些细节。一是时空距离。一般来说，距离越近，交往的频率可能越高，越容易建立良好的人际关系。一项实验表明，人们交往的次数与距离的远近成反比关系。因此，与自己的同学、同事、同乡、近邻较容易交往并建立感情。二是结群需求。人的需求是使人产生某种行为的内在动机，在赴约交往前，要评估对方的结群性吸引水平，一般来说，自信心水平高的人，性格外向的人，结群需求较高，容易交往并建立关系。三是情绪体验。要客观评估对方对自己的情绪体验，研究表明，情绪状态在很多时候影响人际喜欢和吸引，我们总是喜欢那些能带给我们积极情绪的人，而对那些整天忧愁焦虑、愁眉不展的人产生排斥心理。四是对自己的个人特质，包括外表容貌、才华能力、个性品质进行客观评价。单就个性品质来说，无论男性或女性，最有吸引力的是真诚和谦虚，最富排斥力的是浮夸和虚伪。五是相似和互补。认真考虑交往双方在包括态度、信念、兴趣、爱好、社会资源、价值观等方面的相似。研究表明，相似的价值体系和社会文化背景是决定喜欢或选择别人的因素，直接影响人际喜欢和吸引的深度和强度。民国时期某名人的社会关系网多是一大串大家族和社会贤达的汇集，这个现象很好地说明了相似性交往在人际交往中的作用。相似性之外，互补性也是影响人际交往的重要因素。在日常生活中，我们常常发现，人们往往会选择能补充自己人格缺陷的人作为婚恋对象，比如，支配性的男性和服从性的女性能很好地相处，话多的女人和少言寡语的男性在一起生活很安宁。

三、接待与赴约的技巧

（一）接待方案与准备

接待迎送是人际交往的重要内容，也是实现交往需求的重要实现形式。接待是指各种组织在事务活动中对来访者所进行的迎接、招待、洽谈、联系、咨询、送往等系列人际活动的总称，是职能机构的一项经常性的事务工作。接待按照活动内容来划分，可以分为公务接待、商务接待和私人接待；按照被接待者身份来划分，可以分为国内接待和外宾接待，等等。不论是哪种类型的接待，都要精心准备接待方案，做好接待前、接待中和接待结束的准备工作，对整个接待过程进行充分的设计和安排。

在大中型或者重要的接待前，筹备至关重要。一定要有详细的接待方案。在制订方案前，一定要全面了解来访者的职务、人数、负责人、访问时间、对象、目的等。同时，也要准确搞清楚接待方的接待领导和随从人员、接待地点、接待规格、接待纪律、住餐礼品、接待礼仪等具体接待要素。如果是外地或国外、境外的宾客，还要设计迎接路线、下榻宾馆、迎送车辆等。在掌握这些信息的基础上，确定接待（接待一般通过会议来实现）的会议名称、会议性质、会议主持、与会人数、会议期限、会议休息时间表、会议活动范围、会议费用、会议礼仪、会议后勤等。根据这些要素，就可以编写接待方案报主事领导审定，审定后，根据时间，就可以发出会议通知了。拟定会议通知时，必须写明通知对象、召集人（主持人）的姓名或组织、单位名称，会议的时间、地点、主题以及会议参加者、会务费（住宿费、日常伙食费、交通费、赠礼等费用开支）、应带的材料、联系方式等内容。通知后面要注意附回执，这样可以确定受邀请的人是否参加会议，以及是否有其他要求等。对于从外地前来的会议参加者还要附上到达会议地点和住宿宾馆的路线图。

（二）接待过程管理与应急

1.接待过程管理。接待过程管理可以分为会前、会中和会后管理。

会前管理。第一，会场内部准备。会议内部准备主要包括：会议室安排，宾主座次安排，会标设计，音响调试，主席台摆放，席卡摆放，茶具饮品摆放，登记台准备，发言席安排，签到簿准备，休息安排，服务员配备，会场清洁，纪念品、礼品准备，会场指示牌，礼仪演习彩排，等等。第二，会场外准备。主要考虑这些内容：准备大厅指示牌，引领员（包括电梯引领员,会场引领员),等等。

会中管理。会中管理服务一般有:主席台纸巾、饮品服务,会场秩序维持服务(清理闲杂人员),清洁服务,委托代办服务,出会场的引领服务,等等。会中服务的细节关系接待的质量,事先要加以演习。比如,服务员茶水服务,倒茶服务人员注意观察每一位与会者,以便及时为其添茶水。倒水应动作轻盈、快捷、规范。杯盖的内口不能接触桌面,手指不能接触到杯口上,不能发生杯盖碰撞的声音。一般是左手拿开杯盖,右手持水壶,将开水准确倒入杯里,不能让茶水溅到桌面上或与会者身上。杯子放在与会者桌上的右上方。如果操作不慎,出了差错,应不动声色地尽快处理,不能惊动其他人,不能慌慌张张,来回奔跑,将与会者的注意力引到自己身上,等等。

会后管理。会后管理一般有五个方面。第一,会场清理,包括:撤下会议物品,桌椅、餐具清理,清理与会人员遗留物并登记,清洁会场,撤出带入会场物品,查对清理纪念品、礼品,关闭动力电器设备,服务人员撤出,锁闭会议厅,等等。第二,汇报总结。及时向主办方主事领导汇报会议情况,遗留物品,剩余礼品,并形成文字总结。第三,组织活动。会议结束后,有时还会安排一些活动。如联欢会、会餐、参观、座谈、照相等,这些工作很烦琐,应有一位领导统一指挥和协调。第四,礼送客人。根据情况,安排好与会者的交通工具,使其愉快、及时地踏上归程。第五,其他。包括:清理会议文件,根据保密原则,回收有关文件资料,整理会议纪要,新闻报道,主卷归档,等等。

2.应急管理。一般来说,应急情况处理主要包括:火灾疏散,禁坐电梯,失窃与当事人询问笔录,停电,溢水,电梯停运,急症救护,等等,这里不再赘述。

(三)赴约方案与准备

人类社会自古至今,从政治经济、外交商务,到社会成员之间,几乎每天都在发生着邀请与赴约之类的交往活动,正是这些领域中各种各样的以邀请—赴约形式进行的相互交往活动推动着问题的解决、人际关系的建立发展和社会的进步。不论是哪种形式的赴约,都要根据邀请方的意图和邀请方案,精心谋划赴约的方案细节,提前做好相关准备。准备除了时空等相关物理要素外,主要围绕赴约目的和可能达到的预期而展开,不能打无把握之仗。越是重大的赴约行动,方案考量越要仔细慎重。历史上著名的鸿门宴,从司马迁留下的文本记载来看,事先刘邦集团是做了精心准备的,并且制定了应急预案。根据双方事先的妥协结果,项羽请刘邦到鸿门一会,无外乎请其就封锁函谷关及“欲王关中”一事把情况说清楚(范增有所谋另当别论)。刘邦心知肚明,在准备一套说辞之外,精心安排了随行(樊哙,兼有亲、忠、勇三个特点)、礼品(白璧玉斗),与同谋互动,考察了周边地形(有“间道”可达自己军营),准备了“若事不谐”的脱身之道(“如厕”),并且在安全脱身后第一时间处理赴约所得的重大军情(“立诛杀曹无伤”)。鸿门脱险应该是历史上成功赴约的经典案例。此外，商务往来不说，就是个人之约、男女之约也要精心准备。从中外文艺作品来看，无论是先秦的“俟我于城隅”，还是“待月西厢下，迎风户半开”，“月上柳梢头，人约黄昏后”，还是罗密欧与朱丽叶的绣楼私会，赴约方都是经过“辗转反侧”后打造了一套周密的实施方案的，包括随从车马的安排、时间的选择、容貌的修饰、礼品的准备、表白的情词爱语，甚至一些小工具，等等。当然，一场成功的赴约，从方案准备到赴约现场互动交流是需要一些技巧的。

（四）赴约的技巧

一场约会要想达成预期，实现交往的需求，要关注三个要素：主体、客体和现场情境。现场情境要靠主体和客体双方的及时互动来创造。现场情境良好的一个标志是交流气氛融洽，彼此吸引力处于较高的水平。这里，有几个心理学规律需要注意。

首因效应，即第一印象。在修养、仪表、谈吐、志趣、诚实等方面给对方一个良好的印象，在初次赴约交往中至关重要。与首因效应相对的是刻板效应，一旦首次交往给对方留下不好印象，形成刻板印象，即使还有后续的交往，但要想修复，那代价是很大的。

近因效应，是心理学家卢琴斯通过连续实验发现的。卢琴斯的实验发现，印象形成的决定因素是后来新出现的刺激物，新近出现的信息对个体的影响作用比以往获得的信息所起作用要大。这就告诉我们，在首次赴约搞砸了也不要紧，后面还有补救的机会，“路遥知马力，日久见人心”。只要有机会，随着交往的深入，对方对我们最近最新的印象会掩盖此前形成的印象，从而使得我们此前的印象得以修复。

定型效应。所谓定型效应，就是人们在长期的认知过程中所形成的关于某类人的抽象笼统的概念化印象，又称社会刻板印象。生活中，我们常常会根据头脑中的定型，不自觉地对所交往的人进行归类，得出印象，作出评价。强盗并不都是相貌凶恶者，貌弱者并非弱小，美丽者未必聪明。这个道理在赴约交往中很有用。

晕轮效应。所谓晕轮效应，是指我们在评价他人时，往往从其一个特点出发，推广得出或好或坏的全部印象。晕轮效应能使人“以偏概全”或“爱屋及乌”，影响人际关系的理性发展。但在初次赴约交往时，我们也可以利用对方的这一心理，尽可能地展示自己的优点、长处，把缺点、不足先压一压，尽可能留给对方一个好印象。

投射效应。心理学研究发现，人们在日常交往中，往往会不自觉地把自己的一些特质投射到对象身上，想当然地以为别人也像我一样具有此类特质，这种投射心理在交往时遇到与自己在年龄、职业、性别、社会身份和地位相同或相似时最容易发生。一方面，这样的投射有助于与陌生的交往对象迅速拉近距离，构建起共识，分享彼此的社会经验和生活经验；另一方面，毕竟人与人是有差异性的，未加基本的了解就一味的投射往往不利于我们看清一个人，达成理性的人际交往。“我见青山多妩媚，料青山见我应如是”，

“摇落深知宋玉悲，风流儒雅亦吾师”，此类的心理投射只是艺术家在诗文中展现的共情和绚烂的想象，放在现实的赴约交往中可能要吃亏，尤其是社交场合的初次赴会。

互惠效应。得到别人的好处，心里就产生想要报答的念头并设法付诸实施，这就是互惠效应。互惠效应是人之所以为人的一个特质。历史上的韩信封侯后立即报答一饭之德的漂母。文艺作品中的关羽千里走单骑和华容道放走曹操，刘姥姥善待王熙凤的女儿巧姐，还有古语说的“伸手不打笑脸人”，反映的都是人类的互惠心理。根据这个定律，在赴约时选点小礼品带上，对彼此的交往至少会有润滑作用，为对方下一次的回访作好铺垫。

情绪相互感染效应。心理实验表明，人们会在无意识间模仿别人的情感表现，比如，模仿对方的语调、手势、表情及其他非语言的形式，并从内心调整自己的情绪。这种情绪传递大多是从表达能力强的一方指向相对较弱的一方。因此，在约会现场，可以顺应对方的情绪，也可以调动对方的情绪，这样就能参与到现场情境的创造中，提升自己的影响力，达到赴约的目的。语调调整一下，眼神顾盼一下，手势配合一下，这些小动作对活跃气氛，化解尴尬，推进会谈是有帮助的。

在此基础上，我们在整理相关约会技巧时提炼出“赴约九忌”。一忌自高自大，言谈浮夸。交谈中自吹自擂，实际上是不重视对方，不尊重别人，要想取得预期效果无异于缘木求鱼。二忌随意打断别人的话题，发表自己的高见。倾听对方而不是打断对方，是了解对方的必要手段，也是一种态度。三忌初次交往便诉苦抱怨。谁都不愿看到一个负面情绪成堆的人，更不要说与你交谈。做一个积极乐观的遇事豁达的随缘随喜的人，比做一个愁眉不展、长吁短叹的人更受人喜欢和认同。四忌对他人不断追问，甚至言语尖刻地指责。这样会让对方很狼狈很不开心，其结果只能是谈话冷场，或草草收场。以下四条内容要避开，男不问收入女不问年龄，对方不知道的不宜问，对对方来说敏感的话题不深问，对方回避的绝不问。五忌在人前搬弄是非。一个人在会谈时“臧否人物”，指点江山，说得眉飞色舞，欲罢不能，对方会想，他在其他场合是不是也一样议论我呢？不免对你多了点提防，好感度不会高的。六忌事事充内行。这样的人多半给人华而不实的感觉，即使你是博学家，也得给对方一个表现的机会呀，把别人比成了傻瓜和低智商，甚至产生羞愧感，感觉到不如你，只会在心里拉开与你的距离，对你敬而远之。七忌反应冷淡，缺乏活力。人人都不愿与木头打交道，反应冷淡，缺乏活力，对方会想，要么你缺乏情趣，要么自己缺乏情趣，这样想的时候，就不是惺惺相惜，互相吸引，而是闷葫芦对闷葫芦。八忌求全责备，心胸不宽。对别人的安排这也不满那也不满，甚至直接表现在脸上和言语中，邀请的一方在吃力不讨好之后，会对你产生好感吗？标准的表述应该是：好，好，好！九忌交谈目中无人，眼神不碰撞。有研究表明，男性之间交流眼神宜少，点到为止，但异性之间或女性之间交流，不妨多点眼神交流，火花是碰出来的。

与赴约忌讳相对应,约会时有这些举动,会提高约会成功率。一是记住对方的名字,在交流中不断重复称谓,比如,“李总您说呢”,“某某你看呢”等,彼此熟悉了,在称谓时可以省略对方的姓氏,直呼名字,显示关系亲密。二是选择合适的话题即兴发挥。三是适机切入,如果你想主导这场会晤或者增加影响力和吸引力的话。四是借用相关媒介,活跃气氛或推动谈话。中国有句话叫“谈天说地”,讲的就是这个意思。五是看重对方,投其所好。找到共同的爱好,比如流行音乐、攀岩、摄影、书法等,或者对对方的特长爱好内行地赞赏,人的天性是渴望被看重被赞美的,这样的交往技巧可以迅速缩小双方的心理距离,顺利推动谈话朝着目的奔去。当然,这里的“投其所好”不是小人权色交易之类的阴谋诡计,“甘若醴”的交往害人害己!

思考与练习

一、以室友相处为例,谈谈如何与家庭背景不同、生活习惯不同、兴趣爱好不同的同学融洽相处。

二、阅读下列熟语,谈谈你的理解:

(一)关于“诚信”

“君子一言,驷马难追。”

“民无信不立。”

“言必信,行必果。”

“信言不美,美言不信。”

“人而无信,不知其可也。”

(二)关于“合作”

“三个臭皮匠,赛过诸葛亮。”

“众人拾柴火焰高。”

“一箭易断,十箭难折。”

“人心齐,泰山移。”

“单丝不成线,独木不成林。”

第三节　网络环境中的交际

一、网络环境与交际的特点

网络环境是以计算机通信网络为基础，进行信息传递、交流和利用，从而达到其社会文化目的的条件与环境。从人际传播、大众传播（报纸、广播、电视）到网络与新媒体传播，不仅是科技带来的技术条件上的进步，同时深刻地改变了人们生活工作的方方面面。

网络环境，融合了人际交往（双向）与大众传播（单向）的属性，在总体上形成一种散布型网状传播结构。在这种传播结构中，任何一个网络都能够生产、发布信息，所有网络生产、发布的信息都能够以非线性方式流入网络之中。

网络交际基于现实语境，却又有着很强的虚拟性，因此网络交际语境具有虚拟和真实的双重属性。在网络交际中，至少有两种情况：一是人们在非网络交际中所采用的常规语言在网络交际中的常规使用，其实就是将现实环境中使用的语言搬到了网络环境，基本上不存在虚拟的成分。部分交际主体只是将网络当成方便快捷的工具，并借助它来完成正常交际，在此过程中虚拟的成分也很少。譬如网络视频、语音交流，譬如身份具体明确的交际圈，这是现实交际的另外一种形式。

另一种情况是，相当多的交际主体选择网络作为交际平台，主要是为了利用网络语境特有的虚拟性。

首先是交际主体个人信息的虚拟性。网络上流行的交际软件平台（如微信、MSN、QQ等）提供了多种功能，供用户根据需要进行虚拟。就交际主体自身来说，其在网络交际中的姓名、性别、年龄、教育程度、职业、IP 地址等标志个人身份的要素都可以是虚拟的。如果需要，也可以随时变换这些要素，以便在不同场合以不同身份出现。例如注册账号时可使用字母和数字组合的用户名，而无需提供真实姓名和其他资料，在交际活动中可自主选择真实或虚拟的个人头像，可使用软件平台提供的“表情”功能，可使用软件平台提供的“在线”“忙碌”“离开”“隐身”“关闭”等功能来显示自己的状态，可根据软件平台设定的规则来提升自己的“等级”，等等。显而易见，交际主体在软件平台中所使用的姓名、头像、装饰大都是虚拟的，在交际活动中所使用的表情与其真实的面部表情毫无关联，所显示的状态不一定是真实的，所获得的等级在交际活动中也并无实际用途。

其次是交际活动场景的虚拟性。现实生活中的交际场景,可以包括社会文化环境、自然环境、在场的人、周围的物等要素。在网络交际中,这些要素都会直接或间接地产生一定影响。所不同的是,在现实中,这些要素的真实性不容置疑,尤其是在正式交际中。而在网络语境中,这些要素都可以是虚拟的。交际活动参与者可以利用软件平台提供的功能或通过其他技术手段,随心所欲地虚拟所处的地域、国家和具体场所。在这种情况下,所有参与者都难以准确判断对方所处的实际场景,交际软件是交际情景的唯一表现平台,即交际主体只能通过软件平台所显示的文字、图像、视频等内容来判断对方的社会文化背景、在场的人、周围的物等要素,然而这些都是可以虚拟的。例如微信和 QQ,具有文字、视频、语音三种会话模式,同时具有发送表情、礼物的辅助功能。

其中文字会话模式情景最简单,虚拟性也最强,交际主体互不见面,只能依靠屏幕上不断跳出的词语或句子来判断对方的思想感情和身份。语音会话模式较为真实,但是由于无法直接看到对方,那么所听到的语音来自何人,说出的话是自己思索还是他人指导,就难以判断了。至于视频会话方式,看起来是最真实的,实际上也不一定可靠:影像中人物的外貌与扬声器中传来的语音可能是一致的,但是开通视频之前文字会话中的人物是否与目前所看到的和听到的一致,就很难判断了。在虚拟的身份和场景等要素组成的虚拟化语境中,很难保证交际主体精神集中程度、主观感受、交际态度、所说的话等要素与现实语境中完全相同。那么此时这些要素可能就有一定的失真(或虚拟)。一般来说,交际主体往往会因交际对象和交际内容的不同而调整自己的态度、方式。在网络语境下,交际主体不一定会集中精力进行一对一的交流,而是可以借助软件平台,在同一时间段与一个以上的交际对象分别进行一对一的交流。也有可能在进行交流的同时浏览新闻、处理文档或从事其他活动。而这些分别进行的活动恰恰又是交际对象所看不到的。这种虚拟世界中"分身术"的运用,使得网络交际活动甚至是每个交际主体都充满了虚拟性。

网络交际特点表现在以下几个方面:

(一)互动性

网络交际的互动性还是保留了人际交往的基本形态与形式,譬如交际过程,同样包括交际客体选择、打招呼、交谈、告别等。只是因为交际环境的"虚拟性",使得互动的内容、形式、方式等呈现极大的自由度。譬如可以同时在几个空间平台交流,可以点对点、点对面交流,可以借助文字、图片、声音等载体灵活交流,譬如发表情包;也可以运用 flash、视频、音频等多媒体技术,通过组合应用配以精彩的内容进行交流,也可以转载转发进行交流分享,带有交互性交际特点,这是传统交际无法比拟的。

（二）即时性

网络交际克服了传统交际工具、交际渠道存在的局限，其即时性主要体现在跨越时空的即时性。譬如你需要解决一个学习问题，或者情感上想找人交流，现实中要解决这些问题，还是不太容易，或者解决起来需要花费一番心思。网络提供了搜索工具，很快可以解决。所以，即时性不只是体现在快捷、方面，还体现在迅速找到交际客体，或者交际空间与平台，即时性达到交际愿望与交际目的。网络交际的即时性，使得具有交际需要、交际愿望与交际目的时，交际即可发生，不需要太多的前期准备，借助巨大网络传播环境，网络交际即时性还体现在交际主体随时成为“新闻人物”，或者成为“新闻发布者”，也就是每一个人都是“自媒体”，交际主体可以利用这一优势与特点，制造“新闻事件”。

（三）个性化

现实中的交际注重明确社会关系中的自我定位，这一定位使得人更加注重社会规范性，个性首先得服从社会性或者公共性的具体要求。所以，现实中的人际交往总体上个性不能太鲜明，行为要求是要依据交际主客体关系、交际现实情境做理性与灵活处理的。但是网络的“虚拟性”因为身份隐匿，具体交际情境“虚化”，就给个性的发挥提供了新的环境与条件。譬如在现实交际中，交流语言是慎重严谨的，而在网络上交际，语言的表达就自由、丰富一些，直接明确一些。网民在网络交际中表达情感时，力求直观、生动地传达情感，往往会将一些表达通过情态符号的形式表现出来。特别是一些情态动作，使用一个表情符号，可能要胜过多个词语的描述。因此，网民的情感表达有情态符号化趋向。一定程度上，网络交际的个性化更容易赢得人气，赢得关注。这也给具有创新意识的人，具有自身特点的人提供了表现与价值实现的空间。

（四）交际成本低

交际成本包括心理付出成本、时间成本、物质准备成本等要素。低成本的交际方式，激发了交际活力，丰富了交际体验，也冲击了传统交际方式形成的交际习惯与交际习俗。当然有人也利用这一交际优势，拓展自己的交际圈与影响力，积累人脉资源与潜在市场资源。

（五）权利平等性

网络信息传播的双向互动，是网络传播的本质特征和社会意义的集中所在。双向互动式传播具有三个重要特征：信息的传播者不再享有信息特权，与受众一道成为真正意义上的平等交流伙伴；网络用户不仅可以平等地发布信息，还可以平等地开展讨论与争论；舆论监督功能在网络振荡中不断放大，具有无比的威慑力量。互动式传播内含天然的亲和力与召唤力，从而构成了对现有传媒的致命冲击。

（六）多元性

网络信息中灵活丰富地融合文字、图片、声音等载体，运用 flash、视频、音频等多媒体技术，通过组合应用配以精彩的内容给读者带来了强烈的感观刺激和互动参与的欲望，这是单一的技术表现形式所不能比拟的，也是网络信息对读者的吸引力所在。譬如聊天，关于这个世界的所有话题，用户都可以在电子论坛里找到，并随时参与发表意见。在电子公告板上，用户则可以就不同的主题下帖子，参加讨论。更关键的，这种参与是匿名性质的，即没有任何人知道用户的身份等个人资料，成为网上论坛极其活跃和可以畅所欲言的根本原因。至于可以进行实时讨论的聊天室的功能，就更是传统传媒所望尘莫及的了。聊天室的性质也是匿名的。在聊天室里，每人都可以有一个化名，一群人就像入座酒吧一样，七嘴八舌，各抒己见。这种多元性，导致世界存在形式的扁平化，多元价值观、多元生活方式、多元声音与诉求并存，权威性与规约性的作用进一步弱化。

总之，数字化生存，网络化交际，不仅是从形式上提供新的方式手段的问题，它对社会生活、制度风俗、文化心理等影响是深刻的，而且它对未来的影响依然不可低估。

二、网络交际中存在的问题

任何事物都有两面性，如同技术也是一把双刃剑。网络世界带给我们快捷、便利、丰富的生活的同时，其所带来的社会问题也日益凸显。

（一）网络依赖导致现实生存弱化

过度热衷网络交际在一定程度上是交际单一化的体现，更重要的是，会加剧对现实世界的抗拒感、陌生感，这种“见机不见人”的现象是值得警惕的。交际主体并非面对面地交流信息，而是各自面对计算机、手机等机器终端，通过软件平台在电子屏幕上显现的虚拟文字、图片等手段来传达和接收信息。目前虽然已实现视频手段的实时交际，但是仍然无法摆脱机器媒介的束缚。人们在网络交际中所面对的仍然是键盘、麦克风、摄像头、电子屏幕，并且无法突破机器的限制。即使在网络交际中所使用的“语言”有文字、语音、视频，甚至还有众多 GIF（动画图片）格式的“表情”“服饰”“礼品”“饮食”等种种道具，但都是可望而不可即的虚拟影像，在真实性上永远无法等同于现实世界的常规交流。

网络交往实现了交往的自由和便捷，似乎在一定程度上排解了人们的孤独感。但事实上过分依赖网络，却使网络交往主体越来越孤独和郁闷，造成社交焦虑。网络交往在很大程度上削减了现实交往的情感因素，不能很好地实现人们的交往需求。网络交往是非身体性的间接交往，去除了现实面对面交往中肢体语言的表达和神态的传递，只能通过符号编码来进行交流。这种交往方式虽然快速便捷，但存在不少弊端。一是网络交往很容易造成沟通误会。网络交往主体在聊天时无意打错一个字就有可能造成网络交往主体之间的矛盾和冲突。二是网络交往主体的交往情境不同步。由于网络交往是一种身体缺场的交往，交往主体并不能确定"他者"处于何种交往情境，他有可能专心拿着手机或对着电脑与你沟通交流，也有可能在玩网络游戏，或者在工作，或者根本无心交流。网络交往主体双方交往情境的不同步，导致网络交往缺乏深入的沟通，更难达到情感交流的目的，极大地影响了交往的质量和价值的实现。三是网络交往把人与人的交往简化和抽象成"机"与"机"的交往，过度的网络交往会缩减人们现实交往的时间和精力，会逐渐使人们失去对鲜活的现实交往的兴趣和感悟力。

（二）抵御不了诱惑而沉迷其中

网络提供的功能与服务很多，但是网络诱惑也很多，诱惑就是有目的的吸引，使之达成交流、交际与交易。其中最不容易引起警惕的是交际平台服务商。他们为了吸引人气，拓展市场，顺应用户心态，开发了多种相应的功能，使其能够通过以"兴趣""同城""生意""信仰"为内容的"群""圈子""人脉"等方式，达到展示自我、搜索和结交朋友、推销产品等目的。这种貌似功能强大，实则极不稳定的交际语境给用户带来的负面效应也很明显。

例如上网成瘾。根据《网络成瘾临床诊断标准》，如果个人平均每天用于非工作学习目的连续上网超过 6 小时，且符合以下症状标准超过 3 个月，即为"网络成瘾"。主要表现为对网络的使用有强烈的渴求或冲动感；减少或停止上网时会出现周身不适、烦躁、易激怒、注意力不集中、睡眠障碍等反应。同时，成瘾标准也要在以下 5 条中至少符合 1 条：为达到满足感而不断增加使用网络的时间和投入程度；使用网络的开始、结束及持续时间难以控制；固执地使用网络而不顾其明显的危害性后果，即使知道网络使用的危害仍难以停止；因使用网络而减少或放弃了其他兴趣、娱乐或社交活动；将使用网络作为一种逃避问题或缓解不良情绪的途径。

如今，相当一部分学生把大部分时间投入到网络交际中来。聊天、发帖、玩游戏……乐此不疲。学习是大学生的天职，网络交际工具从一定意义上来说是为完成学业而服务的，由此而荒废学业无异于舍本逐末。

（三）网络交际素养有待提升

今天的年轻人对于网络的依赖、对于媒体技术的使用都呈现出天然的鲜明特点。但是网络交际中存在的问题依然不容忽视。它表现在以下几个方面：

第一，信息的辨识能力不够。网络上的信息如同生活中的"众声喧哗"，有真有假，善恶混同，什么信息是真实的，什么信息的核心与背景是什么，什么信息才是可信的，且可以为自己利用的，都会考量接受者的信息辨识能力。更重要的是，很多信息会借助“新闻”“权威性”“表达策略”等形式与手段，使人轻信与确信。如果轻信，则首先有害于自己。譬如一些虚假广告，一些关于养生、教育、医疗、饮食、投资等网络信息，未必都是科学的，你要信了就上当了。如果你不加辨识，随意传播，就会造成不良影响，甚至恶劣影响。所以，网络交际如同生活中听其言、观其行、辨其真，也是需要头脑清醒、谨言慎行的。

第二，自我放任。因为网络具有“虚拟性”“匿名性”，一些人认为可以不负责任地发表言论，可以随意宣泄自我情绪，甚至发布虚假信息、错误言论、暴力黄色信息等，有些不经意间已经违规违法。网络上带有暴力性、色情性的语言比比皆是，其负面性毋庸多言。网络交际中不礼貌语言也很多，如同现实交际一样，说话不礼貌、不得体的人，因为不被别人认同、接受、尊重，最终他的交际圈要么是一群臭味相投的人，要么是被别人拒绝交流的人。所以网络空间不是可以随意放纵任性的空间，同样是有规矩、有规则的。

第三，被动依赖而不知主动利用。譬如，很多人将网络视为简单浏览、消费、娱乐、交际的工具，积极主动利用网络辅助学习、解决问题、实践创新的能力不够。譬如很多学生不知道校园网上有哪些学习资源和哪些便捷的下载工具，不知道图书馆网上借阅、续借，包括跨校区借阅，不知道学位论文资源怎么查询。有人形成快速浏览习惯，不再耐心阅读与细读，有人利用复制粘贴功能完成作业论文，而不是借助网络服务独立思考、独立学习。网络求学、拜师、问道、合作等交际能力缺乏。

第四，语言表达能力弱化。虽然网络上可以直接提供相应的语言素材和现成的表情包，省时省力又能直接表达意思，但是久而久之，人们完整、丰富的语言表达能力得不到培养，口语能力、书面表达能力等得不到重视。一些善于语言表达的人可能得不到进步，一些不善于语言表达的人则更加依赖网络交际形式。

第五，网络环境有待净化。互联网的发展对人们的学习、生活和生产等都提供了极大的便利。但在利益的驱动下，在广阔的网络空间中，也掺杂着一些低级、庸俗、不健康的内容，一些不法分子利用网络从事非法活动，使一些不明真相的人上当受骗。需要动员全社会的力量，实行多管齐下，人人参与传播社会正能量。

三、网络交际的原则

（一）正确处理现实交际与网络交际关系的原则

网络交际是一种新的交际方式。这里要强调的是，正确处理现实交际与网络交际的关系是十分重要的。网络交际的功能主要体现在浏览信息、娱乐消费、辅助工作与学习等方面，但是交际主体面临的情感问题、生活问题、工作问题主要还是通过现实交际来完成，网络交际是无法真正解决现实问题的。

现实交际是网络交际之本。一个在现实交际中成熟、得体的人，一定是在网络交际中成熟得体的。反过来也可以说，网络交际如果存在这样或者那样的问题，一定反映在现实交际方面存在缺陷。虽然网络交际具有虚拟性、匿名性，潜台词就是具有一定欺骗性，但是细心的人还是能判断此人在现实中的某些特征与特点，除非他自己本身就动机不纯，或者交际能力弱、辨识能力差。其实，网络交际因为自由度较高，恰恰在不经意间可以反映交际者的真实状态，除非他刻意“包装”与“欺骗”。

正确处理现实交际与网络交际关系，要规避以下几个问题：

1.减少对于网络交际的依赖。网络交际因为建立在“技术性”“虚拟性”的基础上，会形成“重机不重人的价值观”，会形成对现实与人际关系的冷漠感、陌生感，也会形成“虚拟性”环境下特有的交际习惯，即以自己业已习惯的网络行为方式待人接物。为什么现实交际常常被网络交际冲击，网络交际常常导致现实交际冲突，原因就在于此。

2.减少网络交际时间。减少网络交际时间，调整过度依赖网络交际的习惯，重视现实交往与人际交往，主要还应制订生活、学习、工作的计划，以及在合适的场合下，以合适得体的方式上网与交流。其实今天的工作制度与工作要求，已经将自我上网管理作为自我管理的重要内容。理性处理个人与网络、手机的关系，是体现一个人修养与能力的重要方面。所以，适度网络交际，减少网络交际时间，是应该引起重视的问题。

3.减少网络交际对于现实交际的干扰。随时随地的网络互动与交流成为一种普遍的生活方式，但是它所带来的干扰也是显而易见的。网络交际在寻求交际客体、处理信息发布时间、信息交流方式、信息的过剩与时间浪费等方面，会干扰我们的日常生活。譬如，深更半夜，找人聊天，不顾及别人是否在休息；是选择打电话、接视频，还是发短信，其实都是有讲究的，要选择适合交际客体的方式才是合适的；还有些人没事就在朋友圈发个人喜欢的信息，而不注意这些信息未必都是大家认可的，就交际而言，这也是缺乏修养的体现。所以，减少网络交际对于现实交际的干扰，真正获得别人的尊重也是需要注意的问题。

（二）充分发挥网络交际助力自我发展的功能

人际传播的功能可以从个人和社会两个维度来概括。从个人来说，人际传播具有实现自我认知，建立互动关系，认识与控制环境，交流人生经验和实现信息沟通，满足情感需要的功能；从社会来说，人际传播具有传承社会文化遗产，推进社会文明和国家建设事业发展的功能。如新媒介的出现对人际传播产生了深刻影响，也赋予了人际传播的新功能。

1.塑造双重身份，实现理想自我。社会学家戈夫曼是符号互动论的代表人物，他在人际交往的研究过程中首创“拟剧论”，把人际交往比作演戏，把生活的社会比作剧场，社会成员在这个剧场里按照社会剧本的需要扮演各自的角色，以获得自我身份的认同。据此，人际传播过程就成了一个双方进行自我表演的过程，其自我并非真实的自我，而是用各种符号伪装过的自我，“人际传播者实际上是带着符号制作的‘假面具’的表演者”。当然，这种带着“假面具”所进行的表演并不是代表着欺骗，而是人们在自我表达中为了得到他人认同、赞许或达到交往的目的，而故意约束真实的自我，失去人性的本真。此外，人们在自我表达的过程中，必受各种因素的影响，包括传播者外貌特征、身份地位等自身因素以及风俗、规章制度等外部因素，因而许多人个性得不到张扬，不能自由地表达自我，也不能实现理想中的自我。

新媒体环境下人际传播具有真实性和虚拟性相统一的特点，使表演者具有现实生活和虚拟网络的双重身份。借助网络等新媒体，面对面进行传播所需要的声音、动作等符号的制约作用得到弱化，具体时间、地点等场景的影响也基本消失，这使得传播双方的表达过程更加自由。在与陌生人或新朋友交流时，塑造理想自我的可能性得到提升，这个理想的自我超越了文化背景、身份地位等现实自我的界限，现实社会交流中没有表达出来的那一部分自我得到充分展现，理想中的自我得以实现。

2.“碎片化”传播，不断完善自我。网络传播是碎片化的传播，其碎片化主要体现在：传播时空的碎片化，指的是传播的时间和空间被撕裂成了碎片，随时随地都可以进行传播活动；传播内容的碎片化，超文本链接使得网络传播的内容不再完整，而是趋向碎片化、非线性化；注意力的碎片化，面对海量信息，接受者注意力多数是片刻的、即时的、转瞬即逝的；传播主体的碎片化，人人都有发言机会，人人都能成为传播主体。新媒体下的人际传播由于需要借助网络，如微信、微博等，所以也会体现碎片化特征。新媒体环境下传播充分利用碎片化，不仅有利于人际传播的完成，而且能使人们不断得到提高和完善。传播时空的碎片化使人们充分利用有限的时间和空间，去与他人进行交流，获取信息；传播内容的碎片化让人们在信息的海洋中更有针对性地找到自己想要获得的信息，提高获得信息的效率；注意力的碎片化使人们能更快去适应信息的更新速度，为不断获取新信息提供保障;传播主体的碎片化使人们在人际交往中表达自己观点的机会大大增加。

3.扩大传播效果,促进社会和谐。人际传播并非只是传受双方封闭式的信息传递,而是在整个社会的大环境下进行的。人际传播过程受社会环境的制约,也会作用于社会,这种作用主要是通过影响大众而实现的。社会学家拉扎斯菲尔德认为大众传播的效果是通过"二级传播",即由"大众传播、'舆论领袖'、'受传者'等要件构成的传播过程"实现的。这里的舆论领袖指的是群众中有一定权威性与代表性的人物,他们首先接触大众传播媒介,再将从媒介上获得的信息进行加工,转化成自己的理解,然后传播给周围的人,从而对周围的人施加一定的影响。由此可见,人际传播会对大众传播的效果产生重大影响。也就是说,一个具有社会责任感与公德心的网络交际者,如果合理使用网络交际,不仅可以实现交流分享,更可以借此扩大自身影响力,实现自身更大的社会价值。

(三)遵循网络语言交际的特有原则

网络语言交际过程中,交际主体要达到预期状态,也应遵循合作原则和礼貌原则等交际原则,但是网络交际进程和交际要素的某些特性,使交际原则的运用,部分地偏离了原有规范体系。也就是说,日常言语交际中某些违背交际原则的非常态行为,在网络中可能变成常态行为。交际主体对这样的行为可能会认可,还可能在网络言语社区里逐渐形成某种通用的行为规范。相对于日常言语交际活动而言,网络语言交际可以遵循原有的交际原则,或者背离原有的交际原则,还可以创生新的交际原则。

1.简便快捷原则。随着社会生活节奏的加快和传媒的发展,人们对信息传播速度的要求越来越高,所以在网上聊天时,人们希望网上的交流也可以像口语那样简便快捷,同时这也正符合了语言的经济原则——要求交际者以尽可能少的话语达到最佳交际目的。在网络会话过程中,由于网民们追求简便快捷,因而产生了许多特殊的网络语言和符号,主要体现在网络语言的缩略化、谐音化和符号化。

2.省约原则。省约原则是指网络交际过程中,话语的内容或形式可以存在某些缺省状态,甚至可以突破日常言语交际所允许的缺省程度。省约原则的成因有交际者个人编码偏好与语言能力、交际方式、交际环境等多个方面,它们既是省约现象的成因,也是省约原则发生作用的主客观条件。从交际主体的角度来看,交际者个人的编码偏好反映了交际者编码组合的习惯性方式。一些交际主体因其个性心理、思维方式、编码习惯等,喜欢运用简短、扼要的语码进行网络交际,交际主体自觉或不自觉地运用了省约原则,那么,其交际行为的结果——话语则会以省约的方式存在。

3.容错原则。在省约原则的作用下,交际主体能否顺利地实现网络语言交际活动,涉及容错能力问题。容错能力指受话人对于网络交际话语中可能出现的省约、错别语码等,能够根据语境来补偿语码空位或判断出正确的语码。受话人的这种能力就是容错能力。如果省约程度超出了受话人的容错能力，就会导致误解或歧义。所以，容错能力，也就是宽容能力。既然网络会话追求高速度，那在会话过程中就一定会存在一些错别字或者其他一些不适合的表达方式，可能是有意的，也可能是无意的。遇到这样的情况就需要容错原则来调节了。在网络会话中，只要接话人能基本理解发话人所要表达的意思即可，双方都不能锱铢必较，否则交际会遇阻甚至终止。

4.平等原则。平等就是交际双方互相尊重，平等相处。网络会话中的平等原则指的是交际者在会话过程中应自觉淡化自身的现实身份色彩，以一种平等的心态进入交际。在虚拟的网络世界中，人们可以完全不考虑社会地位、经济收入、宗教信仰、种族肤色等各种现实社会中无法回避的差异和不平等，而进行一些比较单纯的、非功利性的精神交流，交流双方都不用考虑彼此的现实利益，不会有任何心理负担。在网络会话中，每个网民都拥有平等的发言权。平等在网络会话中几乎是一个绝对的原则。只有坚持平等原则，才能成为一个成功的网络交际者。

四、网络交际的方法

（一）丰富网络交际方式

现实交际主要依靠语言交际与非语言交际的相互统一运用。网络交际区别于现实交际的重要特点之一，就是交际方式的丰富性。

网络交际不同于传统交际方式，尤其是伴随着QQ、微信等社交工具的广泛应用，传统人际交往摆脱了现实地域空间限制而转向网络空间，人与人之间的沟通可随时随地进行。同时网络所构建的是一个去中心化、开放的虚拟空间，网络交际方式也变得更加平等、隐匿与多元。目前随着通讯技术的快速发展，5G及物联网技术的不断成熟，万物互联、万物皆媒、人机互动等也在不断颠覆网络交际方式，使其不断向立体化、全方位格局演变。

从交际方式看，网络交际包括语言交流、短信交流、移动交流、视频交流、平台交流等。

语言交流，伴随着网络的发展而新兴的一种有别于传统平面媒介的语言形式。它以简洁生动的形式，一诞生就得到了广大网友的偏爱，发展神速。目前正在广泛使用的网络语言包括拼音或者英文字母的缩写，含有某种特定意义的数字以及形象生动的网络动画和图片，起初主要是为了提高网上聊天的效率而采取的方式，久而久之就形成特定语言了。

短信交流，是依托于多发短信甚至群发短信存在的。群发短信依托于短信本身，只要手机短信中的这一功能不消失，群发短信就不会消失，群发短信不消失，那么短信平台就会依然存在。

移动交流，实际上是新媒体交流，以手机为终端的新媒体使得交流更加便捷、丰富与方便，它进一步综合了各种媒体，拓展了功能与服务的丰富性。

视频交流，指在网络上以 WMV、RM、RMVB、FLV 以及 MOV 等视频文件格式传播的动态影像，包括各类影视节目、新闻、广告、flash 动画、自拍 DV、聊天视频、游戏视频、监控视频等等。

平台交流，就是交友网站交流，是基于网络平台的广泛性、互通性、娱乐性、经济性、安全性等优点，于 21 世纪初出现在网络交流方式中的互动型服务网站。按照类型，可以简单地将它们分为婚恋交友类网站和社交交友类网站两种。

强调网络交际方式的丰富性，是希望不断加深人们对于网络交际有关知识的理解，不断提高人们使用交际方式与网络技术的技能。网络生存能力与网络发展能力，首先取决于人们对于网络的学习能力与应用能力。这是一个现实问题。很多人爱网络，但是未必真的懂得，未必能够驾轻就熟。大家不妨自我测试，自己对于网络交际方式的运用到底有几种，到底熟练到什么程度，交际效果到底如何。这是一个不断学习的过程，也是一个不断适应的过程。

（二）拓展网络交际功能

网络交际本身具有丰富的功能，这些功能极大方便了我们的生活，增加了交流与娱乐的渠道，丰富了我们的人生体验。如同现实生活同样充满着丰富性与复杂性一样，有选择性、有目的性地拓展网络交际功能也是重要的交际方法。

一些人对于网络交际并没有明确的目的。一些人则过于沉迷网络的单一功能，如娱乐（游戏）、消费、聊天等，在网上形成“亲密”交际关系，结果沉迷其中，乐此不疲。也有一些人学习能力弱，只擅长某一种或简单的交际方式，导致自我拓展与自我发展能力不足。凡此种种都是应该引起重视的问题。

这里强调几个应该重视并且自我提高的方面：

1.围绕专业学习拓展网络交际功能。人们应该善于在网上拜师问学，应该了解专业性的交际圈子并进入。应该学会专业性检索、统计、分析、分享与研讨的方法，当然也可以发布专业学习成果。总之，要围绕专业学习与成长，强化网络交际的特定功能，提高网络交际能力，从而优化网络交际的目的性、目标性、效率性。

2.围绕自我发展提高网络交际能力。网络世界也是展现自我、实现自我价值的空间。人们的个性、才艺、追求、尝试乃至创业，都可以借助互联网获得进步与成功。网络世界是一个认同交际规范化，同时认同个性化、创新化的空间。这种个性化、创新化体现在很多方面。

在基于计算机网络媒体的交际中，交际者是通过上传文本、图片、视频等信息来传达自己的情感和意图，从而有意识地进行自我身份塑造的。网络虚拟自我身份塑造的动因是出于个体的各种心理需要，不但具有虚拟性和隐匿性、多元性和流动性、可变性和暂时性，而且具有创造性和投射性等诸多杂糅特质。正是这种创造性和投射性特征使得人们在网络的自我建构中，通过坚持不懈地自我认知、自我认可、反复实践、不断改进，向着自我完善的最高目标努力。同时，网络互动交际中虚拟自我的建构是离不开言语交际的，人们通过在网上进行不断的话语交流与互动，彰显自我、认识自我、修正自我，使自我向着更加深层、更加完善的方向发展，这也是人们追求理想自我的结果。

（三）提高网络交际能力

网络交际首先要有掌握网络信息特征的能力。这些能力体现在对于信息的五个方面形成一种自觉性的询问：谁制造了这个信息，以及为什么要制造这个信息（“谁说话，说的什么话，为什么要说这样的话”）；它用什么技术吸引了我们的注意；它代表了怎样的生活方式、价值与观念；别人与我对于这条信息的理解会有多大的不同；其中什么样的信息被删除了。那么反过来，在网络交流时，你打算什么时候说、用什么方式说、代表什么样的价值观、别人是否会接受或者误解、什么样的话不说或少说都是网络交际中需要考虑的问题。

质疑媒介与信息也是一种素养，只有质疑，才能对信息的认识更加理性与客观。不同的媒介传播信息造成的影响与效果不一样；有些信息需要查证和核实来源与背景；比较和对照不同的版本，会发现有些信息有人为性甚至偏见性。古人云：害人之心不可有，防人之心不可无。如果人们对交际的客体缺乏辨识度，就可能被利用、被欺骗、被改变，结果交际不是有利于双方，而是首先有害于自己。

网络交际是有底线原则的，在底线之上似乎是“自由空间”，这和现实世界对于个人的要求没有什么不同。文明的交际、正能量的传播、积极上进的个人诉求也是值得提倡的网络交际方式，这和现实世界对于个人的要求同样没有什么不同。

思考与练习

一、比较现实中人际交往与网络交际到底存在哪些差异。

二、调查网络语言交际中有哪些不礼貌的用语，分析其原因，并提出改正方案。

三、遇到专业问题,你是怎样通过网络交际解决的?请列出交际客体的网址、网名等信息,说明交际的步骤与过程。

四、评价下面一则新闻。

一则来自美国华文媒体世界新闻网的消息《中国游客因“不文明记录”被美遣返 十年签证作废》传遍网络。中国青年网据此刊登报道:据美国华文媒体世界新闻网报道,一名来自上海的中国游客,16 日持 10 年有效美国签证入境旅游,在洛杉矶过境时被美海关官员以在欧洲旅游时留下“不文明游客”记录为由,当场将其 10 年美国签证作废,并直接遣返中国。

第四节　交际与礼节

社交中的礼节是人际交往的润滑剂，它不仅是个人素质、修养的体现，还有助于赢得对方的信任与尊重，促进交往活动的顺利进行。

一、礼节与礼仪

1.礼仪

礼仪作为人类交际的表现形式之一，是人类不断摆脱愚昧、野蛮，逐渐走向文明、开化的标志和见证。

中国素有“礼仪之邦”的美誉，礼仪文化博大精深、源远流长。礼仪源于原始社会人类生活中祭祀祖先和众神的活动，所谓“礼立于敬而源于祭”。西周时期，礼仪有所建树，《周礼》是我国历史上第一部记载“礼”的书籍。《周礼·春官》中说“凡国之大事，治其礼仪，以佐宗伯”，意思是凡是涉及国家的事物，都应合乎礼仪，用礼仪来辅助宗伯。这一时期对礼仪的基本定义是“致福曰礼，成义曰仪”。春秋战国时期，以孔子、孟子为代表的儒家系统地阐述了礼仪的起源、本质和功能。孔子主张“为国以礼”“克己复礼”，他认为人“不学礼，无以立”。荀子则强调“人无礼则不生，事无礼则不成，国无礼则不宁”。

追溯西方历史，“礼仪”一词最早始于法语 Etiquette，它的原意是“法庭上的通行证”，古代法国的法庭为保证法庭秩序，把各种规则写在进入法庭的通行证上，让人们遵守。后来，“礼仪”一词进入英语，演变成“人际交往的通行证”，它有三种含义：一是指谦恭有礼的言谈举止；二是指教养和规矩，也就是礼节；三是指仪式、典礼、习俗等。

纵观古今中外对“礼仪”含义的理解，我们可以归纳出几层基本含义：第一，礼仪是一种行为规范或行为模式；第二，礼仪需要大家共同遵守；第三，礼仪有它存在的合理性。礼仪作为一种文化现象，属于上层建筑领域，它随着社会经济的发展而变化，随着人类文明的不断进步而发展和完善。礼仪从属于伦理道德，必须符合伦理道德的准则规范。语言（包括书面的和口头的）、行为表情、服饰器物是礼仪最基本的三大要素。

概括起来礼仪可以表述为：礼仪是人们在社会交往活动中形成并共同遵守的行为规范和准则，它是人们以一定的约定俗成的程序、方式来表现的律己、敬人的过程，具体表现在礼貌、礼节、仪表、仪式等方面。由此可见，“礼”是内在的，以尊重为本；“仪”是外在的，注重表达，讲究形式规范。

2.礼貌、礼节、仪表、仪式

(1)礼貌

礼貌泛指人们在社会交往中表示友好、谦恭、尊重的态度和举止。礼貌是人的道德品质修养的最简单最直接的体现，也是人类文明行为的最基本要求。礼貌的外在表现有两个方面，即礼貌语言和礼貌行为。在现代社会，使用礼貌用语，对他人态度和蔼，举止适度，彬彬有礼，尊重他人已成为日常的行为规范。

在人们交往时讲究礼貌，就能使大家相处和谐、愉快。反之，容易使人产生反感，甚至引起不必要的冲突。礼貌问题看起来是生活小事，但从这种“小事”上，往往可以反映出一个人道德水准的高低，窥见他人内心世界的美丑。例如，一个人对父母、兄妹恶声恶语，对师长、朋友毫不尊敬，对他人粗暴蛮横，可以断定，这个人的内心世界不会美好，他也绝不会是个受欢迎的人。

(2)礼节

礼节是人们在交往过程、交际场合表示尊重、友好的礼貌行为的惯用形式。如问候、握手、鞠躬、拥抱、献花等。它实质是礼貌的具体表现，是礼貌在仪表、仪容、仪态及语言、行为等方面的具体要求。

在当今社会，由于人与人之间的地位平等，礼节从形式到内容都体现出人与人之间的相互平等、相互尊重和相互关心。现代礼节主要有介绍的礼节、握手的礼节、打招呼的礼节、鞠躬的礼节、拥抱的礼节、致意的礼节、欢迎的礼节、使用电话的礼节、约会的礼节、聚会的礼节、宴会的礼节等。

当今世界是个多元化世界，不同国家、不同民族、不同地区的人们在各自生存环境中形成了各自不同的世界观、价值观和风俗习惯，具体礼节的表达有很大差异。比如见面的时候，我国行握手礼、点头礼，日本、韩国行鞠躬礼，欧美国家行拥抱礼、接吻礼，南亚国家行合十礼，还有少数国家有吻手礼、吻脚礼、碰鼻子礼等，这些都是礼节的各种表现形式。所以，我们要熟知各国、各民族的礼节，了解各民族的风俗习惯。

(3)仪表

仪表指人的外表，包括仪容、服饰、体态等。仪表属于美的外在因素，反映人的精神状态。仪表美是一个人心灵美与外在美的和谐统一，美好纯正的仪表来自于高尚的道德品质，它和人的精神境界融为一体。端庄的仪表既是对他人的一种尊重，也是自尊、自重、自爱的一种表现。

随着社会的发展，形象的包装已不再是明星的“专利”，普通人对自己的形象也越来越重视，因为好的形象可以增加一个人的自信，对个人的求职、晋升和社交都起着至关重要的作用,可以说是与人交往的“第一张名片”。心理学家认为,一个人对交往对象的印象和评价,大体是在见面之初的那一刹那间(大约3秒钟)形成的,这种瞬间形成的看法不但在此后难以改变,而且左右着双方交往的密切程度。这就是心理学上的“首因效应”。

(4)仪式

仪式是指在一定场合举行的具有专门程序和形式的规范化活动。仪式是一种比较正规、隆重的礼仪形式,在举行仪式时,要遵循严格的规范化、程式化。

人们在社会交往过程中或是在组织开展各项专题活动中,常常要举办各种仪式,以体现出对某人或某事的重视或纪念等等。常见的仪式有奠基仪式、开业仪式、剪彩仪式、签字仪式、欢迎仪式、入场仪式、升旗仪式、开幕式、闭幕式、就职仪式、颁奖仪式、捐赠仪式、结婚典礼、毕业典礼、告别仪式等。一般而言,仪式必须恪守基本原则,讲究程序。在现代礼仪中,仪式的程序大有越来越简化的趋势,但有些仪式的程序是不可省略的,否则就是失礼。

3.礼仪与礼貌、礼节、仪表、仪式的关系

礼仪与礼貌、礼节、仪表、仪式的关系是相辅相成、密不可分的。礼仪是对礼貌、礼节、仪表、仪式的统称,后四者是礼仪的具体表现。礼仪、礼貌、礼节都有一个“礼”字,本质都是尊重人、体贴人。

其区别在于,礼貌是表示尊重的言行规范;礼节是表示尊重的惯用形式和具体要求;仪式是礼仪的较为正式的程序形式。宽泛地讲,一切表示尊重对方的过程和手段都可以看作是属于“礼仪”这一道德范畴。礼仪规范着每个人的行为,是否懂礼节、讲礼貌直接反映着一个人的综合素养。

二、失礼的表现

1.个人形象不打理

良好的个人形象由外在美和内在美共同构成。仪容仪表是人的外在美的体现,是指一个人的发型、面容、表情、举止、服饰等给人的总体印象。在社会交往中,应该根据场合、目的适当修饰自己的仪容仪表,保持干净整洁、大方得体,这既是自我修养的体现,也是对他人的尊重。

如果不注意自己的个人形象,仪容邋遢不洁,服饰胡乱穿搭,会给人留下非常不好的第一印象。譬如:不注重个人的清洁卫生,头发油腻头屑纷飞;身体有异味,饮酒或食葱蒜后不刷牙漱口;面部出油,指甲藏垢;着装不顾“TPO”(时间、地点、目的)和三色原则;

全身上下五颜六色，配饰繁多杂乱；在公务和社交场合过于随便休闲，在休闲场合一身正装；男士穿西服不注意领带、衬衫、鞋袜的搭配，西服配运动鞋或者白袜子配黑皮鞋，不拆袖口商标，单排扣西服全扣上扣子；女士着装过于紧身或薄、露、透，穿有破洞的丝袜或“三截腿”（袜子和裙子中间露腿肚子），工作场合穿黑色皮裙或迷你裙，香水气味过浓，在应该化淡妆的场合素面朝天或者残妆示人，当着人面化妆修饰，等等。

2.行为举止不得体

在人际交往中，一个人的言行举止是他的“第二张名片”，从中可以判断出他的性格、能力、学识、修养等个人信息。如果一个人坐没坐相、站没站相，言行无礼，举止粗鲁，在社交场合是不会赢得他人好感的。

古人很早就对人的行为举止提出了要求：“站如松，坐如钟，行如风。”如果站立时头身不正弯腰驼背，或以脚点地浑身乱动；坐下时东倒西歪，双腿叉开过大，高翘二郎腿，抖腿，脱掉鞋子，把脚架在茶几上或桌子上；走路时横冲直撞，多人行走排成一行，女士穿高跟鞋发出很大声响；蹲下时弯腰撅臀，毫不遮掩以“卫生间姿势”下蹲。如上种种都是些不雅且无礼的行为。

与人交流时目中无人表情冷漠，或超越关系距离过近搂搂拍拍（尤其是异性之间），说话时用手指指人，掌心向下对人招手，跟人一边说话一边用手抓头发、玩饰物、拉袖子、挖鼻孔、剔牙齿、捏衣角等，话题内容涉及他人隐私，背后说人是非，说脏话或黄段子等等都是失礼的表现。

3.公共场所干扰到他人

公共场所是指全体社会成员进行各种社会活动的公共空间，具有公共性和共享性，如车站、机场、码头、影剧院、医院、商场、图书馆、展览馆等都属于公共场所。人人都应遵守社会公德，为别人也为自己营造一个高质量的、舒适温馨的生活环境。如果在公共场所不注意自己的言行，干扰到他人，轻则引起他人不快，重则引发矛盾冲突。

比如，在公共场所大声说笑，随地吐痰，随手扔垃圾；在禁止吸烟的场所抽烟；不戴耳机外放听音乐；在排队时拥挤、插队；不爱护公共设施，在建筑物上乱写乱画；在飞机上、病房里以及加油站不听劝阻使用手机；行路时乱闯红灯、横穿马路，开车时不遵守交通规则随意变道抢道，等等。

4.待人接物不热情周到

迎来送往在社交活动中是经常发生的行为，对待客人的来访，要主随客便，凡事考虑周全，要尽最大的努力接待好对方。如果对来访者爱答不理，来无迎声去无送声，不布置接待环境，不准备茶水饮料，不礼让客人坐于尊位，不询问客人意见自作主张；陪同客人行进中自顾自向前，上下楼梯自己走在前面，乘电梯时自己先进先出，乘车时不礼让客人优先；递接物品时不用双手，递剪刀等尖利物品时将尖端朝向客人；将客人赠送的礼品随手放于一边或挑剔、评判礼品的价值，等等，都是很无礼的表现。

三、日常交际中的礼节

一个人在社会中如欲生存和发展，就必须用各种形式与其他人进行交往。因为没有交往就难以合作；没有合作就难以生存和发展。对于交际，不但要积极参与，总结经验，吸取教训，更要重视基本交际礼节的学习，并在实践中正确地加以应用，这样才会给对方留下美好的印象，从而使人有进一步交往的欲望。

（一）见面礼节

1.称呼

称呼是指人们在日常交往应酬中所采用的彼此之间的称谓语。称呼使用合适、得体，一方面能体现自身的教养，另一方面表现出对对方的尊敬。称呼他人一定要掌握好技巧，选择称呼要合乎常规，要区分场合，要入乡随俗，还要照顾被称呼者的习惯。

不适当的称呼不仅失礼，而且会让双方都很难堪、尴尬。比如，在不清楚一位女士婚否的情况下，贸然称其为“夫人”，就可能发生误会；在大学校园里，称呼教师模样的人“师傅”，对方有可能不太乐意；乘坐出租车时，称呼司机“先生”，对方可能也不自在；问路时称呼陌生人“喂”或“老头”，对方或许很不高兴；工作场合为套近乎，称呼“兄弟”“哥们”“姐们”，虽然听起来亲切，但显得档次不高，有庸俗之嫌。

一般而言，工作场合可以按职务称呼，如张院长、王经理、赵局长等；可以按职称或学位来称呼，如孙教授、徐研究员、张博士等；可以按行业来称呼，如罗老师、李会计、赵医生等；还有两种泛尊称，即称男士为“先生”，女性为“女士”。

生活中的称呼主要有对亲属、朋友、熟人和普通人的称呼。与外人交谈时，对自己亲属应采用谦称，如家父、家母、家兄、小儿、小女、舍妹等；对他人亲属，要采用敬称，如令尊、令堂、令郎、令爱、令亲、令高足等。

对任何朋友、熟人，都可以人称代词“你”“您”相称。对长辈、平辈，可称其为“您”；对待晚辈，则可称为“你”。对于有身份者、年纪长者，可以“先生”相称，其前还可以冠以姓氏。对文艺界、教育界人士，以及有成就者、有身份者，均可称之为“老师”。对德高望重的年长者、资深者，可称之为“公”或“老”，如“周公”“陈老”。

平辈的朋友、熟人，彼此之间均可以姓名相称，长辈对晚辈也可这么做。为了表示亲切，可以在被称呼者的姓前分别加上“老”“大”或“小”字相称，如“小李”“老张”。

要注意几种称呼的正确使用。

同志。志同道合者才称同志。在我国,这一词语曾是人们彼此之间最普遍和常用的称呼,现在使用率正在降低。对于儿童,对于具有不同政治信仰、不同价值观、不同国家的人,应尽量少使用或不使用。

师傅。这一词原意是指对工业、商业、戏剧行业中传授技艺的人的一种尊称,后泛指对所有有技艺的人的称谓。“师傅”这一称呼大多用于非知识界的人士,一般不用于称呼有职称、有学位的人。

小姐。在《现代汉语词典》中,“小姐”一词被解释为:旧时有钱人家里仆人称主人的女儿;对年轻的女子或未出嫁的女子的称呼。“小姐”这一称谓在我国可谓冷热几十年,宠辱一念间。今天如果称呼年轻女子为“小姐”,不但被叫者不高兴,叫人者或许也要倒霉。而在国外,小姐就是对年轻女子的称呼,多少年也没有变化,如果对年龄偏大的女士叫一声小姐,对方不但不会责怪,还会在心里暗暗高兴,因为有夸她年轻之意。

2.介绍

介绍是社交活动中最常见,也是最重要的礼节之一,它是初次见面的陌生的双方开始交往的起点。通过介绍,可以缩短人们之间的距离,帮助扩大社交的圈子,促使彼此不熟悉的人们更多地沟通,更深入地了解对方。

介绍主要分为自我介绍和为他人介绍。

(1)自我介绍

时间。一般认为,把自己介绍给他人的最佳时机应是对方有空闲的时候,心情好的时候,有认识你的兴趣或主动提出认识你的请求的时候。另一方面要考虑自我介绍大致使用多长时间。介绍自己时,要言简意赅,用半分钟左右就够了,至多不超过一分钟。当自己头衔比较多的时候不要面面俱到,选最适合当时的社交场合的内容就可以了。

态度。作自我介绍时,态度一定要亲切、自然、友好、自信。介绍者应当表情自然,眼睛看着对方或大家,要善于用眼神、微笑和自然亲切的面部表情表达友善之情。不要显得不知所措,面红耳赤,更不能一副随随便便、满不在乎的样子。

内容。自我介绍的主要内容一般由三大要素构成,即姓名、工作单位、担负的具体工作。依不同的场合,内容可简单可完整。如果在一些公共场合或普通人际交往,只需要简单介绍一下自己的姓名,如“你好,我叫××”;如果是工作场合,介绍时,姓名应报全名,单位最好也报全称,有职务的要报出职务,如职务较低或无职务,可以简单说明一下自己从事的具体工作。

(2)为他人介绍

在为他人介绍前,要先了解一下双方是否有结识的愿望。介绍时要遵循一个原则,即受尊敬的一方有优先了解另一方的权利。具体做法是:将年轻人先介绍给年长者;将职位、身份低的人先介绍给职位、身份高的人；将客人介绍给主人；将后来者介绍给先到者；介绍同事、朋友与家人认识时，先介绍家人，后介绍同事、朋友；社交场合应先将男士介绍给女士，但如果领导是男性，下属是女性，公务活动中还是应先将女士介绍给男士。

3.握手

握手是大多数国家见面和告别的礼仪，也是表达祝贺、感谢、鼓励和同情等情感的常用形式。

标准的握手方式是：握手时，两人相距约一步，上身稍前倾，各自伸出右手，四指并拢拇指张开，两人的手掌与地面垂直相握，上下轻摇，稍许用力，眼睛注视对方，微笑致意或简单寒暄，一般二三秒为宜。

根据礼仪规范，握手时双方伸手的先后次序，一般应当遵守"尊者先伸手"的原则。基本规则如下：职位、身份高者与职位、身份低者握手，应由职位、身份高者先伸手；女士与男士握手，应由女士先伸手；年长者与年轻者握手，应由年长者先伸手；迎客时主人应先伸出手与到访的客人相握，客人告辞时应先伸出手与主人相握。若一方忽略了握手的先后次序，先伸出了手，另一方应立即回握。

握手时要注意一些禁忌：不要用左手同他人相握；不要戴着手套与人握手（女士穿晚礼服戴镂空蕾丝手套例外）；不要跨门槛握手；不要抢握，也不要交叉相握；不要在握手时将另一只手插在口袋里；行握手礼时不要左顾右盼，也不要面无表情或过于客套，不要用力上下摇动，也不要碰一下对方的指尖就分开；握手时一般站着相握，除非年老体弱或行动不便，坐着握手是失礼的。

4.名片

名片是现代社会中必不可少的交际工具。两人初次见面，先互通姓名，再奉上名片，单位、姓名、职务、电话等历历在目，既回答了一些对方心中想问而有时不便贸然出口的话题，又使相互之间的距离一下子接近了许多。在交往中，熟悉和掌握名片的有关礼仪是十分重要的。

递送名片时，应按一定的次序，一般是地位低的人先向地位高的人递名片。递送时要用双手的大拇指和食指轻捏名片上端的两个角，将名片的文字正面朝向对方，递送时，要简单说一些诸如"初次见面，请多关照""非常高兴认识您""请多联系"之类友好客气的话，并且面带微笑，友善地注视着对方，目光不可游移或显得漫不经心。

接受他人递来的名片，应尽快起身站立或欠身，面带微笑，用双手接过，接到后要认真看一下，然后郑重放入自己的口袋、名片夹或其他稳妥的地方。不要接过对方的名片后一眼都不看就随手放在一边，甚至会面结束时忘记带走，也不要在手中随意摆弄，或者在上面乱写乱画，这些都是对对方不尊重的行为。

（二）邀请和拜访的礼节

在人际交往中，为了建立、保持、改善人际关系，就需要有来有往，来而不往或往而不来，都有可能造成交往的中断。邀请与拜访就是两种保持人际交往的重要方式。

1.邀请

邀请对方前来做客或出席某项活动，绝不能凭自己一厢情愿行事。邀请者要做到力求合乎礼貌，又能得到被邀请者的良好回应，而且还必须使之符合双方各自的身份，以及双方之间关系的现状。作为被邀请者，需要及早做出合乎自身利益和意愿的反应。

邀请有正式与非正式之分。正式邀请多采用书面的形式，如请柬、邀请函、电子邮件邀请等。非正式的邀请，通常以口头形式来表现，如当面邀约、电话邀约或托人邀请等。

正式邀约中最常见的是发请柬。使用请柬时，无论是购买印刷好的成品，还是自行制作，都应注意设计美观大方，用黑色或蓝色水笔填写，字迹端正工整，在格式和行文上，都应遵守成规。请柬最好提前一周左右发出，要在时间上给宾客留有余地，方便安排自己的工作和生活。

电话邀请是非正式邀约中较为常用的形式。打电话时间的选择和通话内容都要注意礼貌礼节，通话时语言、语调必须使对方感受到盛情和诚意。

被邀请者收到邀请后，无论是否接受对方的邀约，都应尽早将自己的决定通知给对方，即按照礼仪规范，或应邀，或婉拒。

2.拜访

拜访是社交活动中的一种常见形式，是联络感情、发展关系必不可少的手段。通过拜访，人们可以交流信息、统一意见、发展友情，不能只在有求于人的时候才想到拜访。

拜访有事务拜访、礼节拜访和私人拜访等形式，无论哪种形式的拜访，都应遵守一定的礼仪规范。

其一是有约在先。拜访之前可通过电话、信函等形式和对方联系，确定拜访的时间、地点，告知前去的人数以及拜访的主题。拜访时切勿搞突然袭击，做不速之客，不得已时提前5分钟打个电话。

其二是遵时守信。一旦与对方约定了会面的具体时间，作为拜访者应履约守时如期而至。一般情况下，既不要随意更改时间，打乱主人的安排，也不要迟到或过于早到，太早会让对方措手不及。让别人无故等候，无论有何理由，都是严重失礼的行为。如果遇到不得已的情况，如突发疾病或交通堵塞，一定要郑重道歉。

其三是举止文明。登门拜访，仪容仪表要得体，穿戴要整洁大方；敲门时力度要适中，万不可粗鲁拍门，使用门铃不要手不停歇地按个不停；进门后要询问主人是否要换鞋，把自己的包或礼物放在主人指定的地方，主人没有请坐之前不能随便坐下；落座后要注意坐姿，不可东倒西歪，对主人奉上的茶水要双手接过并表示感谢；不要随意翻动主人的物品，未经邀请不要擅入卧室、书房。

拜访时间不要太长，谈话不要冗长、啰唆，如察觉对方有疲惫之意或频繁看表，一定要及时告辞，一味逗留只会给人留下不识时务的印象。

（三）待客和馈赠礼节

1.待客

有客人拜访，如果提前已经知道，要将家里打扫干净收拾整洁，备好茶水、饮料、水果等。在家里接待客人，衣着可以休闲、舒适、随意，但不能穿睡衣和暴露的衣服接待客人。客人到来时要主动出门迎接，热情招呼客人“请进”“请坐”“不要拘束”等，让客人感到轻松愉悦。客人到来时如果家里有其他人在，要给他们相互做介绍。

客人进屋后，要把最佳的座位让给客人坐，然后敬茶。倒茶时要掌握好茶水的量，所谓“浅茶满酒”，七八分满就可以了。敬茶时应先客后主，先长后幼。与客人交谈时，要注意倾听，态度真诚、自然，不要不停看钟表。如果客人带了小孩，则应为小孩找些零食、玩具、画册等，让孩子在一边玩，以免吵闹，影响大人谈话。

客人提出告辞，主人应婉言相留，客人坚持要走，不要勉强留客，但应等客人起身后，再起身相送。不可客人一说走，主人马上就站起来。最好请家中成员一起送客出门。送客一般应送到电梯口、楼下或大门口，不可客人刚一出门就“砰”一声关上房门。

分别时说一些诸如“一路平安”之类吉利语，或发出再来的邀请。客人如带了礼物，应表示谢意或相应回一些礼物，不能毫无表示。

2.馈赠

馈赠，是人们在交往过程中通过赠送礼品来表达对交往对象的尊重、慰问、感谢、祝贺、哀悼等情感与意愿的一种交际行为。但是，馈赠并不是简单地送礼物给对方就可以了，只有明确馈赠目的，选对馈赠礼品，遵循馈赠礼节，才能真正让馈赠在交际中发挥重要作用。

馈赠时礼品的选择要考虑与受礼者的关系，一般不轻易送过于贵重的礼物，否则会使对方产生不安的想法，应本着“交浅礼薄，谊深礼重”的基本原则；选择礼品要考虑送礼的原因和目的，看望病人宜送鲜花、营养保健品，节日走亲访友可送特产、水果、食品、烟酒等；礼品选择还要考虑受礼者的喜好、年龄、禁忌等因素，如送给孩子玩具、书籍，送老人健康食品或保健品都很合适。假冒伪劣、粗制滥造的商品或过期食品万不可送。

礼品的包装要与礼品相匹配，不可过度包装华而不实，也不可过于简陋寒碜。包装要能显示礼品的精美，并方便携带。礼品如果有价签，一定要揭去。

赠礼场合选择十分重要，一般不在公共场所赠礼，不在人多的场合赠礼。最好将礼品送至受礼者家中，且在与受礼者相见或分手道别时，起身双手捧送，目视对方说明送礼原因，表达自己的心愿。不要将礼品放在角落不告知受礼者，也不要在受礼者面前过多说明礼品的贵重或用途，令人感到俗气。

对于别人真诚馈赠的礼品，应态度大方地接受并表示感谢，或者当面拆开欣赏并赞美礼品，在适当的时机考虑酌情回礼。对并不熟悉的人送的极其昂贵的礼品、隐含着发生违法乱纪行为的礼品、接受后或许会受到对方控制的礼品，应拒收。拒收时，应保持礼貌、友好的态度，先向对方表达感谢之情，再向对方说明拒收的原因。

（四）言谈和通信礼节

言谈是思想的衣裳，在粗俗或优美的措辞中，展现的是不同的人格和修养。无论是面对面的交谈，还是电话里的言语，每个人都应该了解和掌握言谈礼仪，让沟通和交流变得顺畅和愉快。

1.言谈

交谈中首先要注意谦虚礼让，少说多听，先听后说。交谈时眼睛要看着对方，表情亲切自然，专注倾听对方的谈话，并积极参与和适时回应。有一句话说得好：“善言，能赢得听众；善听，才会赢得朋友。”充分聆听既是对讲话者的尊重，也是互动交流的基础。当我们聆听时，要注意及时回答对方的提问，或者通过“是呀”“对呀”“能理解”等短语让别人知道你在聆听；必要时，也可以重复对方说话的要点或问一两个问题，如“您刚才所讲的是不是……”“我不知道我理解的对不对?”“您的意思是……”

说话时要依据环境调整自己的音量，以对方能听清为宜，勿高声大嗓；吐字发音要清晰，词语运用规范得体；注意说话的条理性和逻辑性，要言之有物，言之有序；语速适中，勿过快或过慢；表达要口语化，一般采用通俗平易、浅白清晰、好说易懂的表达方式。

言谈要注意分寸，切忌出语伤人或低级趣味，应多用礼貌用语，不要当面指责他人。交谈内容的选择应当遵循一定的原则和要求，要清楚哪些话题该说哪些不该说，哪些话题适合在什么场合说，哪些话题对什么人说。如果双方已提前约定好交谈的话题，适当寒暄后可很快进入主题。如果是没有主题的闲谈，要注意选择那些积极向上、轻松愉快、健康高雅以及双方都较熟悉又感兴趣的话题。比如，和男士聊聊体育、军事、国家政策，和年轻女性聊聊时尚、美容，和老人谈谈健康、养生，和孩子聊聊动画、游戏等。只要细心观察，交谈双方总能发现彼此之间的共性，因为每个人的心理状况、兴趣爱好、信念追求等，都会或多或少地表现在仪表、谈吐和举止等方面。善于交流的人总是能够很快融入交际圈，在任何场合都有说有笑，与不同性格的人都能攀谈几句，甚至一见如故。

言谈中要尽量注意六不谈：不非议党和政府；不涉及国家秘密和行业机密；不非议交往对象；不背后议论他人；不涉及个人隐私；不涉及格调不高之事。话题要避开那些容易引起争执或他人不熟悉的领域，不要询问对方年龄、婚否、收入、健康等隐私问题，不要背后说人是非。

2.通信

通信，是指人们利用电信设备来进行信息传递的活动。通信手段已由最初的书信，发展到当今社会的电话、短信、电子邮件、微信等。下面说说现代人最常用的电话（包括固定电话和手机）以及电子邮件的礼仪。

（1）电话

拨打电话要择时。早上 8 点之前，晚上 10 点以后，午休时间尽量不要给人打电话，有公事尽量打对方的办公电话，有紧急事情确实需要打对方家里电话，则要在电话中说明。拨打对方手机要询问对方说话是否方便。打电话时首先要称呼、问候对方，不是很熟悉的人要简单地自我介绍，然后说明打电话的目的。道别时要注意挂电话的顺序，位尊者先挂，放下话筒时动作要轻缓。

接听电话要及时，一般在铃响 3 声以内迅速接听。也不能太快，如果铃声刚响一下就拿起电话，会令对方措手不及。

使用手机时，在任何场所，不要旁若无人地高声说话；在飞机上、开车时、过马路时不要接打电话；在病房、加油站、电梯里不要接打电话；在会议、洽谈、重大活动中应设置静音或关闭，学生上课时最好关闭手机。

用手机发祝福短信最好是自己编写的，表示你的诚意；短信中一定要有称谓和落款，尤其是发给长辈和领导的短信；收到别人的短信应及时回复；不要转发强迫性短信。

随着智能手机的普及，使用微信的人也越来越多。使用微信聊天时，应注意不要影响他人，不要公群私聊，不要谈论敏感话题；及时回复他人的微信，能打字的尽量不用语音；朋友圈发送的内容要注意审阅，不要发没有根据和有伤风化的内容；不要强求别人转发点赞。

（2）电子邮件

一封完整的电子邮件，由标题、称呼和问候、正文和附件、署名和日期几个要素构成。

标题不可空着或随便填写。好的标题是一封邮件的眼睛，它应该起到提纲挈领的作用，通过标题可以看出邮件的主要内容。标题要言简意赅，千万不要有错别字。

邮件的开头一定要有称呼和问候，能表现出发邮件人的谦虚有礼。如果弄不清楚如何称呼对方，就称“先生”“女士”。问候更不能少，简单的“您好”“你好”都可以。

邮件正文简明扼要，不可长篇大论，最好不需要收信人拖滚动条看完。如果正文内容较多，则应用附件将情况说明清楚，使用附件时，应在正文中简要说明，同时也是提醒收信人查看。附件的命名也要简单明了，超过 3 个最好打包，压缩成一个文件后发送。

邮件结尾应有署名和日期，礼貌用语不可忘，如“请”“谢谢”“祝您顺利”等。

不提倡使用自动回复。回复对方邮件时，可以根据回复内容需要更改标题。

（五）餐桌上的礼节

中国有一句古语“民以食为天”，可见，对于大多数人而言，吃饭是第一要务。随着人际交往的日益密切，宴请更是成了人们迎送宾客、结识新友、畅叙感情、增进交流等社交活动的重要形式。在餐桌上举止优雅、行为得体是一个人良好修养的外在表现。餐桌上的礼节主要注意如下几点：

入座时应注意座次。一般面门为尊，以右为尊，以远为上。餐桌上应请主宾、长者、位尊着坐上座。坐方桌子时，尊长坐在方桌靠屋里的短边，其他人依尊卑、长幼、辈分排列落座。坐圆桌时就特别要注意把最里边的座位让给尊长，以示尊敬。如果去饭店吃饭，雅间最里边的座位要让给尊长。

进餐时，先请客人中长者动筷子。夹菜时每次少一些，离自己远的菜就少吃一些，夹起后不要再放回去，勿在菜盘里翻拣。别人正在夹菜时勿转动餐桌。吃饭时细嚼慢咽，不要发出咀嚼食物的声音，喝汤时也不要出声响。喝汤用汤匙一小口一小口地喝，不宜把碗端到嘴边喝，汤太热时凉了以后再喝，不要一边吹一边喝。吃到鱼头、鱼刺、骨头等物时，不要往外面吐，也不要往地上扔，要慢慢用手拿到自己的碟子里，或放在紧靠自己的餐桌边，或放在事先准备好的纸上。

进餐中不要打嗝，也不要出现其他声音，如果出现打喷嚏、肠鸣等不由自主的声响时，就要说一声“真不好意思”“对不起”“请原谅”之类的话，以示歉意。

让菜不布菜。如果要给客人或长辈布菜，最好用公筷，也可以把离客人或长辈远的菜肴送到他们跟前。如果同桌有领导、老人、客人的话，每上来一个新菜时就请他们先动筷子，或者轮流请他们先动筷子，以表示对他们的重视。

敬酒不劝酒。敬酒之前，敬酒人需要考虑敬酒先后顺序。大体的原则按被敬酒人的年龄、职位、主宾的身份作为顺序。如果分不清在座者的身份，可以先从自己身边开始敬起，并按照顺时针方向敬，或者从左到右、从右到左。

普通敬酒要等主人向大家集体敬酒后开始。敬酒人应先起身站立，面朝被敬之人，右手端持酒杯，以左手扶托杯底，面带微笑，眼神柔和，并致以简单的祝福。与人碰杯时，应将自己的酒杯略低于对方的酒杯，以示尊敬之意。

用餐中要适时地抽空和左右的人聊几句风趣的话，以调和气氛，不要光顾着埋头吃饭，不管别人，也不要狼吞虎咽地大吃一顿，更不要贪杯。无论在哪种场合，饮酒都要适量，切忌争强好胜，一醉方休，出洋相就十分失礼了。

最好不要在餐桌上剔牙。如果要剔牙，需用餐巾或手挡住自己的嘴巴。

最后离席时，必须向主人表示感谢，或者在此时邀请主人以后到自己家做客，以示回敬。

在餐厅进餐，不能抢着付账，推拉争付，甚为不雅。未征得朋友同意，亦不宜代友付账。

四、涉外交往中的礼节

随着我国改革开放的不断深化和加入世贸组织后，出入中国的外籍人士越来越多，走出国门经商、旅游、学习的中国人也越来越多，在涉外交往活动中，为维护自身和国家形象，为表示相互尊重、友好，了解一些国际礼仪规范、基本的礼节以及不同国家的礼仪禁忌变得很有必要。

（一）涉外交往的原则

1.维护国家利益原则

这是对外交往最重要的原则。在参与涉外交往活动时，应时刻意识到在外国人眼里，自己是国家、民族、单位组织的代表，自己的一言一行有可能给国家带来荣誉，也可能带来耻辱。在原则问题上要坚持不懈，决不让步，决不做有损国格和人格的事情。

2.入乡随俗原则

不同的国家、地区或民族在历史发展进程中，会形成各自的宗教、文化、语言、风俗和习惯。在涉外交往中，要真正做到尊重交往对象，就必须了解和尊重对方所独有的风俗习惯。做不到这一点，对于交往对象的尊重、友好和敬意，便无从谈起。这就要求，首先必须充分地了解与交往对象相关的习俗，即在衣食住行、言谈举止、待人接物等方面所特有的讲究与禁忌。其次必须充分尊重交往对象所特有的种种习俗，既不能少见多怪，妄加非议，也不能以我为尊，我行我素。

3.不卑不亢原则

涉外活动中，要充分了解外宾所在国的特有讲究与禁忌，充分尊重外宾习俗，但也不可妄自菲薄，低声下气，曲意逢迎。应充满自信，大方从容，堂堂正正。在外国人面前，既不应该表现得畏惧自卑、低三下四，也不应该表现得狂妄自大、放肆嚣张。谦虚谨慎，戒骄戒躁，不卑不亢才是应持的态度。

4.遵时守信原则

信守承诺、取信于人是建立良好人际关系的前提，也是做人的基本品德。在涉外交往中，说话务必算数，许诺一定要兑现，说到做到。约定要牢记心间，参加各种活动，应按约定时间到达，没有理由可以作为迟到缺席的托辞。万一因故不能应邀赴约，要有礼貌地尽早通知主人,并以适当方式表示歉意。

5.尊重他人隐私原则

国际礼仪强调以人为本,要求尊重个人隐私,维护人格尊严,这也是尊重和体谅交往对象的基本方式和最起码的礼貌。每个人都会因为个人尊严或其他原因,不愿外界了解自己的个人秘密或私人事情。所以,涉外交往中,凡涉及对方年龄、婚恋、收入、经历、健康状况、宗教信仰、政治见解等均属个人隐私,不宜询问。

6.女士优先原则

女士优先,这是国际公认的礼仪原则,广泛适用于社交活动中。在男女都在的社交场合中,男士要照顾、礼让女士,遵循“尊重妇女、女士优先”原则。它要求在一切社交场合(有些公务场合除外),成年男子都有义务主动自觉地以自己的实际行动去尊重妇女,照顾妇女,体谅妇女,关心妇女,保护妇女,并尽心竭力地为妇女排忧解难。

7.以右为尊原则

依照国际惯例,多人排序时遵循“以右为尊”的原则。大到政治会晤、文化交流、商务谈判,小到社交应酬、私人交往,但凡需要排序时,都应以右为尊、以左为卑。这和中国政界排序正好相反,中国政界历来崇尚“以左为尊”。

8.热情有度原则

人们在参与国际交往,同外国人打交道时,不仅要热情友好,更为重要的是把握好待人接物热情友好的分寸。做到六个有度:关心有度、帮助有度、批评有度、交往有度、距离有度、举止有度。

(二)涉外交往中的主要礼节

1.见面礼节

打招呼。英国人常以天气开始,探听隐私则是绝对被禁止的;德国人出了名的严谨,喜欢用头衔来称呼别人而不是姓名;泰国人喜欢称名,而不是姓;非洲人举起右手,手掌向着对方;美国人注重问候礼貌,早安、午安、晚安;澳大利亚人喜欢直呼对方的姓名。

见面礼。握手是大多数国家见面和告别的礼仪形式。欧美各国熟人、朋友之间表示亲密感情会拥抱,在中东欧、阿拉伯各国、非洲与拉美国家也很常见,但在东亚、东南亚国家,人们对此不以为然。在流行拥抱礼的国家,亲吻礼也普遍流行,亲吻礼分贴面、贴额、吻唇等,吻唇是夫妻或情人的专利,不能滥用。日、韩国家一般行鞠躬礼。在南亚和东南亚信仰佛教的国家,人们见面时一般双手合十,稍微低头,致意问好。

2.进餐礼节

在西餐厅要保持安静,用餐、交谈、走动都要尽量轻缓,不要破坏其他进餐者的雅兴,不能大声呼唤服务员或高声劝酒。

入座时，男士应为女士挪开椅子，协助女士入座，以显绅士风度。就座后坐姿要端正，将餐巾平铺在并拢的大腿上。使用刀叉时应右手持刀，左手拿叉；用刀切割食物再用叉将食物送入口中，不要用刀挑食物吃；切割食物时动作不要过大，不要弄出声响；不要挥动刀叉讲话，也不要用刀叉指向别人；注意刀叉摆放的意义；掉落到地上的刀叉不可捡起再用。喝汤时用汤匙从里向外舀汤，然后送入口中，尽量不要发出声音；汤匙和甜品匙不要混用。吃面包要用食指和拇指把面包撕下来一小块放入口中，不要用刀切面包，也不要用叉子叉着吃。喝咖啡时不能用咖啡勺舀着喝，应端起杯子小口啜饮。

3.送礼与受礼

在欧洲，礼物过重会被认为有贿赂的嫌疑，受礼方往往会很警惕。给英国人送礼要轻，可送些鲜花、小工艺品、巧克力或酒。德国人喜欢价格适中、典雅别致的礼物，包装一定要尽善尽美。法国人对礼物十分看重，但又有特别的讲究，他们讨厌初次见面就送礼，宜送有艺术品位和纪念意义的物品，或不加捆扎的鲜花，但不能送菊花；在法国送花的支数不能是双数，男人不能送红玫瑰给已婚女子，还忌讳男人向女人送香水。俄罗斯人忌讳把礼物送到办公室或会议室里。美国人送礼注重实际，讲究礼品的包装，即使不太贵重的巧克力等，有时也会包装得里三层外三层。阿拉伯人喜欢赠送贵重物品，也喜欢得到贵重物品，不喜欢纯实用的东西。日本人一般送成双成对的礼物，但送新婚夫妇红包时，忌讳送 2 万日元和 2 的倍数。韩国人喜欢本地出产的东西，可送他们本国、本民族或本地区的特产，酒是送韩国男人最好的礼品，礼物的数量不能是“4”。

送礼时要注意一些禁忌，如穆斯林禁酒、猪肉及猪肉制品；印度或尼泊尔视牛为神物，不能送与牛有关的食品、制品，包括牛肉干、牛皮带、牛皮鞋等；巴西、秘鲁忌讳刀剑之类的礼品，他们认为这些物品有断绝来往之嫌。

在外国人看来，收到礼品不当面打开包装欣赏赞叹，就等于怠慢对方，不重视对方所赠送的物品。但在东亚文化圈如中日韩等国，一般不当面打开礼物。

思考与练习

一、社交场合的见面礼节包括哪些内容？

二、拜访他人时要注意哪些礼节？

三、涉外交往的基本原则有哪些？

四、案例分析：

案例 1　小张是一家公司的业务员,口头表达能力不错,对公司的业务流程很熟悉,对公司的产品及服务的介绍也很得体,给人感觉朴实又勤快,在业务人员中学历是最高的,可是他的业绩总是上不去。小张自己非常着急,却不知道问题出在哪里。小张从小有着大大咧咧的性格,不爱修边幅,头发经常乱蓬蓬的,指甲长长的也不修剪,身上的白衬衣常常皱巴巴的并且已经变色。他喜欢吃大饼卷大葱,吃完后却不知道去除异味。小张的大大咧咧能被生活中的朋友所包容,但在工作中常常过不了与客户接洽的第一关。

分析:小张的问题出在哪里?他应该如何改正?

案例 2　吴青和周悦是一对好朋友。有一回学校发放"贫困生助学贷款申请表",吴青了解周悦家境贫寒,符合申请资格,并且也急需这一笔助学贷款,便催促周悦去领表。可是周悦迟迟不肯行动,吴青急了,叫起来:"你不是跟我说过,你爸妈都下岗了,家里没钱供你读书,只有找亲戚借,但是亲戚借钱的脸色不好看吗?与其看人脸色,还不如直接向银行贷款。"当时正是课间,很多同学的目光都被吸引到两人身上。周悦的脸一直阴着,仍旧一言不发。吴青自悔失言,却不知道如何补救,两个好朋友好长一段时间都没有说话。

分析:吴青的做法有什么不妥?她应该如何补救?

第五节　非语言交际及艺术

交际就其“符号性”而言,可以划分为语言交际与非语言交际。“面对面”的交际,一般是语言交际与非语言交际的结合;电话与通信就只是语言交际;视频交流也是语言交际与非语言交际,但是这种交际可以处理与伪装;发一个微信表情,就是非语言交际,这种微信表情也是特殊的非语言形式。

交际是人类生存的基本方式,而它的核心载体则是符号,因此卡西尔才把人定义为“符号的动物”。在卡西尔那里,“符号化的思维和行为”是人之所以为人的属性。符号系统,一般被分为两个: 语言符号系统与非语言符号系统。索绪尔之后,人们一直重视对语言符号系统的研究,而对非语言符号系统的关注则显得不够。

一、非语言符号及分类

要弄清非语言符号的特性,首先要弄清“自然信息载体”和“人工信息载体”这对概念。

（一） 自然信息载体

对人类的认识而言,信息载体有两种,即自然信息载体(或叫“自然信息源”)和人工信息载体(或叫“人工信息源”“非自然信息源”)。自然信息载体,是一种没有经过人的理智加工而自然呈现的信息载体,它主要包括征候、植物信号和动物信号。

譬如征候,就是事物本身表面的特征,人们可以从中获得某些信息。它包括非生物征候(如晚霞是夜里天晴的征候)和生物征候。生物征候,又包括植物征候(如玉米苗发黄是它缺肥的征候)和动物征候(如蛇蜕皮是它成长的征候)。作为自然的一部分,人当然也具有征候。譬如,说话人自然状态下流露出语音的生理和物理特征,可使听者获得其语气、健康状况、年龄、性别等方面的信息。

植物信号,即植物发出自然信息的载体。如,某些树种(如柳树、糖槭树等)具有对虫害进行自卫的本领。若一部分叶子遭到害虫噬咬,整棵树的叶子化学成分就会发生变化,叶子中可供害虫消化吸收的养分减少,无法消化的化学物质增加,叶子变得很难吃。而且,若某棵树遭到害虫侵袭,该树还会以空气为信道向它的邻居发出某种生物波,来传达信息,因此邻近没有受到害虫侵袭的同类树的树叶化学成分也会发生上述变化。

动物信号,即动物发出自然信息的载体。对许多动物来说,某种啼叫、气味、动作(如蜜蜂的舞蹈)等,往往就是发出危险、求偶、觅食等的信号。人具有动物性,自然也具有本能地发出动物信号和接收动物信号的能力。自然流露出来的非语言之声(如异常的音高、音强、音长;异常的语速、停顿、断续、语调;鼻音;笑声、哭声;叹息声、呻吟声;等等)和表情、神态、动作、姿势,本质上都属于动物信号。我们肚子饿了,闻到食物香味会淌口水,淌口水就是一种食欲信号。

(二)人工信息载体

人工信息载体,是一种经过人的理智加工而呈现的信息载体,它就是符号。符号一般都是形式和意义的结合体,故一篇文章是内容与形式的统一。抛媚眼可能含有挑逗的意义。红绿灯则是人们发明出来,用有颜色的灯告知是否等候或者通行,以保障交通有序安全的符号。

需要区别的是,人类具有高级属性和行为(如思想、性格、劳动等),动物具有本能属性和行为,植物具有生物属性和行为,无生命物体具有物理属性和对应的功能。就是说,从属性的等级上,人类居于万物之首,动物、植物和无生命物体依次递减;高一级的物类具有低一级物类的所有属性。因为动物信号既具有植物信号、各种非生物征候的全部属性,也具有它们不具有的属性,这里可以用人工信息载体与动物信号的比较来了解人工符号的特性。

第一,符号属于人工信息源,既是物质的,又是精神的,它是在理智控制下特意制作和发出的,它是意义的载体,具有意指性和意指功能;动物信号属于自然信息源,它是非理智的、无意识的产物,不是精神和意义的载体,不具有意指性或意指功能。符号的本质存在于它的形式与它的所指意义的两项关系之中,信号的本质只存在于它的形式之中。

第二,符号是由社会约定的,符号内部的形式与意义的匹配关系,以及符号与它的指涉(即符号产生之初时的指称对象)的匹配关系都是任意的;制作和使用(包括解释)符号的能力是后天通过学习获得的,符号具有可传授性。而动物信号不是由社会约定的,它与它所代表的事物之间的联系不是约定的,而是自然的或非任意的;发出和接受信号的能力主要是先天由种群遗传的。

第三,符号传递的效果是接收者对符号的间接反应,是接收者依据自己对符号的解释而作出的反应;动物信号传递的效果仅仅是接收者对信号的直接反应,不存在对信号的解释环节。经过人工特殊训练的狗听到铃声而分泌唾液,属于信号传递的效果;而人听到“红烧肉很香”之语而分泌唾液,则属于符号传递的效果——人听到这句话,首先要对它进行解释,然后才产生生理反应。

第四,符号既可以替代物,又可以替代事;动物信号只可代替事,不可代替物。蜜蜂的舞蹈代替哪里有蜜可采之事,不代替物。展开食指和中指呈“V”形,掌心向外可表示“我们胜利了”或“祝贺我们的胜利”,这是指事。“他是——”,同时竖起大拇指,则是指人。

非语言符号的分类,有不同的分类方式,譬如分为视觉类非语言符号、听觉类非语言符号、嗅觉类非语言符号、触觉类非语言符号以及综合类非语言符号等。这里可以更加细致地划分为人体声音能指类、体态表情能指类、时距能指类、服饰能指类、实物音响能指类、实物形状能指类、相对位置能指类、光色能指类、气味能指类、其他能指类等。

(1)人体声音能指类:这里的声音不是语言,没有使用文辞去表达意义,所以也是一种非语言符号。譬如特殊嗓音、鼻音(如“嗤之以鼻”);超常的音长、音高、音强;特殊的语调;特殊的“叹词”;语码转换;口头禅;笑声、哭声、哈欠声、叹息声、呼吸声、咳嗽声、呻吟声; 口哨声;脚步声、掌声;跺脚声、捏拳声;等等。这些都是表达情感与意义的。

(2)体态表情能指类:眼睛的行为和状态(如眼睛的开合、视线方向及其转移、凝视时间的长短、眼神、流泪等);眉部的行为和状态(如眉的展皱、抑扬等);面颊的行为和状态(面部肌肉的运动[如微笑]、颧骨的运动等);嘴唇的行为和状态(如翘嘴唇、嘴角下拉、咬嘴唇、咬牙齿、亲吻等);舌头动作(转动或伸出舌头、咋舌);整个头部的动作(点头、摇头、仰头、低头);手脚动作(特殊手势、打拱、行万福、握手、拥抱、触摸、举手、踢脚、顿足、弯腰、起立、坐下、蹲下、跪下、刮鼻、扭鼻、蹲姿、坐姿、站姿等);等等。

(3)时距能指类:言语交际过程中,语音的停顿、间歇、语速(包括节奏、频率);沉默;延时。

(4)服饰能指类: 化妆与否、化妆品档次、衣着、衣饰、首饰等。发型(包括理发与否、刮胡须与否等)可视为特殊服饰。

(5) 实物音响能指类:音乐、汽笛、警笛、鼓声、锣声(鸣金)、钟声、哨子声、军号声、鞭炮声、机器轰鸣声等。

(6)实物形状能指类:陈设; 旗子(旗语)、花卉;祭祀用的瓜果、糕点;照片、地图、示意图;绘画、雕塑、舞蹈、特殊建筑物;路标、航标; 商标、徽章; 钱币符;特殊刻符;数字串;等等。

(7)相对位置能指类:体距;座位、座次;所处空间位置的高低;等等。

(8)光色能指类:包括色(如黑、白、红、黄、绿、蓝等)、光(如明、暗)和色光(如交通信号灯等)。

(9)气味能指类:如香水的使用。

(10)其他能指类,如字符串能指。一个人写信,其笔迹(包括字体的大小、疏密,认真程度,老练程度,优美程度),以及其中的错别字、语法错误、标点符号错误,甚至某些词所使用的频率等,都可视为非语言符号元素。

非语言符号有什么特点呢?“非语言符号”是指主体特意制造和使用的能够独立表达一定信息的那些不属于语言符号的符号。较之语言符号,非语言符号主要具有以下十个方面的特性:

第一,非语言符号能指形式的多样性。它可以是声音,也可以是线条;可以是二维图形,也可以是三维实物;可以是面部表情,也可以是身姿动作;可以是时间距离,也可以是空间距离;等等。而语言符号的能指形式单一,要么是声音形式,要么是线条形式。非语言符号的能指既可以一维性历时方式呈现,也可以多维方式同时呈现;而语言符号的能指则只能以一维性历时方式呈现。

第二,非语言符号的能指对人的感官的刺激力、冲击力较大;形象直观性强,易解性强。

第三,非语言符号的能指结构比较简单;组合规则也比较简单。非语言符号组合体,其组合规则往往借自语言符号的组合规则。

第四,非语言符号能指的组合规则,一般不具有递归性,从而不具有有限数量的无限生成性。

第五,虽然同语言符号一样,非语言符号也是任意性与非任意性的统一,但总体上说,非任意性是非语言符号内在矛盾的主要方面(任意性是语言符号内在矛盾的主要方面)。

第六,非语言符号能指与所指的匹配关系的稳固性相对较差,只要交际实践需要,两个人或几个人就可以临时约定破坏其原有的匹配关系。而语言符号能指与所指的匹配关系是被词典与规范所严格规定的,是比较稳固的,不是几个人或一个小集团可以任意改变的。

第七,就同一语言社团、人群或地域而言,非语言符号的能指与所指之间大多是对称的,是一对一关系;而语言符号的能指与所指之间大多是不对称的,或是“一对多”关系(如同音词、同形词、多义词等),或是“多对一”关系(如同义词)。

第八,非语言符号只能用来指称自身以外的东西,决不能用来自指;而语言符号不然。握手这一非语言符号能指只能表示“欢迎你”之类的意思,而不可以用作自指。而语句“‘握手’是两个汉字”,其中“握手”这一字符串的所指是该能指自身,“握手”并不指称自身以外的别的东西。

第九,就总体交际功能、思维功能而言,非语言符号具有辅助性,而语言符号则具有主导性。虽然在某个特定时刻、某些特定心智运作背景下,非语言符号可以单独用作思维工具,但是在更多的时候人们进行思维的主要工具则是语言符号——非语言符号仅仅是辅助物。基于某些特定语境，非语言符号虽然也能独当一面地用于交际，但总体上讲它还不是交际工具的主体。这主要是由语言符号的易得性、易传授性、有限数量的无限生成性以及使用上的便捷性、经济性决定的。

第十，非语言符号演变的诱因不在其内部，而在外部；而语言符号演变的诱因则既有内部的，也有外部的。

二、非语言符号作用与功能

非语言符号是人类交际的重要部分。有些非语言符号是信息发出者明确意思的表达，譬如表示不满会摇头，表示愤怒会拍桌子。但是有些非语言符号却是无意识的、下意识的，对信号的接收者而言，它们是极其重要的信息源，往往可从中直接获取或推断出比人工信息载体（符号）更具体、更准确、更可靠的信息。如，汉语成语“扬眉吐气”“垂头丧气”就概括了信号类体态语（扬眉、垂头）中所直接获取的信息（“吐气”“丧气”）。交谈中，有人是有意识看手表，这是明确表示失去耐心，或者希望早点结束，有时是无意识看手表，其实也是同样的意思，不同的是，交谈本身似乎正常和谐，甚至结果也很理想，但敏锐的接收者会观察到，这个细节符号表现出特定含义。

传播学家经过大量的调查，得出如下结论：“在面对面的交际中，信息的社交内容只有 35% 左右是语言行为，其他都是通过非语言行为”，“在表达情感和态度时，语言只占交际行为的 7%，而声调和面部表情所传递的信息却达 93%”。而心理学家的研究则进一步证实：一些无意识或者下意识的体态语等，是了解人的唯一可靠的外在论据。之所以这样，是因为人们在交际中所说出的话，往往是受理智控制的；如果理智需要讲假话，那么讲出的就是假的。这些体态语则表现出真实的信息。

作为一种重要的人工信息载体，非语言符号既具有认识和感悟世界的功能，也具有表达对世界的认识和感悟的功能。对于前者，理解起来并不难，只要是人工创造出的非语言符号，同时被“公共化”或者公共“消费化”，都具有这样的特性。譬如交通信号灯、影视作品对于“非语言符号”的运用、网络上的表情包等，都是一种认识、一种感悟、一种意义的存在方式，当然，它们也可以被用来表达认知与感悟。这些功能具有如下内容。

（一）替代功能

替代功能是指非语言符号可以替代语言符号而独立在交际中发挥作用。

1.客观条件不允许使用语言符号表达。如，受话人是哑巴；交际双方处于真空、水下或强噪声环境；交际双方彼此虽然在视线范围内，但距离太远。海上航行的信号灯、旗语都是这种情形的产物。

2.客观条件允许,但为了更好地表达某特定情感态度而弃用,或不愿使用语言符号表达。如,听到周恩来逝世的噩耗,卧病多时的毛泽东没说一句话,只是默默流泪,以流泪来代替哀思述说。

3.客观条件允许,但为了维护良好的人际关系或信息安全而不使用语言符号表达。如,当话题涉及在场的第三方的隐私或缺点时,听者通常会用“使眼色”的方法,以阻止对方继续说话,使之避免“出口伤人”。当话题涉及圈内机密而突然发现有圈外人在附近时,听者通常会做一个食指指向唇边的动作,示意对方减小音量,避免“机密外泄”。

4.客观条件允许,但为了维护自身安全而不使用语言符号表达。如,西周末年,周厉王专断独裁,施行暴政,以致百姓敢怒不敢言,只能“道路以目”,即只能用目光这一非语言符号表达对暴政的强烈不满。

5.客观条件允许,面对某些信息,当发现语言符号的表达效果远不如非语言符号时,而代之以非语言符号。如,关于那些节日喜庆活动场面或自然灾害场面的电视新闻播报,往往采用直观而鲜活的画面、音响等非语言符号元素进行不加播者话语的直播。显然,其表达效果远远比念新闻稿的效果好。在直观而鲜活的画面、音响面前,任何美妙、精致的言辞都是多余的,它们不能代表和囊括受众的观感。

(二)辅助功能

辅助功能包括补充功能、重复或强调功能、调节功能等。

1.补充功能。是指非语言符号具有填补、充实语言符号表达的某些不足、欠缺或损失的功能。它主要包括:(1)对语法空位的补充。例如:说“他每天……”时,做一个食指与大拇指合为一个小圈并伸向嘴边的动作,此动作意指“喝酒”。这个动作实际上是对句子“他每天……”中的语法空位的补充。(2)对指示语所指内容的补充。例如:说“他爱的是这个”时,做一个上述喝酒动作。这个动作实际上是对指示语“这个”所指内容的补充。(3)对话语内容的补充。例如《世说新语》记载:“管宁、华歆……尝同席读书,有乘轩冕过门者,宁读如故,歆废书出看。宁割席分坐曰:‘子非吾友也。’”这里,管宁鄙视华歆的行为,在说出“子非吾友也”的同时,发出了割席分坐之非语言符号组合体,此组合体旨在补充表达对华歆的愤怒之情和与之疏远、绝交的意向。(4)对话语损失的补充。即由于某种原因,发话人本来要表达命题 A,但所言话语的字面意义却是命题非 A,这时他通过发出非语言符号来加以弥补。——这也可称作“非语言符号的否定功能”。如,姑娘对心仪的小伙说“你真坏,不想理你”,但语调嗲声嗲气,同时又秋波暗送。

非语言符号的补充作用,古人早有认识。《礼记·乐记》记载:“言之不足,故长言之;长言之不足,故嗟叹之;嗟叹之不足,不知手之舞之,足之蹈之。”讲的就是这一点。

2.重复或强调功能。非语言符号可重复语言符号所表达的内容,使信息传达更到位、更鲜明突出，从而增强传播效果。如 2012 年 2 月 12 日，中央电视台财经频道在播发一条题为《希腊紧缩政策之痛》的新闻时，一边是主播对民众如何抗议、失业人群如何增加等内容的语言描述，一边是骚乱、示威游行等的画面和若干失业男性目光呆滞、神情沮丧的特写镜头的插入。后者充分显示了画面、音响等非语言符号的重复、凸显功能。

3.调节功能。是指非语言符号能对交际双方参与交流的状态作出调节。例如：当对方紧张、胆怯、敞不开心扉时，可用热情的笑脸、爽朗的笑声进行调节；当对方思想开小差、心不在焉聆听时，可用咳嗽声或突然停止发言的手段进行调节；在即兴发言中，当感到要说的话还没想全时可用“啊”“这个”之类的口头禅进行调节；当想插话、需要打断别人的话时，可用举手或清理喉咙的动作进行调节；当需要鼓励对方继续发言时，可用不断点头的动作或微笑的目光进行调节；当没听清对方的话语并希望他说明白一点时，可用困惑的眼神或下拉的嘴角进行调节；当希望对方增加音量时，可用侧耳（把耳朵凑近对方嘴巴）动作进行调节；当对话题不感兴趣或希望尽快结束谈话时，可用沉默手段进行调节。在交际实践中，经常需要发挥非语言符号的调节功能，以创造一种和谐、融洽的对话氛围。

总之，非语言符号是人类理性的产物，是一种特殊的社会现象。它随社会的产生而产生，随社会的发展而发展，与社会伴随始终；它是人类思维和交际的重要辅助工具，在社交中具有多种功能。波普尔认为，人所生活的世界有三个，即物理世界、精神世界和符号世界，他分别称之为“第一世界”“第二世界”和“第三世界”。随着文明程度的不断提升，人类的生存将越来越依赖于非语言符号的制造和使用。

三、非语言符号在交际中的运用

除非特殊情况，非语言符号在交际中一般都会使用到。中国人看一个人，说要看他的“言行举止”，除了“言”，其他方面都是非语言符号，这些“非语言符号”对于接收者或者“观者”而言，甚至比语言更重要。我们同别人谈话时，交际的手段不限于词语，尽管我们没有意识到这一点。我们的表情、手势、身体其他部位的动作，都向周围的人传递出信息。微微一笑伸出手来表示欢迎，皱眉表示不满，点头表示同意，挥手表示再见。听报告或讲演时，身子往椅背上一靠，打个呵欠表示厌烦、不感兴趣。人们公认这些动作表示上述意义，这些动作是交际手段的一部分。

不同民族之间的交流，“非语言符号”的运用与含义有些是有共性的，而有些差异性很大。

譬如，一个中国男人和一个美国或加拿大妇女谈话时，看着对方是否失礼？两个男青年或两个女青年同行时,其中一个搭着另一个肩膀或两个人手拉手向前走,西方人是否认为合适?在有不同文化背景的民族中,点头是否都表示"是",摇头是否都表示"否"?在不同文化中,肢体语言的意义不完全相同。后两个问题,答案都是否定的。甚至点头也可以表示不同的意义。尼泊尔人、斯里兰卡人和有些印第安人和因纽特人用点头表示"不"。

观察一下阿拉伯人同英国人的谈话。阿拉伯人按照自己的民族习惯认为站得近些表示友好。英国人按照英国的习惯会往后退,因为他认为保持适当的距离才合适。阿拉伯人往前挪,英国人往后退。谈话结束时,两个人离原来站的地方可能相当远。

在多数工业发达的国家里,夫妻和近亲久别重逢也常常互相拥抱。两个男人应否互相拥抱,各国习惯不同。阿拉伯人、俄国人、法国人以及东欧和地中海沿岸的一些国家里,两个男人也热烈拥抱、亲吻彼此表示欢迎,有些拉丁美洲国家的人也是这样。不过,在东亚和英语国家,两个男人很少拥抱,一般只是握握手。若干年前,发生了这样一件事:当时日本首相福田赳夫到美国进行国事访问。他在白宫前下车,美国总统上前紧紧拥抱,表示欢迎。福田首相吃了一惊,日本代表团成员也愣住了。许多美国人感到奇怪——这种情况很少见,完全出乎人们意料。如果美国总统按日本人的习惯深鞠一躬,大家也不会那么惊讶。因为在美国和日本都不用拥抱这种方式表示欢迎。

"非语言符号"是由一个复杂的"元素"及其关系构成的信息体系,里面包含着非常细微的元素,譬如衣服打皱、眼光短时间的游离、流利表达中突然有所停顿等。这里只强调运用时应该注意的几个方面。

(一)身体距离

根据美国人类学家霍尔博士的研究,人与人之间物理距离往往代表了人与人之间的心理距离。根据人与人之间的亲密程度,大致可以分为四种距离:公众距离、社交距离、私人距离、亲密距离。

第一,公众距离。这个距离指的是彼此之间互不认识的人之间的距离,霍尔博士把它定义为3.6米到7.5米,尽管这个数字是有大量的统计数据作依据的,也有其科学性和研究性,但对于如今人口爆满的地球来说,已经不适用了。在人山人海的街头、地铁、火车站,总会有人与你擦肩而过,远远超过了霍尔博士的这个公众距离,这时候你没表示愤怒或者不满,不是因为你已经接受了这个公众距离,而是你已经习惯了。第二,社交距离。是指在常规的社会活动中的距离,如办公、开会等,与同事之间,与领导之间比较合适的距离,霍尔博士把它定义为1.2米到3.5米。第三,私人距离。这个是指朋友和亲戚或熟人之间往来得比较频繁的距离,霍尔博士把它定义为45厘米到1.2米之间。第四,亲密距离。这个距离体现了非常亲近的亲密关系,通常是指夫妻或恋人之间。这个距离大概为0厘米到45厘米,是指人可以允许跟自己关系亲密的人处在这个范围之内。

根据这个心理距离的划分,如果一个人乐意别人去靠近自己,说明她在心理上是与他比较相近的,比如恋人之间的拥抱、依偎、缠绵,都是这种心理状态的突出表现。相反,如果两个人之间的距离总是无法拉近,要么就是双方都在刻意保持,要么就是一方在刻意拉近,而另一方又在刻意疏远,那么就可以判断刻意疏远的一方心理上是存在排斥或厌恶的。

身体距离,应该依据关系与情境进行得当的处理,譬如亲密关系,在可以表现得亲密的场合下,如果距离过远,会意味着关系的疏远,或者在顾忌什么。但是如果对方不愿意或者不接受,亲密举动也会引起对方的反感。如果在一个公共性,或者社交性场合,亲密者过度亲密,无所顾忌,则会引起他人的不适或者尴尬。这时亲密者保持适度的距离,是一种修养的体现。教师授课,不能只站在讲台上,给人高高在上、机械刻板的感觉,走下讲坛,拉近距离,会自动形成互动交流关系。宴请场合,敬酒者主动来到被敬者身边,致辞碰杯的举动,都是主动示好、营造气氛的举动。

身体控制与距离运用,不能过于刻意,刻意会显得不真诚自然,给人过度热情、过度谦卑、过度用心的感觉;但是也不能太随意,要注意一些细节。譬如握手,时间过长与过短,用力过轻与过重,握手的距离过近或过远都是有分寸的。

(二)目光接触

肢体语言的一个重要方面是目光接触。在这一方面可以有许多“规定”。看不看对方,什么时候看,看多久,什么人可以看,什么人不可以看。朱利叶斯·法斯特在《体态语言》一书中曾提到:两个素不相识的人面对面坐着,在火车餐车里他们可以自我介绍一下,吃饭的时候,说些无关紧要或者是无聊的话;也可以互不理睬,极力避免与对方的目光相遇。有个作家在一篇文章里描写过这种情况:“他们翻来覆去地看菜单,摆弄刀叉,看着指甲——好像头一回看见它们。免不了目光相遇时,立即转移视线,注视窗外沿途景色。对素不相识的人的态度是:我们既应避免盯着看,也要避免显出不把他们放在眼里的样子。”

注视对方的不同情况决定于相遇的场所。如果在街上相遇,可以看着迎面走来的人。直到相距两三米远时再移开视线走过去。但在到达此距离之前,双方都用眼睛暗示一下自己要往哪边走,打算往哪边走就往哪边看一眼。然后,双方侧身略变方向,即可错开,顺利通过。

根据美国人习惯,同相识的人谈话时,说话的人和倾听的人都应注视对方。任何一方不看对方,都可以表示某种意味。如:害怕对方,轻视对方,心神不定,感到内疚,漠不关心。甚至在对公众讲话时也要时时直视听众,和许多人的目光接触。如果演说的人埋头看讲稿,照本宣科,而不抬头看看听众,对听众“说话”,人们就会认为他对听众冷漠,不尊敬别人。

在谈话的时候,倾听的人一般要注视着说话的人的眼睛或脸,表示自己在听。如果对方说的话比较长,听的人要不时发出“嗯”“啊”的声音,或者点头表示自己在注意地听着。如果同意所说的观点,可以点头或微笑。如果不同意或者有所保留,可以侧一下头、抬一下眉毛或露出疑问的神情。

在英语国家,盯着对方看或看得过久都是不合适的。即使用欣赏的目光看人——如对方长得漂亮,也会使人发怒。许多外国人到其他国家去旅行,因当地人盯着他们看而恼火、别扭,认为那里的人“无礼”,殊不知当地人不过是好奇而已。

有这样一则故事:有个十来岁的波多黎各姑娘在纽约一所中学里读书。有一天校长怀疑她和另外几个姑娘吸烟,就把她们叫去,尽管这个姑娘一向表现不错,也没有做错什么事的证据,但校长还是认为她做贼心虚,勒令停学。他在报告中写道:“她躲躲闪闪,很可疑。她不敢正视我的眼睛,她不愿意看我。”校长查问时,她的确一直注视着地板,没有看校长的眼睛。而英美人有“不要相信不敢直视你的人”这样一句格言。碰巧有一位出生于拉丁美洲家庭的教师,对波多黎各文化有所了解,他同这个姑娘的家长谈话后对校长解释说:就波多黎各的习惯而言,好姑娘“不看成人的眼睛”这种行为“是尊敬和听话的表现”。幸而校长接受了这个解释,承认了错误,妥善处理了这件事,也得以记住各民族的文化是多种多样的。

教师在教学时运用目光是一种情感交流,也是配合教学管理的重要手段。目光的“扫射”“点射”等,是在和学生进行丰富的交流,也是“注意”“强调”“同意”“开始”“警告”等信息的传达。教师目光只看“地板”“天花板”“黑板”,是缺乏主动交流的体现。目光只关注个别人或者靠前排的,则是偏爱的体现。学生与教师的目光进行交流与接触是互动的体现,也可以据此看出学生注意力波动的心理状态。

(三)手势表情

手势表情在交际中扮演着重要的作用,打手势时,动作稍有不同,就会与原来的意图有所区别;对某种手势理解错了,也会引起意外的反应。在第二次世界大战中,领导英国进行战争的首相丘吉尔曾做了一个手势,当时引起了轰动。他出席一个场面盛大而又重要的集会,刚一露面,群众对他鼓掌欢呼。丘吉尔做了一个表示 victory(胜利)的 V 形手势——用食指和中指构成 V 形。做这个手势时,手心要对着群众。不知丘吉尔是不知道还是一时失误,把手背对着群众了。群众当中,有人鼓掌喝倒彩,有人发愣,有人忍不住哈哈大笑。这位首相所做的手势表示的是别的意思。那不是表示“胜利”的 V 形,而是一个下流的动作。

另一个例子同赫鲁晓夫有关。他是20世纪50年代后期到60年代初期的苏联领导人。在美国访问期间,他的言论和举止引起一些争议。引起争议的手势之一是,他紧握双手,举过头顶,在空中摇晃。他的意思显然是表示问候,表示友谊。但是,在场的人和电视观众对此并不欣赏。美国人很熟悉这个动作——这是拳击手击败对手后表示胜利的姿势。在此之前,赫鲁晓夫曾说过要埋葬美国资本主义的话,许多美国人认为,这种手势表示他好像已经取得胜利,洋洋得意。难怪许多人感到不快。

中美肢体语言对比研究表明,两者有相似的地方。如男子相逢时不拥抱,一般见面时握手即可;挥手表示再见;皱眉表示不高兴;耸耸鼻子表示不喜欢、讨厌或不快;点头表示“是”,摇头表示“不”;噘嘴表示不痛快、情绪不佳、愤恨;拍拍男人或男孩子的背表示赞扬、夸奖、鼓励;咬牙表示生气、愤怒或下决心。

有时候意义相同,但动作有差异。譬如“过来”(叫别人过来),中国人把手伸向被叫人,手心向下,几个手指同时弯曲几次把手伸向被叫人;美国人手心向上,握拳用食指前后摆动,但中国人对此反感。“丢人”“没羞”(半开玩笑),中国人伸出食指,用指尖在自己脸上划几下,像搔痒;美国人伸出两只手的食指,手心向下,用一个食指擦另一个食指的背面。“我吃饱了”(吃饭后),中国人用一只手或两只手轻轻拍自己的肚子;美国人一只手放在自己的喉头,手心向下(常同时说“到这儿了”)。

顺便说说“笑”。在中国和讲英语的国家不论微笑还是大笑,通常表示友好、赞同、满意、高兴、愉快,但在某些场合,中国人的笑会引起西方人的反感。一个美国人存放自行车时,一不小心自行车倒了,他会因为自己动作不麻利而感到窘迫。这时如果旁边的中国人笑起来,他会觉得受到耻笑;一个外国人偶然摔了一个碟子,他本来就感到很窘,而在场的中国人发出笑声,使他更加觉得不是滋味,又生气,又反感。当然,中国人的这种笑,不论是对本国人还是对外国人,并非是嘲笑当事人,也不是幸灾乐祸。这种笑有很多意思,可以表示“别当一回事儿”“一笑了之”“没关系”“我们也常干这种事”等。不过,对于不了解这些意思的人,这样一笑会使他们感到不愉快。中国人之间也会因为这样的行为与“笑声”发生误会。所以“笑”也是一门艺术。

(四)服饰打扮

服饰在交际礼仪活动中的作用是不容忽视的。服饰一般包括服装、领带、帽子、手提包、项链等。交际礼节,仅限于行为的彬彬有礼是远远不够的,还要讲究服饰礼节,在不同的场合着以不同的服饰,会给人留下良好的印象。服装能够反映出人的内在追求、风貌、风度、气质。

要根据自身体型特点,打扮自己。身材高而瘦的人,应选用面料稍厚一点的服装,这样会显得比较丰满、精神,并要避免颜色暗深的收缩色。身材肥胖者,服装的面料不能太厚或者太薄,应选用厚薄适中、轻柔而挺括的面料,并忌穿大花、横条纹、大方格图案的服装,否则体型会更显得横宽。

要合理搭配颜色。服装色彩的适当搭配,能使人通过错觉而产生美感。如浅色的扩张作用,使人显得胖;而深色有收缩作用,使人显得瘦。服装色彩与肤色也有关系,如黄皮肤的人应避免蓝紫、朱红等颜色,因为这类颜色与皮肤的对比度强,会使皮肤显得更黄。皮肤黑的人不宜选用黑、深褐、大红等颜色;脸色红的人应避免绿色,而白色几乎适合于任何人。没有不美的颜色,只有不美的搭配,服装色彩的搭配是有一定审美要求的。所以,在选择服装颜色时,应根据自身的特点加以选择。色彩和谐的服装能使人在公众面前反映出自己的心理追求和精神风貌。

服饰搭配也有技巧。领带是西服的重要组成部分,花色品种很多,它要求与相宜的西服配套,包括衬衣的合理选择。如上衣为鲜艳的格呢,领带就应避免条纹或大花,以纯粹的小花图案为宜;如上衣是粗格呢,领带的颜色则应与格子图案的某一种色调和谐。一般来讲,有图案的领带宜配上素色无花纹的衬衣。

一般来说,鞋子的颜色应该与衣服的颜色相衬,一般场合应着素雅端庄、体面大方的黑色皮鞋。穿花哨衣服时不宜穿黑鞋子。出席寿婚葬祭时,即使外衣和领带可以从略,但鞋子应穿黑色的,这是我国社交的一种礼节。

袜子具有衔接裤子和鞋子的作用,应与裤、鞋协调。黑色皮鞋应配深色袜子。稳重的西装长裤和明亮的黑色鞋子,如果配上不协调的花哨颜色的袜子或有花纹的袜子,那就会使人产生杂乱、失调的感觉。男士为避免在坐下时露出腿毛,应穿黑色或深蓝色的不透明的中长筒袜。女士袜子的色彩可适度鲜艳,若参加庄重的社交活动就应穿素色的长筒袜,避免露出腿部肌肤,而且夏天不可光脚穿凉鞋。

饰品搭配也有讲究。金银、珍珠、宝石制作的项链、耳环、戒指、镯头等饰物对女性来说很重要。它可使人展现出高雅、华贵的丰姿,只要符合自己的身份和活动场所的要求,均有助于赢得公众的好感。一身入时的时装,再配上得体的其他饰物,能起到画龙点睛的作用,如帽子、围巾、手帕、腰带、胸饰、眼镜、手提包等。围巾和帽子对服装的整体影响很大,在冬季作为点缀色彩尤为重要。如果衣服颜色较暗淡,则围巾与帽子的颜色可鲜艳一些。若衣服较鲜艳,佩戴的围巾与帽子就要素雅一些。男士在任何时候不应在室内戴手套、帽子。手提包一般要求与服装配套。同时还要根据季节选择,如夏季拎包应小巧,显得轻松爽快。

手帕也是装饰物。在西服左胸上口袋里配上一定形状的手帕,可令人平添风采。

发饰与化妆。发式是仪容的重要组成部分,是自然美和修饰美与人体的结合。发型要根据脸型选择,人的脸型有多种形状,如女士脸型呈方型,可用双花式卷发遮去两侧过宽的额角，若是长脸，可用刘海遮去发际线高的部分。体型较为矮胖的可以梳盘辫或挽髻，因为这样能使人看上去有拉长脖颈而增加了身高的感觉。若是脖颈又细又长，则应选择披肩式发型。男士的头发两侧不宜过耳或遮耳。后面的头发不能长及衣领，还有不留大鬓角，不留长发或蓬松发，也不宜用重味发乳。

天生丽质的人毕竟是少数，而且岁月不饶人。俗话说："三分容貌，七分打扮。"自然美给人以朴素、纯真的美感，而美容美却有锦上添花、风彩照人的魅力。美容不仅指涂脂抹粉，更重要的是艺术造型。美容首先应符合自己的身份、年龄和职业，其次根据自己的性格、气质、交际场合来选择科学的美容法。女性的化妆，目的是给人以清洁、健康、漂亮的印象。以下几点须注意：粉底霜，洗脸后在脸上抹一种比自己肤色稍浅的粉底霜，使脸色增加一层光泽。眼睛涂抹一层薄薄的眼影，一般以灰色较好，若是戴眼镜的，可以稍浓一些。一般情况不必画眼线。年轻人宜用鲜艳的口红，随着年龄的增长，颜色宜改用浅色系列或褐色系列。整个人的化妆与衣饰装扮颜色要协调。一般来说，如果眼的化妆是蓝色系列的话，口红应用粉红色的；若用绿色或褐色系列的，则用橙色口红。日间化妆淡雅为宜，夜间可稍浓艳。用香水时一般不应把它直接涂在肌肤上，香水用量不能过多，以幽幽清香为佳。男性应经常修面，剪鼻毛，整理发式，给人一种潇洒雄健、健康向上的感觉。

四、非语言符号的交际策略

（一）综合运用

交际中，交际双方都是整体呈现给对方的，是一个动态的、由语言符号与非语言符号综合运用的表现。这就如同一场戏曲，一个演员通过"唱念做打"等基本功呈现戏曲内容，"唱""念"属于"语言符号"，"做""打"就属于"非语言符号"，表演时都是综合运用的，即使"唱"，也有扮相、服饰、手势、动作的配合。否则就只是类似听广播，"闻其声不见其人"。完美的呈现并不容易，所以才有"台上一分钟，台下十年功"的说法，是有一个系统学习、科学训练的过程。

同样，交际中，能做好综合运用、表现突出，应该注意以下几个方面。第一，以"语言交际"为主，以"非语言交际"为辅。"沉默"有时是关系尴尬、气氛冷落的体现。积极主动的交流是双方关系融洽的体现。但是"语言"交际是需要辅助"非语言符号"运用的，否则会形成交际障碍，影响交际的流畅有序。譬如，见面问好时同时伴随握手、鞠躬、点头等行为。如果没有，就显得不自然、不真诚。"言语交际"遇到障碍时，可以通过"非语言交际"进行调节，譬如"续茶"，可以调节气氛，转移话题，都是灵活运用的体现。总之，这种主次关系与配合关系是十分明确的。言语交际是首要的,辅之以必要合理的“非语言符号”。不能陷入“冷场”的境地,同时又要达到辅助的效果。老师上课,主要是“语言交际”,如果老师的行为过于表演化,就转移了学生的注意力,关注到不应该关注的内容。第二,“非语言符号”综合运用是有技巧性的,交际的基本原则是真诚得体,“非语言符号”要配合语言交际,就要在真诚得体的原则下,给人“言行一致”的感觉。譬如,给人道歉时,嘴上说“对不起”,但是别人为什么不接受,或者觉得勉强,其实是“非语言符号”运用体现不得当,譬如目光不对、声气无力、身体僵硬等。“语言交际”可能是“不真实的”,但是“非语言符号”往往反映真实性。这就像恋人之间,一方毅然决然地说:“我们的事情成不了,我们分手吧。”但同时语气、神态、举止又反映出矛盾性。这些特点与技巧在交流中常常碰到。第三,“非语言符号”综合运用,是对于综合因素分析、判断与选择的结果。包括对象、场合(正式、非正式)、交流的形式(公务的、私人的)、环境等。做什么样的准备,物质上的、行为上的、形象上的,等等。所以正式交际是要做好计划,认真做好各种前期准备的。

(二)注重细节

“细节决定成败”体现在各个方面,在交际中也不例外。

一方面要关注他人的“细微变化”。没有人不愿意接受别人的关心,也没有人会对关心自己的人产生反感。所以,要想赢得好评,就需要将你对别人的关心适当地表达出来。如果你发现对方穿戴、容颜等方面的细微变化,最好能立刻指出。如果对方换了新领带,你说声:“这条领带你第一次戴,在哪儿买的?”他一定会愉快地接受你的关心,对你产生好感。特别是女性,尤其注意自己的穿戴,一旦有人注意到了她服饰的变化,她定会感到由衷的欣喜,这时你们之间的距离也便随之缩短了。两个人如果不用提示,马上就能发现对方的微小变化,并且真诚道出,这样的话,他们之间的感情肯定非常融洽。所以,人们万不可在交际对象身上粗心大意,应处处留心对方的“芝麻小事”。

一方面要修饰自己的交际“细节”。与别人交谈时,你不妨高兴时就扬起眉毛,严肃时就瞪大眼睛,疑问处率直询问,听完后简要复述。这样的话,你就会给人留下头脑灵活、擅长交际的好印象。如果你节奏匀称,举止缓慢,动作庄重,稳若泰山,那么就会给人留下气度不凡、从容镇定的印象。对于别人的邀请,如果你能拿出笔记本,认真地记下约会时间和地址,那么别人就会认为你是个讲究信用的人。如果你把约会时间 8:30 改成 8:35,别人就会认为你是个繁忙而且有本领的人。这些都是交际细节,因为你加以修饰,所以你的交际形象得到增辉。小处不可随便,这很可能关系到你是否获得成功,是否免遭失败。

有一个售货员非常受顾客的欢迎,经她手卖出的商品要比其他售货员多得多。为什么会这样呢？原来她特别注重修饰交际细节。比如，人家要买一公斤左右巧克力，她总是抓0.9公斤左右的巧克力上秤，然后再一粒一粒地添，直至足秤为止。不像其他的营业员，先抓超过一公斤的东西上秤，再残酷地一点一点地往外拿……显然，这个优秀售货员的做法令人感到愉快。再比如，当顾客帮着她抱送商品时，她一定说一声“谢谢”。因为帮她拿商品，对顾客来说是可干可不干的，而干了就是一种付出，因此，及时表达谢意是有必要的。她不像其他的售货员那样对此视若无睹。因此，她获得了成功，不但奖金多，而且还获得了所在城市“劳动模范”的荣誉称号。

（三）创设情境

交际都是在特定情境中的活动。譬如，作为客人，有一个熟悉人物与熟悉环境的过程，在“语言交际”上，可能会多一些询问、好奇、赞美的语词，“非语言符号”运用上要显得文明礼貌，大方得体，配合主人，而不是随意任性，如入无人之境。这个问题，可以对出外旅游时自我言行规范问题进一步思考。这里只侧重讲作为主人（接待者、主动邀约者）要注意的问题。主要表现在创设五种情境：创设互动情境、创设表现情境、创设生活情境、创设问题情境、创设视听情境。

互动情境是指交际双方心情愉悦、不断享受美好情境，使得双方“语言交际”与“非语言交际”得以和谐、自然、深入、充分地开展。所以，主人会精心选择环境，布置环境。表现情境，是提供给自己或者对方展示自我的条件。交际有时是交流，有时伴随活动，譬如切磋棋艺、茶道，展示才艺（如书画），这些活动都是需要场所布置与用具准备的。生活情境，就是与工作情境、正式情境相对的情境，让客人接触家庭、私人、日常空间，进一步推进感情的亲密度。问题情境，可能是有求于对方，或者就存在的问题开展交流与合作，直接展示“问题现场”，让对方身临其境，眼见为实。视听情境，就是是否需要视频背景与视频资料，这首先要准备视频工具。

这些情境设置，都是为了交际与交流的需要。要强调的是，这种情境对于双方都会产生“语言符号”与“非语言符号”运用的变化与要求，都是需要注意与认真对待的。

（四）巧用媒介

“非语言符号”运用要注意到另外一个问题，就是人会借助“身外之物”与工具进行交际，随着时代的发展，这种借助表现得越来越先进与丰富。譬如传统书信，就突破了人与人交际的现实距离，也丰富了交际的方式。“要不要写信”“怎么传递”“写什么内容”“怎么写”“信怎么制作”都是需要考虑的问题，这里面有“语言交际”要求，也有“非语言交际”要求。现代交通与现代通信，其实都是交际工具与交际媒介的辅助手段，是否面谈、何时联系、用什么方式联系，都是交际能力与交际素养的体现。譬如，打电话，很多人不考虑时间、不考虑“说什么”“怎么说”，导致交流不畅，都是没有用好媒介的体现。

今天的网络交际，其“虚拟性”，使得互动的内容、形式、方式等呈现极大的自由度。譬如可以同时在几个空间平台交流，可以点对点、点对面交流，可以借助文字、图片、声音等载体灵活交流，譬如发表情包；也可以运用 flash、视频、音频等多媒体技术，通过组合的应用配以精彩的内容进行交流，也可以转载转发进行交流分享，带有交互性交际特点，这是传统交际无法比拟的。有关内容在相关章节已经阐述，这里不再展开。

思考与练习

一、谈谈非语言交际与语言交际的关系。

二、从规范性角度或者礼仪要求的角度，诊断自己在非语言交际方面有什么需要提高的地方。

三、模拟一个情境——假如你即将参加应聘面试或者考研复试面试，拟定一个在非语言交际方面的准备方案与计划。尽可能详细具体。

四、巧用媒介，也是非语言交际能力的重要方面。请分析当面交际、书信交际、短信交际、网络互动交际等在实际应用时有什么不同，要如何注意合理使用。

中编

语言交际艺术

第一节　口语表达的作用与原则

一、口语表达的作用

成功学大师卡耐基说："一个人的成功85%是靠他的人际沟通和演说能力，只有15%跟他的专业技能相关。"纵观古今中外，卡耐基对人际沟通和演说能力的评价并不为过。毛遂自荐，劝说楚国与赵结盟，避免了百万大军的交战；烛之武陈述利弊，将消灭郑国会削弱秦国的力量而对晋国有利这个事实展示在了秦穆公眼前，使秦穆公大悦，并与郑结盟、撤军回国，郑国危机由此化解；诸葛孔明隆中对策、舌战群儒离不开一副好口才；周恩来总理接待外宾时妙语连珠的应答展现了他的睿智和聪慧；丘吉尔和艾森豪威尔也都是以一副好口才著称的领导人。

美国人类行为研究者汤姆士指出："说话的能力是成名的捷径，它能使人鹤立鸡群。能言善辩的人，往往使人尊敬，受人爱戴，使人拥护。它使一个人的才学得到充分拓展，事半功倍，业绩卓著。"他甚至断言："发生在成功人物身上的奇迹，一半是由口才创造的。"口才好的人更容易成名。虽然成名不是目的，但每个人都要与亲朋好友、领导同事甚至是陌生人交往，语言交流决定了人际关系的建立，可以说口语表达的质量与每个人的生活、工作息息相关。

（一）传递信息

说话是人与人沟通的重要方式之一。每个人在每个特定环境下说出的每一句话都含有一定的意思，传递一定的信息。只有明白说话人的意思，了解说话人的意图，才能建立良好的沟通关系，达到沟通的目的。

《圣经》记载，大洪水退去后，诺亚的子孙在巴比伦一带建国。他们渐渐变得骄傲自大，想造一座通天巨塔来传扬自己的名声。神怕人类从此不再敬神，于是变乱了语言，使人们无法交流，再也不能齐心合力建塔。这个通天塔是不是真实存在不能考证，但可以肯定的是：只有明白话语所传递的信息，人们才能彼此交往、开展工作。

众所周知，庄子不仅知识渊博，具有超凡脱俗的思想，而且还是位语言大师。他在论辩自己观点时非常善用连类取譬，这些生动的连类取譬不仅清晰地表达了庄子的思想，而且也常常使论辩的对方没有辩驳的余地。例如：

庄子有位好朋友叫惠子,惠子是梁国的宰相,有一次庄子看望惠子,惠子听信小人的谗言,以为庄子来见梁王是取代他这个宰相的,惠子很害怕,在城内搜寻庄子三天三夜。

> 庄子往见之,曰:“南方有鸟,其名为鹓鸰,子知之乎?夫鹓鸰,发于南海,而飞于北海;非梧桐不止,非练实不食,非醴泉不饮。于是鸱得腐鼠,鹓鸰过之,仰而视之曰:‘吓!’今子欲以子之梁国而吓我邪?”

庄子以一只鹞鹰寻觅到一只腐烂了的老鼠来喻惠子,鹓鸰是庄子自喻。鹞鹰恐怕死老鼠被抢而要吓走鹓鸰,庄子巧妙运用这个比喻反问惠子,向惠子传达出:高洁的庄子是看不上僵死的梁国宰相之位的。惠子听了自知理亏,哑口无言。

庄子这位大思想家不需要觊觎朋友的宰相之位,因为比梁国强大的楚国曾经盛情邀请他而被婉拒了:

> 庄子钓于濮水,楚王使大夫二人往先焉,曰:“愿以境内累矣!”庄子持竿不顾,曰:“吾闻楚有神龟,死已三千岁矣,王巾笥而藏之庙堂之上。此龟者,宁其死为留骨而贵乎?宁其生而曳尾于涂中乎?”二大夫曰:“宁生而曳尾涂中。”庄子曰:“往矣,吾将曳尾于涂中。”

这次庄子拒绝两位楚国大夫的邀请时,用神龟给两位大夫出了一个选择题:神龟是愿意死了以后骨骸被供奉在庙堂,还是愿意拖着尾巴自由自在地生活在泥水里?两位大夫说愿意拖着尾巴生活在泥水里。庄子借两位大夫之口说出了自己的选择。这个巧妙的选择题既表达了庄子的逍遥游思想,又给楚王和两位大夫留了面子,达到了婉拒的目的。

(二)加深感情

茅盾说:“在生活中,每个人都应当是春晖,给别人以温暖。”在人际交往中,语言就是能够传递温暖,加深感情的媒介之一。《红楼梦》中有这么一段描写:史湘云、薛宝钗都劝贾宝玉做官为宦,贾宝玉大为反感,对着史湘云和袭人说道:“林姑娘从来没有说过这些混账话!要是她说这些混账话,我早就和她生分了。”这时林黛玉正巧来到窗外,无意中听见了贾宝玉说自己的这些话,不觉又惊又喜、又悲又叹。这些话拉近了宝黛的心理距离,二人又因此互诉衷肠,感情大增。古诗云:“汉恩自浅胡自深,人生乐在相知心。”与人相交,贵在知心。因为知我者谓我心忧,不知我者谓我何求。

苏轼一生多次被贬,而且越贬越远,但仍然乐观豁达,这与他能和身边几个知情达理的人说说话有一定关系,王朝云就是其中一位。她是苏轼的侍妾,也是苏轼的知音。据毛晋所辑的《东坡笔记》记载:东坡有一天退朝回家,吃完饭摸着肚子,问身边的人:"你们说这里面是什么?"有人回答说是文章;有人说是才学。苏东坡都不以为然。只有朝云笑着说:"一肚子的不合时宜。"苏轼捧腹大笑,赞叹朝云"知我懂我"。苏轼这一肚子的不合时宜,是东坡的自嘲,也是苏轼不肯与世俗同流合污的骄傲。朝云恰当地说出了苏轼的心意,苏轼自是欣慰,"人生得一知己足矣"。

朝云与东坡相知之深,可谓一举手、一投足,都明白对方的用意。东坡曾经写过一曲《蝶恋花》:

> 花褪残红青杏小。燕子飞时,绿水人家绕。枝上柳绵吹又少。天涯何处无芳草。
>
> 墙里秋千墙外道。墙外行人,墙里佳人笑。笑渐不闻声渐悄。多情却被无情恼。

东坡被贬惠州时,王朝云常常唱这首词为苏轼聊解愁闷。每当唱到"枝上柳绵吹又少"时,就掩抑惆怅,不胜伤悲,哭而止声。据说芳草为柳绵所化,所以枝上柳绵吹遍天涯,芳草也就随风而生。这首词也暗喻了苏轼"身行万里半天下,僧卧一庵初白头"的命运。朝云每唱到此,想起苏轼宦海沉浮的无奈,对东坡忠而被贬、沦落天涯的境遇感同身受,于是泪如雨下,不能自已。东坡明了她的这份心思,故意岔开话题,笑而劝慰:"我正悲秋,而你又开始伤春了!"朝云去世后,苏轼终生不复听此词。两人相知相惜,可见一斑。

不仅仅是知音之间需要用语言传递信息、增进彼此的感情,父母子女之间更需要良好的语言沟通,构建或者缓解彼此的紧张关系,促进交流、增进感情。

> 卡耐基小时候是一个公认的非常淘气的坏男孩。在他9岁的时候,他父亲把继母娶进家门。当时他们是居住在乡下的贫苦人家,而继母则来自较好的家庭。
>
> 他父亲一边向她介绍卡耐基,一边说:"亲爱的,希望你注意这个全郡最坏的男孩,他可让我头疼死了,说不定会在明天早晨以前就拿石头扔向你,或者做出别的什么坏事,总之让你防不胜防。"
>
> 出乎卡耐基意料的是,继母微笑着走到他面前,托起他的头看着他,接着又看着丈夫说:"你错了,他不是全郡最坏的男孩,而是最聪明,但还没有找到发泄热忱地方的男孩。"

继母说得卡耐基心里热乎乎的，眼泪几乎滚落下来。就是凭着她这一句话，他和继母开始建立友谊。也就是这一句话，成为激励他的一种动力，使他日后创造了“成功的28项黄金法则”，帮助千千万万的普通人走上成功和致富的光明大道。因为在她来之前没有一个人称赞过他聪明，他的父亲和邻居认定他就是坏男孩，但是继母只说了一句话，便改变了他的一生。

卡耐基的继母深谙语言之道。首因效应表明，初次见面很重要，使用谦和、温暖的语言与人交谈，会给对方留下好感。而这个好感是建立友好关系的基石上，教育也由此开始。著名的教育学家陶行知先生曾说：真教育是心心相印的活动，唯独从心里发出来，才能打动心灵的深处。

有一次校长陶行知在校园看到学生王友用泥块砸自己班上的同学，陶行知当即喝止了他，并令他放学后到校长室去。无疑，陶行知是要好好教育这个“顽皮”的学生。那么他是如何教育的呢？放学后，陶行知来到校长室，王友已经等在门口准备挨训了。可一见面，陶行知却掏出一块糖果送给王友，并说：“这是奖给你的，因为你按时来到这里，而我却迟到了。”王友惊疑地接过糖果。随后，陶行知又掏出一块糖果放到他手里，说：“这第二块糖果也是奖给你的，因为当我不让你再打人时，你立即就住手了，这说明你很尊敬我，我应该奖你。”王友更惊疑了，他眼睛睁得大大的。陶行知又掏出第三块糖果塞到王友手里，说：“我调查过了，你用泥块砸那些男生，是因为他们不守游戏规则，欺负女生；你砸他们，说明你很正直善良，且有批评不良行为的勇气，应该奖励你啊！”王友感动极了，他流着泪后悔地喊道：“陶……陶校长你打我两下吧！我砸的不是坏人，而是自己的同学啊……”陶行知满意地笑了，他随即掏出第四块糖果递给王友，说：“为你正确地认识错误，我再奖给你一块糖果，只可惜我只有这一块糖果了。我的糖果没有了，我看我们的谈话也该结束了吧！”说完，就走出了校长室。

陶行知先生没有凭自己的身份呵斥这个学生，而是在调查事实的基础上用糖果奖励他，从心灵深处感化他，使他自己不好意思，让他自己自惭形秽。可见语言运用得好，不仅需要智慧和眼界，还需要一颗包容大度的心。信奉“棍棒出教育”的理念，只会在棍棒下增加彼此的心理距离。聪明的教育者，尤其是父母，应该让语言成为与孩子增进关系的润滑剂。著名台湾作家刘墉是这样讲述他的叛逆期的：

我高中时很不用功,年年两科不及格,必须补考才能过关。还在校刊上写文章说:"我要写诗,我要作画,我要的是什么都不在乎!"

同学看了都骂我。文章拿回家,我娘却猛点头,说:"写得真棒!"

直到大学联考前两个月,我才知道拼命,熬夜读书,我娘居然说:"身体重要,别念了!既然喜欢画画,不上大学,开个画室也很好。"

我没听她的,一番临时抱佛脚,居然进了师大。

后来常有人问我的叛逆期是怎么过的,我都笑说:"我没叛逆期,只怪我妈不骂我,我没得叛哪!"

《好妈妈胜过好老师》的作者尹建莉说:叛逆期的孩子情绪容易激动,过于激烈的话语甚至责骂只会把孩子往外推,虽然我们是想把孩子往回拉,但结果事与愿违。只有那些春风化雨般的话语才能把孩子往回拉,才能让你成为孩子的朋友。成为孩子的朋友从好好说话开始。

（三）协调关系

"不论人们如何仇视我,只要他们肯给我一个说话的机会,我就可以说服他们。"美国总统林肯曾如此高调和自信地宣称。1958 年,林肯在竞选美国上议院议员的时候,南部各州提出了竞选演说。那时,当地人非常野蛮,在公共场所也腰挂短枪、腿绑利刃,畜养黑奴的奴隶主们不赞成废除死刑,对林肯将要进行反对奴隶制的演说更是恨之入骨,并立下誓言:只要林肯敢来,就置他于死地。演说之前林肯与对方首脑热烈握手,然后心平气和地开始了他的演说:

南伊利诺伊州的同乡们,肯塔基的同乡们,密苏里的同乡们,听说在场的就有些人要下决心和我作对,我这样做,为什么你不明白,我也和你们一样,是一个爽直的平民,我为什么不能和你们一样,有发表意见的权利呢?亲爱的朋友,我不能干扰您,我是你们中间的一员。我生于肯塔基,长于伊利诺伊,正和你们一样,是从苦难的环境中苦苦挣扎出来的。我们认识你们,你们对我应该更清楚些。如果真的认识了我,你们就知道,我来这里并不想做于你们不利的事,当然你们也绝不想做出对我不利的事。我是立志要在世上做一个最谦和的人。我现在对你们诚恳的要求是,请你们允许我说几句话。你们是诚实和勇敢的人,这个想法一定不会遭到拒绝吧!现在就让我们诚恳地讲一个严重的问题,看看如何?!

这篇演讲在他成功竞选总统中很重要,他用"套近乎"的方法拉近了彼此的关系,缩短了彼此间的心理距离,使对方从仇视变为友好。演讲之后很多人都成了林肯的朋友。

周国平说:“给人最大快乐的是人,给人最大痛苦的也是人。”予人玫瑰,手留余香;予人荆棘,手留伤痕。聪慧的人常常想到的是:与人方便,于己方便。这不仅需要在行动上下功夫,语言上也要充满智慧。例如:

有一次,一位女士怒气冲冲地走进食品商店,向营业员大呼小叫:“我让我儿子在你们这儿买的果酱,为什么缺斤少两?”

服务员一愣,随即又镇定下来,她确信没有缺斤少两,她想了想各种原因,就有礼貌地回答:“请您回去称一称您的孩子,看他是否重了。”这位妈妈听完营业员的话,恍然大悟,脸上怒气全消,心平气和而又略带惭愧地对服务员说:“哦,对不起,误会了。”

营业员知道自己不会称错,那么便剩下一种可能,即那位顾客的孩子把果酱偷吃了。如果她直接说“肯定是你孩子偷吃了”,甚至“你家孩子偷吃了,你不找他麻烦,反而找我的麻烦,真是不可理喻”,势必导致双方的不愉快,甚至是更激烈的冲突。但营业员深谙语言沟通之道,用委婉的语气提醒顾客注意问题,这样既维护了店里的信誉,也避免了一场冲突。

积极的人在每一次忧患中都看到一个机会,而消极的人则在每个机会中都只看到某种忧患。出门走好路,出言说好话,出手做好事。说话是人与人交往的纽带,出言说好话能起到协调人际关系的作用;出言不逊或者恶语相向,小则影响人与人之间的关系,大则影响工作甚至是阻碍国家的发展。

战国时,齐国的孟尝君合纵抗秦,他的门客公孙弘对孟尝君说:“您不妨派人到西方观察一下秦王。如果秦王是个具有帝王之资的君主,您恐怕连作属臣都不可能,哪里顾得上跟秦国作对呢?如果秦王是个不肖的君主,那时您再合纵跟秦作对也不算晚。”孟尝君说:“好,那就请您去一趟。”公孙弘便带着十辆车前往秦国去看动静。

秦昭王听说此事,想用言辞羞辱公孙弘,借以观察他。公孙弘拜见昭王,昭王问:“薛这个地方有多大?”公孙弘回答说:“方圆百里。”昭公笑道:“我的国家土地纵横数千里,还不敢据以跟谁作对。如今孟尝君土地才百里见方,就想跟我作对,能行吗?”公孙弘回答说:“孟尝君喜好士,大王您不喜好士。”昭王说:“孟尝君喜好士又怎样?”公孙弘回答说:“信守节义,不向天子称臣,不与诸侯交友,如果得志,作人君毫不惭愧，不得志，就连人臣也不肯作，像这样的士，孟尝君那里有三人。善于治国，可以做管仲、商鞅的老师，其主张如果被听从施行，就能使君主成就王霸之业，像这样的士，孟尝君那里有五人。充任使者，遭到拥有万辆兵车威重君主的侮辱，退下自杀，但一定用自己的血染污对方的衣服，像我这样的，孟尝君那里有七人。”

秦国国君昭王笑着道歉说：“您何必如此呢？我对孟尝君是很友好的，希望您一定要向他说明我的心意。”公孙弘答应着回国了。

正是公孙弘的能言善辩，才出色地完成了这次的出使任务。

（四）激励他人

1936 年 10 月 19 日，鲁迅在上海的寓所里逝世。巨星陨落的噩耗传来，全国人民以及世界进步人民和文化界十分痛惜。在宋庆龄主持的鲁迅葬礼中，人们用一面绣着“民族魂”三个大字的白旗覆盖在鲁迅棺木上。我国著名新闻记者、政治家、出版家邹韬奋先生在参加上海各界公祭鲁迅先生大会时，发表了一个颇有特色的一句话演讲：“今天天色不早，我愿用一句话来纪念先生：许多人是不战而屈，鲁迅先生是战而不屈。”

邹韬奋在公祭大会上的演讲，在当时被人们誉为是最具特色、最具力量的演讲。在天色已晚、人心透亮的情况下，不论说什么都只会让悲伤的人更悲伤。但是这一句话的演讲，分明让我们感受到其中蕴藏着极为丰富的内容——既有对当时政治战线、思想战线、文化战线上“不战而屈”的投降派的谴责，又有对鲁迅先生勇敢战斗、绝不屈服的可贵品格的赞颂。哀而不伤，悲而不怨，既表达了对鲁迅先生的追思，又鼓舞人心，给人以力量。“不战而屈”和“战而不屈”，同样的四个字，不同的组合方式，批评了那些屈服的人，赞颂了鲁迅这样刚毅的人。这极其精练的一句话，对比鲜明，使高尚者更高尚、卑污者更卑污。

美国黑人民权运动领袖马丁·路德·金的著名演讲《我有一个梦想》不仅激励着美国人，对世界也产生了巨大的影响：

我梦想有一天，这个国家会站立起来，真正实现其信条的真谛：“我们认为真理是不言而喻，人人生而平等。”

我梦想有一天，在佐治亚的红山上，昔日奴隶的儿子将能够和昔日奴隶主的儿子坐在一起，共叙兄弟情谊。

我梦想有一天，甚至连密西西比州这个正义匿迹，压迫成风，如同沙漠般的地方，也将变成自由和正义的绿洲。

我梦想有一天，我的四个孩子将在一个不是以他们的肤色，而是以他们的品格优劣来评价他们的国度里生活。

今天，我有一个梦想。我梦想有一天，亚拉巴马州能够有所转变，尽管该州州长现在仍然满口异议，反对联邦法令，但有朝一日，那里的黑人男孩和女孩将能与白人男孩和女孩情同骨肉，携手并进。

今天，我有一个梦想。

我梦想有一天，幽谷上升，高山下降；坎坷曲折之路成坦途，圣光披露，满照人间。

这篇演讲慷慨激昂，把黑人受到的不公平待遇用“我有一个梦想”铺排出来，这憧憬是更高级的控诉。这在一语反复中酝酿的情感，终于在对明天的梦想中爆发，达到激励人们为一切不平等而战的效果。

二、口语表达的原则

（一）真情

如果有人问你，世界上什么投资回报率最高，你会给出怎样的答案？因开办日本第一家麦当劳而获誉“日本麦当劳之父”的藤田田的答案是，感情投资花费最少，回报率最高。他在自己所著的畅销书《我是最会赚钱的人物》中提到，日本麦当劳每年支付巨资给医院，作为保留病床的基金。万一职工或家属生病、发生意外，可立即住院接受治疗，即使在星期天有了急病，也能马上送到指定医院，避免多次转院带来的麻烦。有人曾问藤田田，如果员工几年不生病，这笔钱岂不是白花了？藤田田回答：“只要能让职工安心工作，对麦当劳来说就不吃亏。”把职工的利益放在第一位，让职工感受到公司像家人一般温暖，更能激发职工的工作热情。正是基于人的情感需要，真情的话语才能打动人心。

1915 年的时候，小洛克菲勒还是科罗拉多州一个不起眼的人物。当时，发生了美国工业史上最激烈的罢工，历时两年。愤怒的矿工要求：科罗拉多燃料钢铁公司提高薪水。小洛克菲勒正负责管理这家公司。由于群情激愤，公司财物被破坏，警队被请来镇压，造成流血冲突。这样的情况，可说是民怨沸腾。小洛克菲勒后来却赢得了罢工者的信服，他是怎么做到的？原来他花了好几个星期结交朋友，并与罢工者代表谈话。那次的谈话可称之为不朽，不但平息了众怒，还为他自己赢得了不少赞赏。谈话的内容是这样的：

这是我一生中最值得纪念的日子，因为这是第一次我有幸能和这家大公司的员工代表见面，还有公司行政人员和管理人员。我可以告诉你们，我很高兴站在这里，有生之年都不会忘记这次聚会。假如这次聚会提早两星期举行,那么对你们来说,我只是个陌生人,我也只认得少数几张面孔。但上个星期以来,我有机会拜访整个南区矿工的营地,私下和大部分代表交谈过。我拜访过你们的家庭,与你们的家人见面,因而现在我会和大家讨论我们共同关心的问题。由于这个会议是资方和劳工代表所组成,承蒙你们的好意,我得以站在这里。虽然我并非股东或劳工,但我深觉与你们关系密切。从某种意义上说,既代表了资方也代表了劳工……

相当出色的一番谈吐,真情、谦虚、友善,起到了资方与劳工两方的桥梁作用,化解了积怨已深的矛盾,使业已存在的纠纷一一得到解决。由此感知:"一滴蜂蜜要比一加仑的胆汁,招引更多苍蝇。"当一个人要促成别人的意见同自己一致时,不要忘记:从真情、友善的方式开始。

林肯当选美国总统,整个参议院的议员都感到尴尬,因为林肯的父亲是个鞋匠。当时美国的参议员大部分出身望族,被认为是优越的上流人物,从未料到要面对的总统是一个卑微的鞋匠的儿子。于是,林肯首度在参议院演说之前,就有参议员计划要羞辱他。

在林肯站上演讲台的时候,有一位态度傲慢的参议员站起来说:"林肯先生,在你开始演讲之前,我希望你记住,你是一个鞋匠的儿子。"所有的参议员都大笑起来,为自己虽然不能打败林肯却能羞辱他而开怀不已。

林肯等到大家的笑声停止,他说:"我非常感激你使我想起我的父亲,他已经过世了,我一定会永远记住你的忠告,我永远是鞋匠的儿子,我知道我做总统永远无法像我父亲做鞋匠做得那么好。"

参议院陷入一片静默之中,林肯转头对那个傲慢的参议员说:"就我所知,我父亲以前也为你的家人做鞋子,如果你的鞋子不合脚,我可以帮你改正它。虽然我不是伟大的鞋匠,但是我从小就跟随父亲学到了做鞋子的技艺。"然后他对所有的参议员说:"对参议院里的任何人都一样,如果你们穿的那双鞋是我父亲做的,而它们需要修理或改善,我一定尽可能帮忙。但是有一件事是可以确定的,我无法像他那么伟大,他的手艺是无人能比的。"说到这里,林肯流下了眼泪,所有的嘲笑声全部化成赞叹的掌声。

真情、谦逊和不卑不亢的演讲为林肯赢得了尊重,林肯没有成为伟大的鞋匠,但成为伟大的总统,他被认为最伟大的特质,正是他永远不忘自己是鞋匠的儿子,并引以为荣。

（二）真实

著名教育学家陶行知先生说：第一流的教授具有两种要素：一、有真知灼见；二、肯说真话，最驳假话，不说诳话。

不只是教师，每个人都应该说真话，不说诳话。孔子有个学生叫宰我，又名宰予，字子我，鲁国人。宰我说起话来，言辞美好，妙语连珠，娓娓动听。起初，孔子很喜欢宰予，认为他将来能有所作为。时隔不久，宰予的毛病暴露了，大白天在房中睡得正香。“吾以言取人，失之宰予！”孔子心怒，伤感地说：“朽木不可雕也，粪土之墙不可圬也。于予与何诛？”意思是“腐烂的木头是不能雕刻的，废土筑的门墙是不可粉刷的，对于宰予，我们还能再批评他什么呢？”孔子又说：“始吾于人也，听其言而信其行；今吾于人也，听其言而观其行。于予与改是。”意思是“从前，我听了一个人的话，就相信他言行一致；现在，我听了一个人的话之后，还要观察他的行为，这个改变，是宰予给我的启发。今后看人，就应听言观行！”

事实证明，肯说真话，不说诳话的人才有更多的朋友。而狂妄自大和谎话连篇的人是交不到真心朋友的。说话真实是一个人素养的最好体现。

居里夫人获得过包括两次诺贝尔奖的许多荣誉，但她都看得很淡。有一则故事可以说明她对待荣誉的态度：一位朋友来做客，发现居里夫人的小女儿正玩一枚奖章，忙问：“夫人，你应该知道能得到一枚英国皇家协会颁发的金质奖章是多么高的荣誉，怎么能把它给孩子玩呢？”居里夫人说：“我是想让孩子们从小就知道，荣誉就像玩具，只能玩玩而已，绝不能永远守着它，否则就将一事无成。”居里夫人的智慧在于她能抛开那些外物活得真实，活得理智。泰戈尔说：“鸟的翅膀绑上黄金，它还能高飞吗？”荣誉与奖励，如果看得太重，就会成为阻碍我们发展的包袱。

（三）得体

有一个国王故意问阿凡提：“都说你聪明，不知道是真是假。如果你能告诉我天上的星星有多少颗，我就认为你聪明。”阿凡提回答说：“如果你能告诉我骑的毛驴有多少根毛，我就告诉你天上有多少颗星星。”机智聪明的阿凡提用提出一个新问题的方式回答了国王的问题。显然国王的问题是在刁难阿凡提，天上有多少颗星星根本无解，阿凡提用另一个无解的问题把皮球又踢给了国王，既不得罪国王，又巧妙地回答了这个问题。

在说话这个问题上要“看人下菜碟儿”，适时地说出恰当得体的话常常会使人际交往更进一层。莎士比亚说：愚蠢的人总是叽叽喳喳地说，聪慧的人却知道什么时候应该闭嘴。该说什么、该什么时候说都要讲究场合、要分人，不合时宜的话即使真实也可能让听者不舒服、不高兴。

鲁迅先生在北大教学时举过一个例子,说的是一家喜得一子,家长为此子办百日宴时,大家都夸赞孩子聪慧、漂亮,家长听了很开心。但有一个人说:"这个孩子将来一定会死。"这惹得家长很不高兴。显然这句话很不合时宜,宴会本来是很高兴的事,但这个说大实话的人却让大家扫了兴。人总是要死的,这是谁都避免不了的生命规律,但"死"这个字和宴会的"喜"是对立的,对于一个刚出生不久的孩子,人们都希望看见他茁壮成长,而不是走向死亡。因此在这个百日宴上这句大实话不合时宜。

用什么字词、表达哪个意思都要分清场合,这样说话才能得体。因为得体不仅体现出一个人的智慧和素养,也是一个人更受欢迎的砝码。

黄月英是隐士黄承彦的女儿,她虽然容貌称不上国色天香,但是才智过人,其智慧不亚于当世任何一个男性。黄承彦有心把女儿许配给在隆中隐居的卧龙先生,就请卧龙来黄府一叙,而卧龙先生早听说黄月英智慧过人,但不曾有机会考量。碰巧,此时的诸葛亮得知刘备二顾茅庐,但他为出山与否举棋不定,正想请教黄老先生,于是欣然赴约。

在黄府中,诸葛亮对黄承彦父女说了刘备二顾茅庐的事。黄承彦说:"那你现在到底想不想出山?"诸葛亮说:"想来想去还是隐居南阳、躬耕陇亩为好。如今天下大乱,世事难料,还是苟全性命于乱世,颐养天年吧!"

正当黄承彦思索怎么劝说诸葛亮出山时,黄月英说道:"小女子才疏学浅,但想向先生进一言:避乱隐居,固然悠闲,但处于乱世之中,你会清净吗?苟全性命也绝非易事,孔融是个书生,但被曹操所杀;祢衡洁身自好,也死于非命。先生难道不应该吸取教训吗?依我看,先生人称卧龙,有旷世之才,应该挺身而出。况且,刘备是个有雄图大略的人物,曹操最忌惮的人便是他了。他亲顾茅庐,说明他礼贤下士,非常器重你,你应该出山辅佐他,大丈夫一生一世,为什么要默默无闻,而不去干一番大事业呢?"

黄月英的一番话,使诸葛亮不由得对她肃然起敬,觉得此女可娶。心中十分佩服她的才华,也下定了出山的决心。

黄月英对诸葛亮的劝说就是教科书式的坦诚、婉转而得体的说话方式。她从天下大义和倾巢之下安有完卵的角度打消诸葛亮的疑虑,没有一上来就用功名利禄和人身安全问题来说服卧龙先生,而是用其他人的例子以及天下苍生所指来劝说,说得诸葛亮点头称是。

说话得体是十分有号召力的。在适当的场合对适当的人说适当的话,是一种艺术。

心理学家告诉我们，人的内心活动是有规律的，是可以了解、感知和把握的。因为人的内心世界、思想活动总会在沟通中通过语言、姿态、面部表情反映出来，可通过察言观色、分析判断来准确把握对方的心理信息，从而有针对性地陈情说理，达到沟通的目的。

（四）准确

在说话过程中，一个人的话直接体现出思维的缜密性、逻辑性和准确性。一个具备好口才、会说话的人，常常能举例精练、用辞精当、说理透辟。这样的人在人群中很容易脱颖而出，进而成功。而那些说话滔滔不绝却离题万里的人，则让听话人不得要领，一头雾水。可以说，说话能力是一个人成功与否的标志。

据史书记载，子禽曾经请教老师墨子："老师，一个人说多了话有没有好处呢？"墨子回答他说："说话多了能有什么好处呢？这就好像池塘里的青蛙，它们整天地叫，即使叫得口干舌燥，也从来没有人注意它们；但是雄鸡却不一样了，它们只在天亮的时候叫两声，大家听到鸡鸣就知道天要亮了，于是都注意到它们。所以说，话说多了没用，要说到点子上。"子禽听后恍然大悟。

说话要说到点子上，正是指说话要准确，要能剥茧抽丝、条分缕析地说出观点，要在复杂中直指核心问题才能达到事半功倍的效果。

2003年10月15日"神舟五号"升空之后，中央电视台《东方时空》曾专门对杨利伟和他的领导进行采访，请他们回答"杨利伟怎样成为中国太空第一人"这个广受关注的问题。

被采访的航天局领导说了三个原因，一是杨利伟在5年多的集训期间，训练成绩一直名列前茅；二是杨利伟处理突发事件的能力特别强，在担任歼击机飞行员时，多次化解飞行险情；三是他的心理素质好，口头表达能力强，说话有条理、有分寸。凭借以上三个优势，杨利伟最终通过了1600人→300人→14人→3人→1人的淘汰考验。

三点原因令收看此节目的观众感触颇深。节目中还介绍，在总结会上，杨利伟准备充分、积极发言，发言条理清晰，再加上不慌不忙，故而给领导留下了深刻的印象。所以，当口头表达能力作为选择的一个重要条件时，天平就偏向了杨利伟。

一次谈话就能决定一个人事业的成败，这一点都不夸张，它可以使人的才学得到充分展现，事业发展当然也就更加顺利，而且，发生在成功人物身上的奇迹，很多是由口才创造的。可以说得之口才，失之亦口才。美国某研究所进行的一项专门调查显示，有65%以上的员工因为语言能力问题而迟迟得不到升迁，有的员工即使因为业务能力强而得以升迁，但继续升迁的困难很大，究其原因就是语言表达能力不过关。

晚清时期进行洋务运动时，洋务派大臣张之洞为了富国强兵，在汉阳修建了一座钢铁厂，也就是日后的汉阳铁厂。

但是光有厂房还不够，张之洞又委托买办薛福成在英国为自己购买炼钢的设备，张之洞只说要炼钢设备，但事实上，他根本不知道自己要什么，他仅仅对薛福成说："中国之大，何处无好煤好铁？只需照英国的式样采购就行。"但是炼钢所用焦煤与铁矿砂的样品不同，就需要不同的炼钢设备。可是即使薛福成明白这个差异，他也没有办法再从张之洞那里得到任何有用的信息，就按照英国人通用的酸性炼钢炉，定制了一座贝色麻炼钢炉运到了中国。

结果，当地所产的铁矿石含磷比较多，用酸性炼钢炉无法去除钢铁中的磷，所以钢铁厂生产出来的钢材大都容易脆裂折断，只能用来铸造铁锅，根本无法用于军工制造。

张之洞的错误就在于自己目的不明确，因此说话内容不准确，结果好心办成了坏事。说话就像射箭，有了明确的目标，才能使说话有的放矢。美国思想家弗洛斯特说："在筑墙之前，你就应该决定把什么圈出去、把什么圈进来。"说话要精当准确，才能事半功倍。真正口才好的人，说话往往清晰明了、逻辑严谨。事实上，口才好的一个体现就是让对方在短时间内听明白你的意思，而能够达到这一点的关键，就是语言准确简练。

思考与练习

一、美国人类行为研究者汤姆士指出："说话的能力是成名的捷径，它能使人鹤立鸡群。能言善辩的人，往往使人尊敬，受人爱戴，使人拥护。它使一个人的才学得到充分拓展，事半功倍，业绩卓著。"他甚至断言："发生在成功人物身上的奇迹，一半是由口才创造的。"如何理解汤姆士的这段话？请论述口语表达的作用。

二、魏晋时期，衡量名士的一个重要标准就是是否会说话。

《晋书》卷四十九记载：阮瞻见司徒王戎，戎问曰："圣人贵名教，老庄明自然，其旨同异？"瞻曰："将无同。"戎咨嗟良久，即命辟之。时人谓之"三语掾"。

阮瞻是阮咸之子，阮籍侄孙，为人清心寡欲。读书志在心得，善于辨析义理。说话简括,词近旨远。他去见司徒王戎,王戎问他儒家与道家的区别,阮瞻回答说:“将无同。”王戎对他的回答很高兴,就让阮瞻做了自己的属掾。后人因阮瞻回答王戎的提问只用了三个字,并且因此做了属掾,就称他为“三语掾”。

请分析这个例子,说明口语表达的要求和原则。

第二节　口语交际的策略

人际交往的目的和过程千差万别，但都离不开口语表达，语言规范、表达得体的重要性不言而喻。我们无论使用何种交际策略，首先要遵循以下原则：

第一，语言通俗易懂。说话是用声音来交流感情，文字字形不起媒介作用，如果在交谈中掺杂一些不容易听清楚或者是对方不大熟悉的词语，让人听起来吃力，就会影响交流效果。

> 一天晚上，书生被蝎子蜇了一口。他摇头晃脑地喊道：“贤妻，迅燃银灯，尔夫为蚊虫所袭。”连说几遍，他的妻子也不明白。疼痛难忍的书生气急之下只得叫道：“老婆子，快点灯，蝎子蜇着我啦。”

有些人为了炫耀自己有学问，总是有意无意地说一些难懂的话。其实，在与他人交谈的时候，言辞应做到“上口”“入耳”，尽量变书面词语为日常口语。

第二，表达委婉含蓄。委婉含蓄不等于烦琐含糊，与简单明了的言语要求并不冲突。心理学家认为，一般人都比较容易接受赞扬，不太容易接受批评，话说得太直白了也会伤人。

> 某厂宿舍一楼住着老工人，二楼住着年轻工人。一天夜晚，一些年轻工人喝酒猜拳，到了凌晨1点还在大吵大闹。一位老工人气愤地走上楼去，大声斥责说：“你们太不像话了！”年轻人理也不理，吵闹得更凶了。过了一会儿，另一位老工人也走了上去，笑着对他们说：“小伙子们，你们辛苦了，该休息了。”听了这位老工人的话，这伙年轻人很快安静下来。

这两句话表达的意思是一样的，但第一个老工人的话直白，火药味十足，让听者产生了逆反心理；第二个老工人的话语中则运用了隐含判断，对这些年轻人“闹得太久，影响他人休息”的批评表达得委婉含蓄。

第三，谈吐幽默风趣。具有幽默感的人容易赢得他人的好感和信赖，幽默风趣的语言会给人带来欢乐，有助于消除敌意、缓解摩擦，获得良好的交际效果。

鲁宾斯坦在巴黎举行演奏会,获得巨大成功。有一位贵妇人对他说:“伟大的钢琴家,我真羡慕你的天才,可是票房的票已经卖光了。”鲁宾斯坦平静地答道:“遗憾得很,我手上一张票也没有。不过,在大厅里我有一个座位,如果您高兴……”贵妇人非常兴奋地问道:“那么,这个位置在哪里?”鲁宾斯坦答道:“不难找——就在钢琴后面。”

这样的座位自然是属于钢琴家自己的,对于贵妇人来说毫无实用价值。说话人利用悬念使对方产生一种心理期待,而结果却突然扑空,从而形成一种反差,其效果类似相声中的抖包袱,展示了钢琴家的机智与诙谐,幽默感油然而生。

从上述几方面也可以看出,在社交中,换一个角度来思维,换一种方式去表达,可以使我们少一些尴尬,多一份幽默;少一些拘谨,多一份洒脱。保持轻松乐观的心态,展示妙语如珠的风采。为此,我们可以有针对性地进行口语技巧训练,掌握各类交际策略。

一、称谓与推介

(一)称呼他人的策略

在交际过程中,称呼往往是传递给对方的第一信息,有人将其比作“交际的先锋官”。人们对称呼恰当与否的问题是十分敏感的,尤其是初交,称谓会影响交际的成败:称呼得体,你可能获得一个好人缘;称呼不当,可能不知不觉中得罪了他人。

古时候有个人骑马赶路,黄昏之时问一位老农:“喂,老头儿,离旅店还有多远?”老人答道:“无礼。”此人开始以为旅店还有“五里”,遂继续前行,觅旅店而不得,方才意识到自己的错误,于是原路返回找到老人,改称“老大爷”,老人热情地留他过夜。

见到长者,一定要用尊称,特别是当你有求于人的时候,不能随便喊“喂”“嗨”“骑车的”“干活的”等,否则会使人讨厌,甚至发生不愉快的口角。另外,看年龄、身份选择称呼时要力求符合对方的心理期待:

一个大学生刚刚入学,不熟悉周围的环境,这时她看到自己宿舍楼的管理员是一个头发花白的大妈,就上去问:“老奶奶,去食堂怎么走呀?”谁知这个大妈竟然把头一扭，没有搭理她。旁边一位管理员说："她不喜欢别人叫她老奶奶，你得叫她阿姨。"于是，这个大学生走过去亲热地叫了一声"阿姨"，果然这个大妈很热情地转过身来，对她说："有什么事吗?"当她知道这个大学生要去食堂时，就一直领着她找到食堂才回来。

恰当的称呼能使交际得以顺利进行，不恰当的称呼则会造成对方的不快，给交际造成障碍。由于不同的称呼不仅反映了交际双方的角色身份、社会地位和亲疏程度，而且表达了说话者对听话者的态度和思想感情，而听话者通过对方所选择的称呼可以了解说话者的真实意图和目的。因此，说话者要综合考虑对方的年龄、职业、地位、身份，以及同对方的亲疏关系和谈话场合等一系列因素，选择最为恰当的称呼。

有个大学生到老师家里请教问题，不巧老师不在家，他的爱人开门迎接。学生当时不知称呼什么才合适，脱口喊了声"师母"。老师的爱人感到很难为情，这个学生也意识到有些不妥，因为她比这学生大不了多少。

这种情况下，最好的办法就是称呼"老师"。不管她是什么职业，称"老师"都含有尊重和自谦的意思，同时避免了称呼陌生女性时无所适从的麻烦。

在称呼别人时，除了要注意有礼貌之外，还要注意地域差别。由于各地的风俗人情不一样，不同的称呼所蕴含的意思也不一样。有时候在这个地方是表示尊敬，但是到了另外一个地方可能就有侮辱的意思。如在绝大多数地区称陌生男子为"大哥"是得体的，但山东有的地方人们忌称"大哥"，乐于被称为"二哥"，这与武松兄弟的故事有关。

当代生活中还要慎用网络称谓。就拿原本是"亲爱的"简称的网络流行称呼"亲"来说，其意义已经变得更加广泛，且多用于购物网站。有网友发帖说："因为坚持称呼'您'，没有称呼一个买裙子的女孩为'亲'，收到了'卖家服务不太热情'的评价。"可见网友对于这个称呼的接受程度。但在现实生活中，熟人好友之间用这个称呼问题不大，同事、同行之间用这个称呼就显得有些暧昧了。

（二）推销介绍的策略

鲁肃见诸葛亮的第一句话就是："我是你哥哥诸葛瑾的好朋友。"里根总统访问上海复旦大学时说："其实，我和你们学校有着密切的关系。你们的谢希德校长同我的夫人南希，都是美国史密斯学院的校友呢。照此看来，我和各位自然也就都是朋友了!"这种"攀亲带故"的语言，立即拉近了人与人的距离，让对方忽略了"新朋友"其实还是陌生人的事实。

在各种聚会上，或者去朋友家做客的时候，我们经常会遇到有陌生人在场的情况。这时候，很多人只是微笑点头意思一下，有的甚至连这点表示都没有。其实，在这些场合中，主人一般都会为你和陌生人做介绍，说明各自的身份、工作单位，或者是性格、爱好等。如果你这时候留心主人的介绍，一定能够从中寻找到交际的突破口。例如：

"你是洛阳人啊？我最好的朋友也是洛阳人呢。"

"是吗？那你一定去过洛阳吧？"

"洛阳牡丹甲天下，我当然不能错过。它们是我摄影作品的主角。"

"你喜欢摄影啊？我也喜欢呢！"

……

和陌生人交谈，更能锻炼口才、学会沟通。老朋友之间的交流一般不会有太多的顾忌，说话也不会很注意方式和技巧，这是因为他们彼此都比较了解。可是，陌生人之间的交往是从零开始的，在刚刚开始交往的时候因为彼此不是很了解，需要有意识地运用沟通技巧来建立良好的人际关系。在这个过程中，沟通能力和口才就会得到提高。所以，经常和陌生人打交道的营销人员总是能说会道，让顾客心甘情愿地自掏腰包。

在日本一个售货中心里，一位先生带着儿子来到体育服装专柜买棒球衣。还未说话，售货员便对他一笑，说："您是想买一套棒球衣吧。"这位先生感到十分奇怪："是啊，你怎么知道的呢？""因为您一走过来，眼睛就盯着棒球衣，而且您儿子手中还拿着棒球。"这位先生选中一套后，她说："先生，还有一套和您这套球衣配套的汗衫、长袜呢！"然后一边包装一边问："小弟弟，你还没有买球鞋吧？"孩子摇摇头。售货员对先生说："请您再破费一点儿给孩子买双球鞋吧！这么英俊的小伙子，穿上一套新球衣、球鞋，那才真叫精神呢！"这位先生还在犹豫，一双漂亮的鞋子已递到他手上。

营销人员积极主动，用热情巧妙的话语去打动顾客，使他们花了钱还觉得心里高兴。而当顾客犹豫不决却得不到售货员及时提示时，就会产生"先到别的店里去看一下""下次再来吧""以后再说吧"等想法。

求职应聘，从交际的角度看也是一种"自我推销"。招聘面试中碰到的第一个问题一般是：请你做一下自我介绍。要想自我介绍成功，最重要的是深入了解自身实际，应该根据自己的能力、专业、喜好，提出最接近自己理想的职业、岗位；突出地表现出你的性格和专业能力；充分展示你勤奋工作、追求团体目标的能力。总之，将你所有的优势都推销出去。但是，自我介绍一般要求不超过 2 分钟，最好把握在 1 分钟左右，要用极短的时间把复杂的问题说清楚，这就要遵循世界著名的“麦肯锡”公司提出的“电梯原则”。

“麦肯锡”是一个非常有名而且相当专业的顾问咨询公司，每一个顾问咨询的方案都有成千上万页资料，而他们要把这一箩筐的资料浓缩成几句话来加以介绍。《麦肯锡观点》的作者以故事的形式对此进行了详细的阐述：

你的身份是一个咨询公司的经理，你的团队为了一个很重要的项目已经紧张忙碌了几个月，整理出了几百页的报告以及一摞摞原始资料。而客户对此也相当重视，并安排了 CEO、董事会以及公司所有的高层出席你的提案报告，你信心百倍地来到会议室，刚要开始自己精彩的报告。这时候，秘书神色匆匆地走进来对 CEO 一番耳语后，CEO 遗憾地说很抱歉今天的报告不得不终止，因为他们有非常紧急的事情要去处理，必须马上乘飞机回到总部。就在 CEO 走进电梯的一刹那，他挡住电梯门对你说：“能否利用乘电梯的时间，对我说说你今天报告的主要内容？”你只有不到一分钟的时间，你有本事在 CEO 走出电梯时，他对你说“我对你的报告很感兴趣，我们可以另找时间详细商谈”吗？

后来，“电梯测试”成了“麦肯锡”面试员工时的一道经典试题，就是让面试者与客户同乘电梯下楼，要求面试者在 30 秒内能成功地把自己的产品推销给客户，这是对所有面试者都非常有挑战性的测试。“电梯原则”的精髓就是“讲重点”，迫使你去掉言语中啰嗦多余的废话，只保留浓缩后的精华。

二、询问与回答

向他人提出问题和回答对方所提的问题是社交过程中的重要内容，人们往往通过询问与答复来交流信息、增进感情。问是一门艺术，答也需要高超的技巧。

（一）提问策略

1.定向提问。定向提问要求对方给出非此即彼的明确回答，具有控制对方思路的功能，体现出提问者在交际中的主导作用。

爷爷食欲不振，看上去气色也不太好。爸爸几次要带他去医院检查身体，可爷爷总是不愿去。一天吃过早饭，我冷不丁地劈头问爷爷：“今天爸爸和我都休息，要带您去查身体。您说是去第一医院好还是第二医院好呢？”紧接着我又故意补充说道:“都说第一医院设备好,大夫对病人态度和气,您说,咱们去哪家医院呢?”“这么说,咱们就去第一医院吧。”讳疾忌医的爷爷,竟在不知不觉中顺从了我,做出了去求医就诊的决定。

爷爷同意就诊显然离不开定向提问的运用,因为这一提问避开了“去不去”的选择,而肯定了“一定去医院”的前提,爷爷也就不由自主地听从了安排。

2.套路提问。我们经常见到这样的情形:政治家在演说中、预审员在审案中、律师在辩护中、教师在讲课中……有目的有步骤地抛出一串问题。这些问题环环相扣,或为了自然引出话题,或为了有力地阐明观点,或为了出奇制胜驳倒谬论。这种遵循一定思路的一串提问,称为套路提问。

陈相见孟子,道许行之言曰:“滕君,则诚贤君也;虽然,未闻道也。贤者与民并耕而食,饔飧而治。今也滕有仓廪府库,则是厉民而以自养也,恶得贤?”

孟子曰:“许子必种粟而后食乎?”

曰:“然。”

“许子必织布而后衣乎?”

曰:“否。许子衣褐。”

“许子冠乎?”

曰:“冠。”

曰:“奚冠?”

曰:“冠素。”

曰:“自织之与?”

曰:“否。以粟易之。”

曰:“许子奚为不自织?”

曰:“害于耕。”

曰:“许子以釜甑爨,以铁耕乎?”

曰:“然。”

“自为之与?”

曰:“否。以粟易之。”

“以粟易械器者,不为厉陶冶;陶冶亦以其械器易粟者,岂为厉农夫哉?且许子何不为陶冶。舍皆取诸其宫中而用之?何为纷纷然与百工交易?何许子之不惮烦?”

曰:“百工之事,固不可耕且为也。”

“然则治天下独可耕且为与? ……”

陈相宣扬许行的观点:滕君在当时虽可称贤君,但达不到古圣贤标准,因为没能“与民并耕而食,饔飧而治”。孟子对此先不置可否,来了个以退为进,然后从生活资料来源的角度,用对方已承认的事实作论据,有力地证明了社会分工的必要。那么从事脑力劳动的人不一定要从事体力劳动,作君主的自然不必要“与民并耕而食,饔飧而治”。

3.二难藏问。二难藏问是指所提问题之中巧藏二难推理,逼使对方进退维谷、左右为难,从而达到控制对方、得己所需的目的。

从前有个皇帝,有一天突然心血来潮,向全国宣布说:“假如有人能说出一件十分荒唐的事,使我说出‘你在撒谎’,我就把江山分给他一半。”官员和地主们纷纷前来挑战,但谁都没有成功。最后来了一位农民,他说:“万岁,你曾欠我一斗金子,现在该还给我了吧?”皇帝吃惊地说:“一斗金子? 我什么时候欠你的? 你在撒谎!”农民不慌不忙地说:“既然是谎话,那就给我一半江山吧!”皇帝急忙改口道:“不,不,这不是谎话。”农民笑笑说:“那就还我一斗金子吧!”皇帝只好给了农民一斗金子。

农民使用的就是二难藏问的策略:如果认为我的话是谎话,就要给我一半江山;如果认为我的话不是谎话,则要给我一斗金子。皇帝进退两难,只好避重就轻,损失了一斗金子。

4.设谬巧问。这是指利用人们遵守排中律的心理定势,出其不意地向对方提出一个包含有错误预设的问题,使对方落入圈套,承认其错误的预设,从而达到控制对方的目的。

华盛顿是美国的第一任总统。

早年,邻居偷了华盛顿家里的一匹马,华盛顿同警官去讨要,但邻居拒绝归还,并声称那是自己的马。

华盛顿用双手蒙住马的双眼,对邻居说:“如果这马是你的,那么,请你告诉我们,马的哪只眼睛是瞎的?”

“右眼。”邻居犹豫地说。

华盛顿放开蒙右眼的手,马的右眼并没有瞎。

“我说错了,马的左眼才是瞎的。”邻居急着争辩说。

华盛顿放开蒙左眼的手,马的左眼也没有瞎。

“我又说错了……”邻居还想狡辩。

“是的,你错了,”警官说,“现在有充分的证据证明这马不是你的,请立即把马交还给华盛顿先生!”

华盛顿的提问包含了一个错误的预设,即马的眼睛有一只是瞎的。既然邻居声称马是自己的,就没理由说“我不知道”,这样,在不得不回答而又只能瞎猜的心理支配下,邻居落入了华盛顿的陷阱,从而使得真相大白。

现代社会的人们只要不轻信、不盲从,善于察言观色,勤于动脑分析,并具有一定的科学知识和生活常识,再认真研究和掌握反诈骗的谋略和语言技巧,就一定能使骗子露出马脚。

5.有意错问。这是指提问者有意识、有目的地进行错问,用于改变交谈对象原来的心理态势,促使对方变“要我谈”为“我要谈”,变“没的说”为“有东西说”,变“婉言谢绝”为“滔滔不绝”。

1936年,斯诺在去西安的火车上,与一老一小两个陌生的旅客攀谈起来。谈话中,斯诺了解到这两个新朋友是四川人,还了解到四川土匪活动很猖獗。

斯诺立刻虚晃了一枪:“你是说红军吗?”

“哦,不,不是红军。虽然四川也有红军。我说的是土匪。”

斯诺又故意追问:“报纸上不是把红军称为‘赤匪’或者‘共匪’吗?”

那个年轻的旅客告诉斯诺,那只是报纸上说的。

斯诺并没就此罢休:“但是,在四川,大家害怕红军不是像害怕土匪一样吗?”

“可是老百姓并不怕他们,有时候还欢迎呢。”

斯诺用一连串的“错问”,终于敲开了两个陌生人的心门,了解到了普通老百姓对红军的真实看法,使得国民党多年来散布的有关红军的谣言不攻自破。

但是,“有意错问”一般是在万不得已的情况下才使用的一种特殊提问方式,不可随便乱用。否则对方有可能认为你缺乏常识,不屑于和你继续交流。

6.以问制人。任何语言中都有大量的多义词,汉语历史悠久,多义现象更为突出。因此,交际者可以巧妙利用汉语中存在着的多义词和多义短语,制造歧义来为难对方,巧妙地为己所用,控制交际过程。

从前有个人喜欢留长胡子,以“美髯公”自居,可他是个无赖,每次理完发扭头就走,总是不给钱。

这次,理发师给他理完发,随口问道:“眉毛要吗?”

“当然要,这还用问?”

“好,您要就给您!”理发师说着,嗖嗖几刀,就把两道眉毛刮下来,递到他手里。对方气得说不出话——谁叫他自己说过“要”呢。

“胡子要吗?”理发师又问。

“不要,不要!”

“好,不要就不要。”理发师说着,嗖嗖几刀,就把美髯公的胡子刮下来,甩在地上。

这里的“要”有“希望得到”和“希望保留”两种意义。理发师为了惩罚对方,故意利用这两个义项使他上当——如果大胡子说“要”,则以“希望得到”之意来对付他;如果说“不要”,则以“希望保留”之意来对付他。这样,不管对方怎么说,理发师都能达到把他的“眉毛”“胡子”刮下来的目的。不过,运用这种方法总有特定原因,显然不能随意使用。

(二)应对技巧

1.直言相告。根据对方的提问,直接正面作出回答。这种回答方式不容许有模糊的回旋余地。例如:

问:“客户座谈会准备得怎么样了?”

答:“基本安排好了,请帖按陈总拟的名单都发了,会场也租好了,其他准备工作也基本到位。现在等客户的反馈信息,再决定具体的食宿安排。”

很明显,提问者是一个负责人或上司,需要真实清楚地了解事态的发展情况。如果含糊其辞,则会出现令人不愉快的场面。

2.婉言曲答。人们在交际中,对不便直说的事情、提问等,通常会用委婉的语言、曲折的方式来回答或叙述问题。

一个营销人员在市场上推销灭蚊剂,他滔滔不绝的演讲吸引了一大堆顾客。突然有人向他提出一个问题:“你敢保证这种灭蚊剂能把所有的蚊子都杀死吗?”这个营销人员机智地回答:“不敢。在你没打药的地方,蚊子照样活得很好。”

这样的回答其实传达了与“这种灭蚊剂能把所有的蚊子都杀死”同样的信息，但营销人员如果直说则难免有“自卖自夸”的嫌疑，而这种以退为进的方式更体现了对产品的自信。

3.转移话题。有些人打探别人的隐私，并没有什么不正当动机，完全是出于一种好奇心。但有时我们不想公开自己的“行动计划”，便可以王顾左右而言他。

日本影星中野良子35岁时来上海，有人问她：“你准备什么时候结婚？”中野良子笑道：“如果我结婚，就到中国来度蜜月。”

婚恋是个隐私问题，这一回答巧妙地偷换了对方问题的实质，把“何时结婚”换成了“结婚的时候”，让提问者在没有满足愿望的同时又能感受到一份热情和友善。

4.模糊应答。面对他人提出的某些问题，我们有时既难以拒绝回答，又难以明确表态。这时不妨有意“答非所问”，以向对方提供无效信息作为一种有效的答话方式，体现应对者的机智和幽默。

在一次周末舞会上，有个男青年趁休息时与一位相貌出众的妙龄少女搭讪：“我好像在哪里见过你，你贵姓？”“我姓我父亲的姓。”“你父亲姓什么？”“当然姓我祖父的姓了。”“你做什么工作的？”“为人民服务的。”“你家住在哪里？”“地球之上。”“你家有几口人？”“和我家自行车一样多。”“你家有几辆自行车？”“每人一辆。”

这位少女避开问题的实质所在，扩充问题的范围，以虚晃一枪的形式，不给对方提供明确实在的答案。通过答话表明了自己对问话者的态度，达到了绵里藏针、巧设防线的目的。就其实质而言，是拒绝回答。

5.曲解岔答。回答是对提问的反馈，是以深刻理解对方问题为基础的，如果不解其问话用意，就会导致答非所问。但有时我们又可以打破常规，利用对方表述上的多义性，有意在某种特殊语境下曲解对方话语意义，可以达到委婉幽默的表达效果。

威尔逊任新泽西州州长时，有一次某议员刚刚去世就有一位政治家打来电话要求说：“我希望代替那位议员的位置。”

“好吧，”威尔逊对那人迫不及待的态度感到恶心，他慢吞吞地回答，“如果殡仪馆同意的话，我本人是完全同意的。”

很显然,对方意在取得议员的席位,而威尔逊故意临时置换为已去世的议员在殡仪馆所躺的位置,委婉地表达出对那人的反感和讽刺,既让自己不失风度,又令对方无可奈何。日常生活中,通过曲解形成似是而非又意味深长的巧妙表达,可以让人们在出乎意料之中体味到说话者的诙谐风趣,营造出轻松愉快的交际氛围。

三、说服与拒绝

(一)劝说他人的策略

如果你对一位女士说"您的上衣真漂亮!"她一定会相信。但是如果你对她说:"我们新推出的这种款式肯定更适合您。"她通常会表示怀疑而犹豫不决,这是人的一种本能。但是,在人际交往中,我们经常需要别人接受我们的产品或者观点,成功的"推销者"总是这样说服他人:

1.选择劝说的对象。人与人的关系有远近亲疏之分,人际关系不同,劝说的效果也不一样。例如我们对亲朋好友有更多的了解和信任,自然更容易接受他们的意见;上下级之间存在地位、职务的差异及隶属关系的制约,下属说服上司必然不同于说服下级或同事。古代下属对上级提意见叫"谏"。"文死谏,武死战","谏"被看作文官的最高职责。但这种"死谏",实在是一种迂腐的行为。孔子说:"以道事君,不可则止。"又说:"不得其人而言,谓之失言。"韩非子则明确指出,下属不能随便向上司进言,进言一定要慎重,否则会很危险:资历不深,还没得到君主信任时,即便谋划成功,也不会受赏;如果谋划失败,则会受到怀疑和惩罚。

曹操赤壁兵败后,无可奈何地哀叹说:"如果郭奉孝还在,我就不会落到今天这个地步。"这话明里是在怀念郭嘉,暗里便是认为现在这群谋士皆是酒囊饭袋。

其实,早在用兵前,贾诩就曾建议曹操不必急着伐吴。南下后曹军不习水战,把战船用锁链连在一起时,程昱就提出:"船皆连锁,固是平稳,但彼若用火攻,难以回避,不可不防。"曹操说冬天刮西北风,怎么能用火攻? 等到东南风来了,程昱告诫曹操小心,曹操又说:"冬至一阳生,来复之时,安得无东南风,何足为怪!"

设想一下,同样的建议,如果是郭嘉提出,曹操会言听计从。为什么? 因为郭嘉其人,曹操最为信赖,而其余谋士在曹操心中就要靠边站了。因为下属不被信任,金玉良言也只当耳边风,这是上司的偏见。但是,如果尚未得到领导的信任,下属就把自己的想法直截了当地说了,这便会触犯"交浅言深"的禁忌。

2.寻找劝说的时机。要让劝说得以成功，劝人者除了要做到“非其人勿劝”（不是自己能够劝的人不要去劝）之外，还必须做到“非其时勿劝”。

劝人当在他人尚未形成主见时。因为这时被劝者还没有在心里对自己的倾向持以坚决维护的态度，仍然处于思考、选择、判断、推理和自我肯定与自我否定的徘徊阶段，所以劝人者的意见往往可以供其参考，从而使劝说得以成功。

劝人当在他人进退犹豫时。当一个人在实施自己的处事主见的过程中遇到了麻烦和困难，他便会对自己如此处事的正确性产生怀疑，对事情能否成功产生怀疑。这时他虽然仍在继续做着这件事，却陷入了又一次的思考之中。此时，如果我们劝他放弃成见、改变处事方法，或就此停做某事，往往会取得成功。

与此相反，劝人应避他人激情澎湃时。当一个人处于激情澎湃的状态时，一切劝说都是苍白无力的。他这时的全部精力都用来维护自己的立场，对任何反对意见都会持以拒斥态度，任何反对意见都难以使他改弦更张，正如热恋中的男女对家人的劝阻、忠告不予理会。这就说明，人处于激情状态的时候，是劝说最无效的时候。

3.注意劝说的方法。如果对象、时机并不适宜劝说，而事关重大又一定要劝说，那首先就要进行有效的心理沟通与转换。这方面最典型的例子，就是《战国策》中的“触龙说赵太后”：

赵太后新用事，秦急攻之。赵氏求救于齐。齐曰：“必以长安君为质，兵乃出。”太后不肯，大臣强谏。太后明谓左右：“有复言令长安君为质者，老妇必唾其面！”

左师触龙言愿见太后，太后盛气而揖之。入而徐趋，至而自谢，曰：“老臣病足，曾不能疾走，不得见久矣，窃自恕，而恐太后玉体之有所郄也，故愿望见太后。”太后曰：“老妇恃辇而行。”曰：“日食饮得无衰乎？”曰：“恃粥耳。”曰：“老臣今者殊不欲食，乃自强步，日三四里，少益耆食，和于身。”太后曰：“老妇不能。”太后之色少解。

左师公曰：“老臣贱息舒祺，最少，不肖，而臣衰，窃爱怜之，愿令得补黑衣之数，以卫王宫。没死以闻！”太后曰：“敬诺。年几何矣？”对曰：“十五岁矣。虽少，愿及未填沟壑而托之。”太后曰：“丈夫亦爱怜其少子乎？”对曰：“甚于妇人。”太后笑曰：“妇人异甚！”对曰：“老臣窃以为，媪之爱燕后贤于长安君。”曰：“君过矣，不若长安君之甚。”左师公曰：“父母之爱子，则为之计深远。媪之送燕后也，持其踵为之泣，念悲其远也，亦哀之矣。已行，非弗思也，祭祀必祝之，祝曰：‘必勿使反。’岂非计久长，有子孙相继为王也哉？”太后曰：“然。”

左师公曰：“今三世以前，至于赵之为赵，赵王之子孙侯者，其继有在者乎？”曰：“无有。”曰：“微独赵，诸侯有在者乎？”曰：“老妇不闻也。”曰：“此其近者祸及身，远者及其子孙。岂人主之子孙则必不善哉？位尊而无功，奉厚而无劳，而挟重器多也。今媪尊长安君之位，而封之以膏腴之地，多予之重器，而不及今令有功于国，一旦山陵崩，长安君何以自托于赵？老臣以媪为长安君计短也。故以为其爱不若燕后。"太后曰："诺。恣君之所使之。"

于是为长安君约车百乘，质与齐，齐兵乃出。

总之，说服的过程是劝说者对被劝者攻心的过程，也是被说服者心理渐变的过程，运用"层递渐进"的说服技巧，从理论上讲符合心理学的基本规律，在实践中往往能取得理想的说服效果。所以，在日常交际中，劝说他人就要从不同角度"晓之以理""动之以情"，要慢慢劝，不可急躁。

（二）拒绝请求的策略

每个人都渴望得到别人的理解与帮助，每个人都会收到来自别人的请求和希望。然而，在现实生活中，没有人可以做到有求必应，这就决定了每个人都会经常面临被人拒绝或拒绝他人的境地。拒绝会带给对方失望，也多多少少留给自己一些尴尬，因此很多人不好意思拒绝别人，害怕拒绝会引发对方的怨恨和不满，破坏彼此稳定良好的关系，甚至导致人际关系的破裂。但无数的实践证明，委屈自己，往往会让关系越来越糟——人与人之间不许说"不"的关系，是很难长久维持的。

阿豪在商场闯荡多年，生意越做越红火。虽然生意场上免不了酒桌上的应酬，但阿豪始终保持着不饮酒的良好习惯，其秘诀就是逆来顺受，你要气我，我偏不气，你要急我，我偏不急，让对方拿他毫无办法，只得作罢。如在一次宴会中，对方说："请女士拿上饮料，请男士端起杯酒，我们来干一杯。"阿豪毫不犹豫地拿起了饮料，对方说："你不是男人？"阿豪坦然地说："你说我不是男人，我就当自己不是男人吧。"对方又说："现在不少女同志都能喝上几杯，你真是比女人还女人。"阿豪微笑着说："在喝酒这个问题上，我确实比女人还女人。"对方生气地说："如果你不干了这杯酒，咱们之间的生意就没得做了。"阿豪依然平静地说："如果就因为我没喝这杯酒，你就不跟我做生意，那我就只能表示遗憾了。"不管对方说出多狠多刺人的话，阿豪总是摆出一副你说什么我都认，反正就是不喝酒的架势，对方还真拿他没办法。结果阿豪并没有因为不喝酒而影响他的生意，而且他在这个生活小问题上表现出来的原则性还赢得了不少人的尊敬。

拒绝未必破坏关系，而被拒绝者如果有怨言，更重要的原因是我们拒绝的语言和方式触犯了他做人的尊严,从而产生不快和对立情绪。那么,怎样才能做到得体地拒绝别人呢?

首先,在衡量一件事情是否可以拒绝时,不妨问问自己几个问题:第一,我有权利拒绝对方吗?第二,这件事对对方而言是否重要?第三,我是帮助对方的不二人选吗?第四,我对对方的帮助,会不会好心办坏事?当你打算拒绝别人的请求时,不要随口就说出自己的想法,应该弄懂对方的理由和要求,让对方了解到自己的拒绝不是草率做出的,是在认真考虑之后才不得已而为之的。为此,我们应该做到:

1.表明拒绝的态度。我们经常碍于面子,以“需要考虑考虑”为借口来避免直接拒绝,内心希望通过拖延时间使对方知难而退。但是模棱两可的说法使对方怀有希望,当对方的愿望最终无法实现时,就会觉得受了欺骗,如此引起的不满和对立情绪往往更加强烈。所以,如果你不愿意立刻拒绝,应该明确告知对方需要考虑的时间,以表示自己的诚信。

2.说明拒绝的理由。在拒绝他人的请求时,不要只用一个“不”字,而应给“不”加上合情合理的注解,使对方明白自己的拒绝确有无可奈何的原因。例如,你在办公室里拒绝别人帮忙的请求时,只说“我很忙”,很可能会被人认为“不爱帮助别人”。所以,你可以明确地告诉他自己正在为第二天重要会议准备资料,令对方以平和的心态接受事实。

3.说出抱歉的话语。对于他人的请求表示无能为力或迫于情势而不得不拒绝后,一定记得说一声“实在对不起”“请原谅”,这样便能减轻对方因遭拒绝而受的打击,并舒缓对方的挫折感和对立情绪。但是,需要注意的是,过分表达歉意会给对方造成不诚实的印象,因为如果真的感到非常抱歉的话,你应该就会接受对方的请求。

4.提出取代的办法。当你拒绝别人时,肯定会给请求者造成一些麻烦,影响他事务的正常进程,甚至使他的计划搁浅。如果可能的话,最好为对方指出其他可行的办法,例如“我知道小李对此很在行,你可以去找他”,可以让对方知道你拒绝的是他的请求而不是他本人,将“拒绝”所带来的失望和不满情绪降到最低点。

四、消除尴尬的策略

在我们参加集体活动、进入社交场合的时候,难免会发生一些意想不到的事情。在不同的场合下遭遇尴尬,其表现形式不同,应对方式当然也有差别。总的来说,要做到冷静处理,尽量缓和气氛,以免造成更大的麻烦。

(一)自身窘境,设法化解

人无完人,谁都会犯错误,人们更厌恶的是掩饰错误。因此,坦诚表露自己内心真实的感受未尝不是一个补救的好方法。

美国拳王霍利菲尔德和英国拳王刘易斯势均力敌,在“世纪大战”中打满十二个回合也难分伯仲。还没等结果出来,霍利菲尔德就迫不及待地在台上高声喊道:“我赢了!我赢了!”不一会儿,裁判宣布比赛结果:霍利菲尔德输了。尴尬的霍利菲尔德立即改口说:“结果就是结果,即便对结果感到失望,但生活还得继续下去,我也还得去打拳。裁判有权根据自己的看法去判决。”

虽然在千千万万的观众面前出糗,但是,霍利菲尔德一句打动人心的话语把这种尴尬降低到了最低程度。

传说,希腊哲学家苏格拉底的妻子是个泼妇。一次,他刚走出家门,妻子突然从楼上倒下一大盆水,把他浇得像只落汤鸡。这时,苏格拉底打了个寒战,不慌不忙地说:“我早就知道,响雷过后必有大雨,果然不出我所料。”

显然,苏格拉底有些无可奈何,但他带有自嘲意味的幽默语言,使他从这一窘境中超脱出来,显示了苏格拉底极深的生活修养。

(二)他人冲突,学会救场

别人发生矛盾的时候,我们夹在冲突者中间的滋味也是比较尴尬的。作为争执的旁观者,不能置身事外,应该在特定的场合中察言观色,适时得体地打圆场,让他人的矛盾得以及时化解,从而有效地帮助别人摆脱尴尬和烦恼。

我和好友参加同学的婚礼,有许多帮忙的人陪我们。一个男青年喝了点酒,油嘴滑舌的,净讲些不文明的话。我的同学一气之下对他说:“看你好像个疯狗。”男青年一听火了:“你说谁是疯狗?”我想,如果在同学婚礼上大闹起来,后果不堪设想,于是急中生智,打了个“马虎眼”:“她什么时候说你像疯狗了?她是说你讲话幽默风趣,像相声演员冯巩。”

由于人们生活压力、情绪波动越来越大,不少人会为一件小事而大动肝火。在将要爆发尖锐冲突时,有人插科打诨,很可能就化干戈为玉帛,不至于发生一场激烈的交锋。如果领导遭遇尴尬,丢脸的感觉会比常人更强烈,尤其是有下属在场的时候。这时,下属就应当替他打个圆场,来缓和这种尴尬造成的紧张气氛。

清末陈树屏素来机智，善于用几句话解开人们的纠纷，人称他“片语解纷”。在他做江夏知县的时候，著名大臣张之洞在湖北做督抚，张之洞与抚军谭继询不太合得来。有一天，陈树屏在黄鹤楼宴请张、谭等人，有人谈起江面宽窄的问题。谭继询说是五里三分，张之洞就故意说是七里三分。双方都不肯丢面子，争得面红耳赤。陈树屏从容不迫地拱拱手，言词谦恭地说：“江面水涨就宽到七里三分，落潮时便是五里三分。两位大人都没说错。”

陈树屏巧妙地将江宽分解为两种情况，让张谭两人的观点在各自情况下都显得正确。这不是为讨好领导而不着边际地阿谀奉承、油腔滑调地诡辩，而是一种交际的艺术。需要指出的是，在给别人打圆场的时候，一定要不偏不倚，让双方都认为你站在公正的立场上，没有偏向。否则，只能是火上浇油，还不如不说。

思考与练习

一、分角色模拟交际

要求：(一)由学生分别扮演不同的角色，完成交际的全过程之后，也可进行角色互换；(二)请其他同学评议双方的交际语言是否恰当、巧妙。

1.新学期伊始，班里举行班干部竞选演讲活动。活动中有项规定：竞选选手演讲完后要接受同学们的提问：“如果……你将怎么办？”

要求：提问内容与班干竞选有关，答复得到提问者的认可才算过关。

2.训练参与者先依约定将自己的某些个人信息(例如最爱读的书、最喜欢的运动等)写在纸上，然后两两一组进行交谈，在限定时间结束后说出所了解到的对方个人信息，并与他最初写下的内容进行比较，一致性程度高者获胜。

要求：双方都不直接说出自己的个人信息，但不能拒绝回答对方的问题。

二、评价下面案例，总结有哪些成功的经验值得吸取。

1.项羽称王后，接受谋士范增的计策，意欲除掉刘邦。有次上朝时，他问刘邦：“将你封往南郑去，你愿不愿意？”不管刘邦说愿意还是不愿意，都能被认定野心不死，有谋反之罪。没想到，刘邦却回答：“大王啊，臣食君禄，命悬于君，臣如陛下坐骑，鞭之则行，收缰则止。臣唯命是听。”

2.据说晋明帝十来岁时,他父亲晋元帝还没拿定主意选谁继承皇位,有一天晋元帝问儿子:“太阳与长安城哪一个离我们近啊?”答曰:“太阳近。”元帝不解:“怎么太阳还要近些呢?”儿子说:“仰头见得着太阳,远望看不见长安,岂不是太阳近吗?”元帝觉得这回答有点聪明,第二天又当着众大臣再次问他,想让这小子在群臣面前出出风头,没料到这小子居然翻案,说是“日远长安近”。元帝大吃一惊,问他:“你这回答怎么与昨日不同?”儿子说:“我们只听说过人从长安来,谁听说过人从日边来呢?”元帝愈发惊讶,遂立他为太子。

3.王安石的小儿子王元泽从小聪明过人。有天王安石的朋友想考一考这位远近闻名的神童,就把外形极为相似的獐和鹿关在同一个笼子里,指着笼子问道:“这两头兽中哪是獐、哪是鹿?”小元泽眼珠机灵地一转,马上回答:“獐旁边的那头是鹿,鹿旁边的那头是獐。”

4.实验物理大师法拉第有一次当众做电磁学实验表演。实验刚结束,忽然有人高声责问:“这有什么用呢?”法拉第平静地反问说:“请问,新生的婴儿有什么用呢?”

5.1952年,正在莫斯科访问的美国总统尼克松将去苏联其他城市访问。苏共总书记勃列日涅夫到机场送行。正在这时,飞机出现故障,一个引擎怎么也发动不起来。机场地勤人员马上进行紧急检修。尼克松一行只得推迟登机。勃列日涅夫远远看着,眉头越皱越紧。为了掩饰自己的窘境,他故作轻松地说:“总统先生,真对不起,耽误了你的时间!”一面说着,一面指着飞机场上忙碌的人群问:“你看,我应该怎样处分他们?”“不,”尼克松说,“应该提升!要不是他们在起飞前发现故障,飞机一旦升空,那该多么可怕啊!”

三、话题训练

1.有人请你立即回答以下问题:“怎样把一只五斤重的鸡从一个只能放一斤水的瓶子里拿出来?”你将如何说出让对方不得不认可的答复?

2.某商店明文规定店内禁止吸烟,有一个顾客不以为意,在店内边抽边逛,商店管理人员前去劝阻说:“先生!本商店禁止吸烟,请您把烟掐了!”顾客似乎早料到会有这一幕,马上振振有辞地将了管理人员一军:“那你们商店干吗要卖烟?你们能卖,我就能抽。”

如果你是管理人员,如何应对能使顾客听后把烟掐灭?

四、看材料回答问题

1.据说文成公主选驸马时提出一个条件:求婚者谁能提出一个问题难倒她,她就嫁给谁。许多人高兴而来,败兴而去。松赞干布得知后,坦然恳切地对文成公主说:“请问公主,为了使您成为我的夫人,我应提什么问题才能难倒您?”文成公主听了,什么也没说就应下了婚事。

为什么文成公主被松赞干布的问题难倒了？

2."救火！救火!"电话里传来了紧急而恐慌的呼救声。"在哪里?"消防队的接线员问。"在我家!""我是说失火的地点在哪里?""在厨房!""我知道,可是我们该怎样去你家呢?""你们不是有救火车吗?"

消防员的问话用意何在？你从回答者的语言失误中能得到什么启示？

第三节　言语病的防治

一、交际中的言语病

我们知道,人类交际活动中最重要的是言语交际。言语交际过程是一个包括说话者的言语编码和听话者的言语解码的双向活动过程,这一过程包含着复杂的心理和社会因素。从言语交际过程中的心理、社会因素入手,克服言语交际中的失效表达和负效表达,才能有效地防治言语交际中的言语病。

言语病应该包括两个方面的意思,一是对内在语言规则的违反,二是对外在表达系统的背离。语言作为音、义结合体,其内在的结构规则包括语音规则、词汇规则、语法规则等,所有这些规则均应遵循,不可违反,否则便会导致语病;同时,语言是最重要的交际工具,外在表达系统要求语言必须起到人际沟通交流的作用,一些并没有违反语言规则的语句,一旦与特定的言语主体、言语目的、言语环境发生联系,由于表达不当而起不到应有的作用,那也是一种言语病。通常情况下,我们在日常生活中遇到的言语病主要有:交际中的表述不当,口语表达中的口误,书面语表达中的对语言规则的违背,言(语言)行(副语言)失调。它们有碍于言语交际的正常进行,有损于语言的纯洁性,理应引起注意,加以防治。

(一)交际言语病的表现

1.言语不得体

得体性是言语交际的最高准则。交际作为人与人之间进行的言语双向交流的动态活动,是人际关系的一种反映。人们在交往中追求言语的和谐美,对言语的使用提出了得体性的要求,体现出社会的人、文化的人在进行人际交往时的能动性。一般来说,不得体的言语主要表现为说话者不看对象、不顾场合、不讲礼貌、不管风俗习惯而随意表达。所以要使言语表达得体就应该:注意对象、留意环境、讲究礼貌、尊重风俗习惯。我们试看下面的例子:

一天,有个人请四位朋友到家里吃饭,可是只来了三个人。

主人说:该来的没来。

第一位客人想:该来的没来,那我就不该来啰。第一个人就走了。

主人说:不该走的又走了。

第二位客人想:不该走的又走了,那是我该走啰。第二个人也走了。

他赶紧说:你们走干吗?我又没说你们。

第三位客人想:没说他们,那就是说我啰。第三个人也走了。

这个人请客的目的是增强朋友间的感情,结果因为言语不得体让客人都走光了,这就失去了语言的人际交往功用。

吕叔湘先生说:"此时此地对此人说此事,这样的说法最好;对另外的人,在另外的场合,说的还是这件事,这样的说法就不一定是最好,就该用另一种说法。"这正说明了我们在交际过程中因时、因地、因人、因事灵活处理表达方式的重要性。

美国语言学家尤金·奈达指出,大多数人使用的语言似乎可以分为五种语体:(1)礼仪的(或刻板的);(2)正式的;(3)非正式的;(4)随便的;(5)亲切的。礼仪语体一般是固定说法,主要用于各种典礼;正式的语体一般用于跟不太熟悉的人谈话,对社会地位较高者或权威人士说话也可以用;非正式的语体通常用于跟相识的人谈论平常事,一般体现同等关系,如办公室同事之间的交谈;随便的语体是非正式场合中使用的语体,如交际会上;亲切的语体在家庭成员或非常亲密的小团体成员之间使用是很得体的。例如:宣布开始用餐有五种不同的语体:"开宴了,请入席!"(礼仪的)、"请用餐!"(正式的)、"我们吃饭吧!"(非正式的)、"来吃饭!"(随便的)、"饭好了!"(亲切的),如果你在国宴前大叫:"饭好了,吃吧!"则一定不得体。

得体表达还要注意,交往中要有意识地避开一些言语的禁忌与隐私。我们大家应该都听过那个傻姑爷拜寿的民间故事,当他说"寿桃""寿糕""寿面""寿烛"时老丈人都很高兴,但他说到"寿衣""寿木匣子"时老丈人竟气得昏死过去。那就是因为他不小心犯了禁忌,触到了人们心中的"雷区"。隐私在言语交际中是一个敏感话题。社会越开放,禁忌避讳也越来越少,属于个人隐私的空间也会越来越狭小,但不论怎样开放,隐私自有它存在的空间。对有些不必示人或不可示人的话题,除非对方主动提起,最好不要触及。

时下,年轻人当中流行一种土味情话,比如说:

你想喝什么? 我想呵护你。

你会弹吉他吗? 不会。 那你为什么能拨动我的心弦?

小猪佩奇,我配你。

这样的话，熟悉人之间幽默风趣一下，说说还是可以的，但如果“滥用”，也是一种不得体的言语病。

2.言语的假、大、空

在言语交际活动中，说话者提供了一条准确无误的信息，使听者深信不疑，产生了强烈的真实感。假、大、空的话题是指那些无法继续下去的话题。言语交际需要真实的言谈，夸大与虚假的话只能是无稽之谈。

大家在网上也许都看过这样一个段子，甲、乙两个工人在聊天，甲抱怨生活太无聊，想干一番大事业，乙说他正在“给太平洋装栏杆，给赤道镶金边，给喜马拉雅山装电梯，给长城贴瓷砖”，可以介绍甲也去。这样的谈话若真用到实际交流中，恐怕十次有九次要无功而返。

（二）交际言语病的防治

说话是为了表达出自己的理解、感受、爱憎，不但要用逻辑的力量，而且应该用感情去征服对方。我们跟别人的沟通要使别人能够接受，最重要的问题是什么？这便是我们的出发点。如果我们的出发点是正确的、与人为善的，是抱着一种大家双赢、解决问题的态度，希望交往朝好的方向发展，那我们说的话便自然有感染力、有说服力。那么言语的不得体和假大空现象就会大大减少，就会得到有效的防治。

1.真实性

以前中央电视台的《实话实说》节目很受观众欢迎，其中很重要的一个原因就是包括崔永元在内的节目参与人都坐在平等的位置上，以朴素的方式对话，说得对也罢，说得错也罢，讲得好也罢，讲得差也罢。正如崔永元说的：“我觉得所有谈话类节目都需要平等、真实。”我们在日常生活的言谈中同样要用平等、真实的心态，讲老实话，不要一本正经地讲大道理。

2018 年暑期湖南卫视《少年说》，鼓励大家“吐槽”或“倾诉”，把平时不想说、不敢说的话说出来。节目设置是这样的：说话的少年站在高台上，底下是老师和同学们，并且你言谈的对象也在台底下。有一个中学生倾诉了对奶奶的爱，奶奶不能坐车，在城里租房子陪读，每次从家里到城里都要从乡下步行，距离有 100 多里路，孩子倾诉得很有感情，表达了对奶奶深深的爱。当镜头切换到奶奶的时候，满头白发、满脸皱纹、衣着朴素的奶奶许久只说了一句话：“孩子，奶奶爱你。”就这样的一句普通的话语，却让很多人泪流满面。话语不要多，只要朴实无华，发自内心，就会感人肺腑，打动人心。

2.适量性

社交言语对信息的控制也提出了要求，信息量要恰到好处，要适量。少了，言不能尽意，达不到交际目的；多了，说的都是废话，显得啰唆，影响言语表达效果。语言表达中，要尽可能准确无误地向接收方输出需要传递的信息,“假、大、空”的言语就犯了要不得的言语病。

> 一个苏格兰人去伦敦,想顺便探望一位老朋友却忘了他的住址,于是给父亲发了一份电报:“您知道托马的住址吗? 速告。”当天,他就收到一份加急回电:“知道。”

这是信息量过度缺失。信息量的过度增加同样不可行,过量的信息就是啰唆,例如《颜氏家训》中“秀才卖驴,书卷三纸,不见驴字”,也达不到语言作为交际工具的目的。

3.审美性

我们用言语交流思想、传达信息,不仅要表达得准确无误、清楚明白,还应力求生动形象,妥帖鲜明、连贯得体。在表达内容和言语环境确定的前提下,我们可以在言谈中有意识地加入简明有力的概括、贴近生活的具象、准确形象的比喻、超凡脱俗的见解、含蓄有致的暗示和简洁清晰的归纳,从而使自己的谈话更有魅力,让人听而不忘、回味无穷。言语病患者则做不到这一点,他们连基本的语法都常常违背,更谈不上言语的审美性。

> 《论语》记载着这样一件事:孔子的学生冉有、季路做了季氏的家臣以后,季氏欲讨伐颛臾,两个学生在孔子的责问下欲推脱责任,孔子于是说:“虎兕出于柙,龟玉毁于椟中,是谁之过与?”意思是:“老虎犀牛闯出笼子,龟甲宝玉在匣中被毁,这是谁的过错呢?”

孔子用这一比喻,形象地道出了季氏与冉有、季路二人,鲁国与颛臾小国之间复杂的关系,同时也起到了委婉批评两个学生的效果。

在和别人的沟通交流中,真话有时候是最有力量的,有平等心,与人为善,在这个前提下,再去培养技巧,技巧便自然地表现出来,言语病也就自然被拒之门外了。

言语会话原则及方式原则,要求说话者、写作者说得清楚、明白、精练、有条理,避免晦涩、歧义、啰唆、混乱。例如某厂贴出过这样的布告:“上午男同志洗澡,女同志参观。下午女同志洗澡,男同志参观。”违背了言语会话的方式原则,让人哭笑不得。此外言语会话还要遵守关系原则,要求会话应有关联,不能所答非所问,等等。

二、口语表达中的言语病

口语由于其转瞬即逝,不具有时空的延展性,不像书面语可以反复审视、修改,也就缺乏书面语的周密。由于口语更多受到交际对象、环境、说话者的心理等诸方面的影响，所以，口语中的语病，除了书面语中常见的错误外，还有自己的特点。这里重点分析口语特有的语病，即言语表达中的口误，一般是偶然、不由自主地偏离了预想的语音、语义或语法形式造成的。这种语病也许是在说出的一刹那就已经意识到了。口语由于受环境、心情等因素影响比较大，常常出现许多不同于书面语的语病。具体说来，口语中常见语病无非是音近字、义近词相混淆，内容前后相混，嘴上说的跟心里想的相混，有时候也是为了表达简洁而省略不当，等等。

（一）口语表达言语病的表现

1.音近或义近字词相混淆

> 司马缸砸光。司马缸砸缸。

将“司马光砸缸”说成“司马缸砸缸”或“司马缸砸光”则是将句尾的“缸”提到句中，说话人在该说“光”时已想到了后面的“缸”字，后面的音提前出现，又因为“光”和“缸”读音相近，只相差一个介音“u”，而在汉语读音中，介音表示韵母的起点，发音轻而短，这两个字的发音本身就容易混淆，所以出现了混读的情况。

2.内容前后相混

> 老师让同学们自我评价一下。一个同学说自己“饭来伸手”，另一同学接了句“衣来张口”。

> 有次外教在大教室讲课时说了几句普通话，有个同学本来想夸他普通话说得真标准，可是出口成了“你的标准话说得真普通”。

本应出现在后面的词语提到了前面，由于表达习惯，原本在前面的内容就出现在了后面。“饭来张口”“衣来伸手”这本是成对出现的词组，说话人知道有几个关键词构成这个词组，即“饭”“张口”“衣”“伸手”，当说话者在语流里把“饭”和“伸手”进行了组队，就会很自然地把剩下的“衣”和“张口”进行组队。“普通”与“标准”位置互换后，对外教的表扬变成了贬低，弄巧成拙。

3.嘴上说的跟心里想的相混

> 有人来做客，刚进门，正好主人急着要去上厕所。她连忙招呼客人说：“你们坐

哈坐哈，我去厕所给你们倒点茶喝！”

甲同学的妈妈打电话过来，乙接电话习惯说“他不在”，但是这一次乙知道甲已经出去，所以想说“他已经出去了”，然而，从乙嘴里说出来的却是：“他已经……不在了！”

语言是最便利的交际工具，很多话我们说的时候是不需要思考的，可以脱口而出，但是事情和心思却在变化，有时候语言就会赶不上这些变化。新情况的出现会干扰并取代某个想要说出的成分。

4.语速过快或缩略不当

几个同学去吃早餐，其中一个只吃包子馅，另外一个只吃包子皮。旁人说他们过于浪费，吃馅的同学对吃皮的同学来了一句：“行了，以后你吃我的皮好了。”

汉语是一种神奇的语言，词语丰富，两个词有时听起来只有细微的差别，但是意思和使用场合往往相差很远。在表达中，有时候为了称说简便，人们常把形式较长的名称或习用的词组缩短。有的简称由于缩略不当，往往产生误解或者让人不知所云。

5.两种表义形式混合、冲突造成的口误

《中国好声音》哈林语：“这首歌是七零年代出生的人喜欢的歌曲。”

我们知道“70”这个数字确实可以读成“七”和“零”的，但在这个地方习惯要说成“七十”的。

颜色不是最/太好看。→颜色不是 tui 好看。

两个待选词都进入了说话者的脑海，说话者一时不知选哪一个合适，在犹豫的过程中，取“最”和“太”的音节，混合形成一个新字音——既不是“最”，也不是“太”，作为最后的用词。

（二）口语交际言语病的防治

实际说话过程中，由于受时间、环境等因素的影响，说话者出现口误的频率要远远大于书面语。但我们也不能因此对口误的出现置之不理，应该尽可能减少口误，或出现口误后，将错就错，把话再说回来。应对口误，下面几个方面值得注意。

1.避免情绪亢奋，注意力过于集中

过于专注反而会出现兴奋抑制或兴奋点转移，容易失言、忘言。例如：

校长在升旗仪式上说：全体起立！奏国旗！升国歌！

“奏国旗!”已经说误了，结果在过于警觉专注的情况下一错再错说了“升国歌”，这种一错再错的口误就是进入专注的“反作用力”怪圈造成的。这样口误现象出现的频率还是挺高的。

2.防止因说话时漫不经心造成的言语知觉麻痹

只见他在离球门30公里的地方一脚远射……守门员一声哨响，比赛结束了。

言语知觉麻痹的后果是导致思维编码出现某种潜意识的“自动化”组接误差或偏离，这就是所谓的“心口误差”，这种口误出现后，说话者往往浑然不知。体育主持人将“30米”说成“30公里”以及将“裁判员”说成“守门员”等等口误，就是表达者心理处于松弛状态造成的。

3.注意场景和对象，防止预设性记忆干扰

这些潜伏记忆的残留很容易误导人们把话“说走了嘴”。例如：“你在唱什么?”“在唱老师跳的舞。”

因为有“跳舞的时候是要配着音乐跳”的记忆残留，所以在回答“唱什么”的时候，稍不留神就说成了“在唱老师跳的舞”。这是两种意思的冲突在语流中形成的一种表达，听的人即使意识到说错了，但也明白是什么意思。

总之，要减少口误，一方面要集中注意力，关注说话对象和心里想说的言语，另一方面，又不要情绪过分亢奋集中。减少口误，要增强注意的稳定性，还要顾及环境、对象等的变化，使注意有一定的广泛性和发散性。

如果出现口误，一般的口误只要不影响交际，也不用句句都纠正，因为实际言语运用中，口误的出现频率是比较高的。重要的话语中出现口误，可以采用一些化解的方式消除影响。

4.运用补偿策略，将口误“化腐朽为神奇”

口语出现失误以后，有较高言语运用能力的人常常能够将错就错，把导向错误的言论经过借题发挥，再引向正确的地方。

唐伯虎为一老妇祝寿，儿女欢天喜地，恭请唐伯虎说几句祝福话，唐伯虎也不推辞，随口说道“这个婆娘不是人”，一言既出，老妇脸现怒色。紧接着他又说道：“九天仙女下凡尘。”老妇由怒变喜。“生下儿女都是贼”，儿女皆惊，恨上心头。“偷来蟠桃献至亲”，结语一出，众人欢娱。真是一波三折，充满机变，让人叹为观止。

假如说，第一句话他是说错了，后面再利用口误发挥，那么这就是将口误“化腐朽为神奇”的最好例子。

5.适当运用容错和自纠的语用策略

在特定的语境中，口语里难免出现多变的省略句、不完全句以及逻辑或词序颠倒的句式，这些不能都算作口误。因为口语交往，接受一方以捕捉信息为目的，不是为了纠正对方的口误，他们在信息接收过程中，会全面理解话语的内外语境，即使对方出现某种发音用词不太恰当的地方，听者一般不太计较，这就是口语交际中的“容错”现象。如果出现口误后及时改口或重说，这就是言语表达中的“自纠”现象。通过“容错”和“自纠”，一般的口语交际都能顺利进行下去。

三、书面语中的言语病

在言谈交际时，人与人之间是面对面的、即时现场的交流，而写作则主要是写作者自己内部语言的外化过程。写作中出现言语病的表现千差万别，要有效地防止出现这些方面的问题，就应从源头抓起。写作中常见的言语病，大致与词类运用、写作能力、认识能力、思维不严谨等诸因素有关，这些问题在口语表达中也同样存在。

（一）书面语中言语病的表现

1.用词不当或词类误用

写作者头脑中对词语的意义、用法掌握不够充分不够到位，导致写作中出现失误，我们把它归结为语库方面出现的问题，即在实际语言组合时不能在头脑中（已掌握）或头脑外（未掌握）的聚合类中找到恰当的词语，词语意义掌握不到位造成的。准确掌握词语的意义是恰当表达的先决条件，有的语病完全是由于对词语意义掌握不透造成的。例如：

住在中山北路虹桥的一户人家家门口多年的大树突然倒塌下来，将户主大门封住。

句中“倒塌”多用于建筑物。所谓“倒塌”，不仅指倒下，而且还要塌掉。所以，围墙可以说倒塌，高楼也可以说倒塌，连脚手架也可以说倒塌，但大树是不行的。树倒下只是位置的转移,而不是形态的变化。这棵大树倒则倒矣,塌则未必。

记者曾三次光顾他的植物园,春天的姹紫嫣红与冬天的秀色可餐都领略到了。

句中的“光顾”一词欠妥。“光顾”是敬辞,用于称客人来到,意思是客人的来临为自己增光。此词是不能用于记者自述的,应改为“到”或“走进”。

词类误用的语病是由于没有掌握词语的词性和用法造成的,也有的是因为不了解词义造成的。汉语的词类分实词和虚词两大类,其中实词又分10个小类,虚词分4个小类,共有14个词性,每个词性都有自己的语法特点。

(1)他几天没睡好觉,昨天吃了药,一连睡眠了12个小时。

(2)甲乙两个足球队比赛,甲队比乙队很优势,最后轻易地战胜了乙队。

例(1)中的“睡眠”是名词,误用为动词了,可以改为“睡”。例(2)中的“优势”是名词,前面用程度副词“很”修饰就把名词误用为形容词了,应在“优势”前加上“有”。上面两例属于名词误用为动词或形容词的现象。

那个爆红网络的苏州杀鱼弟喝百草枯自杀了。

助词和语气词“了”有完成的意思,“自杀了”,说明“自杀”这个结果已经既成事实,但是后期还有相关的报道,如“杀鱼弟已脱险,其母不再约束,他想做什么做什么”,说明杀鱼弟其实并没有死。“自杀”和“自杀了”虽然只有一字之差,但意思相差很远,“自杀”强调动作,“自杀了”强调结果。

工资调整政策实行后,科级干部的月工资增加到10%。

表示数量增减的数词在应用中要注意:数字增长时,“增长了”不包括底数,只指净增数,“增长到”包括底数,指增加后的总数。因此根据句意,“10%”指的是净增数,不包括底数,应将“增加到”改为“增加了”。

天气那么热,我哪儿通通都不想去。

“通通”和“都”都是表示范围的副词，在句子中作状语，语义重复，应该去掉一个。

2.遣词造句能力方面的问题

书面语言水平的高低跟语感和训练息息相关，书面语的表达有一个内部言语“外化”的过程。

我们平时说和写的过程，实际上都是内部言语“外化”的过程。“内部言语”是内心活动时的言语状态，基本特征是零碎，不受语法规则的约束，不连贯，呈跳跃状态。内部言语转化为“说”或“写”，需要进行必要的加工，不仅需要重新编排，还需要扩展、补充、调整，甚至更换原有概念（词语）。有时候，思维的速度大大超过语言运用的速度，写作者往往为了把握稍纵即逝的想法而来不及仔细推敲，致使用语失误。

《红楼梦》写了那么多的人物，就是因为作者和他所描写的对象长期相处，深深理解了他们的一切。

分句间没有因果关系，即兴写来，信马由缰，这种现象似乎可以看作是书面语中残存的口头表述的不规范性和随意性。

这两篇小说，一经在《北京晚报》和大型文学丛刊《昆仑》发表后，作者以他生动的笔触，细腻的感情，恢宏的气势，赢得了广大读者，尤其是青少年读者的普遍欢迎。

“一经……发表后”怎么样？作者没有接着把话说完，却又另来一句“作者……”这就好像一个人驱车赶路，在尚未到达目的地时，中途易辙，误入歧途而不觉。这段话应该这样顺畅地说下去：“这两篇小说，一经……发表，就以其……赢得了广大读者，尤其是……的欢迎。”

上面两例有种兴之所至，随意为之的感觉，而写作过程中语言的表述拖沓、啰嗦也是一种常见现象。

这场比赛被人们誉为是“强强对话”。

《世界名人录》历来被奉为是有关成功人士的权威著作。

“为”和“是”都有表示判断的功能，在一个判断句里，用一个判断词就可以了，不必用两个。“誉为是”“奉为是”都犯了语意重复的毛病，应该把“是”去掉。与此类似的还有“……系是……”“……属是……”等说法。之所以多用了“是”，可能是因为“为”成了合成词“誉为”“奉为”的组成部分,表示判断的功能被掩盖了。

××同志是位犯过错误的好同志,错误改正后,安排他担任县银行办公室主任。

此句的不连贯和成分残缺是非常明显的。本句的主语是“××同志(他)”,“他”不能安排自己当主任,而是暗中更换了的主语(上级领导),但句子中缺少这个主语。或者是他“被安排”担任职务也可以。

南堡人民经过一个冬天的苦战 ,一道4米高、20米宽、700米长的担河大坝,巍然屹立在天目溪边。

这个句子的结构是:主语1+状语,主语2+谓语,可见前一分句没有出现被状语修饰的中心语,即谓语残缺。可把“经过”提到句首用“南堡人民一个冬天的苦战”作状语,或者在第二个分句前加上“建成”,补出谓语。

内容复杂化在表达方面也提出了新要求,它要求语言的组织更加严密。为了表达复杂的内容,一般多用长句及关联词表现内容间的逻辑关系,语句之间有着较强的条理性和层次性。

当我从一个顽皮的小孩,如今成为一个高中生的时候,我早就敬佩他。

这句话几层意思重叠,纠缠不清。实际上作者的意思是:当我还是一个顽皮的小孩时,我敬佩他;如今我已成为一名高中生,仍然敬佩他。

一名丈夫在5年前失踪、最近被法院宣告死亡的中年妇女,将获9万多元保险金。

这句话让人有些看不明白。失踪的是丈夫,被法院宣告死亡的好像是中年妇女,那获保险金的又是谁?其实改为“一名男子5年前失踪,最近被法院宣告死亡,其妻将获9万多元保险金”就一目了然了。

尽管你的帮助多么微薄,但在他的心上,却像千斤重的砝码。

“尽管”表示转折关系，它后边跟的词语不能有选择性，和它相应的是指示代词“这么”“那么”等。此句有两种改法：一是把“多么”改为“那么”；二是把“尽管”改为“不管”，删去“但”，“却”改为“都”。

3.知识不足出现的错误

大千世界，无奇不有。无论是在自然界、社会、人生方面，还是在逻辑思维能力方面，人们都需不断廓清概念，理清认识。认识不清自然表述不清。如果对某一领域的背景知识掌握不足，写相关的文章时往往出现自己无法意识到的错误。例如：

动物和植物都有细胞，没有细胞就没有生物，生物都由细胞构成。

这个推理由“动物、植物都由细胞构成”得出结论，是错误的，因为“病毒”也是生物，但它不是由细胞构成的。

临床试验可以追溯到三国时的扁鹊。

扁鹊其人，《战国策》中就有记载，《史记》更有《扁鹊仓公列传》。扁鹊是我国历史上第一位有正式传记的医学家，他反对巫术迷信，遍游各地行医，精通内外妇儿各科，成为临床试验的开山祖。至于生活年代，既然成书时间远早于三国的《战国策》《史记》已写到他，他就不可能生活在三国时代。实际上扁鹊是战国时人，作者可能把他与三国名医华佗弄混了。

4.思维不严谨出现的错误

(1)新疆地区辽阔，旅程时间长。旅客要到北疆的伊犁、阿勒泰，得坐三天汽车；到南疆的喀什、和田，得坐一个星期到十天的汽车。

(2)小汤山温泉位于北京25公里，是全国闻名的度假胜地之一。

要计算距离的远近，应该有个起点和终点，例(1)却只有终点——“北疆的伊犁、阿勒泰”和“南疆的喀什、和田”，而起点在哪儿，没有说出来，“坐×天汽车”的表达就不可能是准确的了。例(2)的“小汤山温泉”按现行的行政区划，是北京市的一部分，说它“位于北京25公里”，到底在哪儿，从这个句子本身看不出来。这两个例子，正确的表达应该是：例(1)“……旅客从××(地名)到北疆……从××(地名)到南疆……”，例(2)“小汤山温泉位于北京东北25公里，是……”

此外,如果写作中片面追求华丽辞藻,刻意雕琢文句,矫揉造作,严重的可能造成文理不通。如:××冰箱以其世界级的环保科技,荣膺第一台进驻联合国的中国冰箱。“荣膺”意思是“光荣地接受或承担”,一般是接受某种光荣称号。“荣膺……中国冰箱”由于追求辞藻华丽,同时对词语用法把握不当而犯了动宾搭配不当的毛病。“进驻”是指军队开进某一地区驻扎下来,××冰箱是无法“进驻”联合国的。两处错误可分别改为“成为”“进入”。追求文采是无可厚非的,但过度沉迷于辞藻华丽往往使人难以真正分辨语言的文与野、优与劣、美与丑。

(二)书面语中言语病的防治

针对书面语中的言语病,我们应采取不同的对策以避免失误。

解决词类误用的问题需要一定的理性思考,因此词义辨析和语用辨析是一种有效对策,可采取集中学习和练习的方式,查漏补缺。语库中语料贫乏和近义词混用导致的语病只有靠勤查多记,不断增加语言材料的积累,才能提高表达能力,没有什么捷径可言。

内容复杂化要求语言的组织更加严密。内容复杂的句子,一般多用长句及关联词表现内容间的逻辑关系,语句之间有着较强的条理性和层次性。对于内容复杂化可能引起的言语失误,在提笔前、写作中都要加以注意,写好后再仔细检查,我们是可以避免这类问题的。

语言具有约定俗成的社会性,这就决定了个人在使用语言时出现语病的必然性以及训练语病分析能力的必要性。习惯上,人们对语病的界定,一般指不合语法规范的词句,实际上“语病”是一个相当宽泛的概念,当我们从言语交际的角度来观察时,它覆盖着字词、语句、语段乃至语篇中语法、逻辑、修辞等诸多方面的问题。从古至今,人们在追求积极的语言艺术的同时,也从未停止过同语病的斗争。我们只有从掌握词汇语法、提高语言技能、理清概念思路、加强审美修养几个方面同时努力,才能有效地减少写作中的言语失误,从而达到有效、正确、得体的言语交流目的。总之,多读多思多写,时间长了就有了一种语感,自然会字字珠玑、恰到好处。

四、言行失调及防治

言行举止,简单说,就是人们相互交往中的语言和行为。从一个人的言谈举止中,可以凭直觉判断出他的修养素质,以及他性格特点中的某个侧面。因为前面已经讨论了关于交际、口语、书面语表达中的言语病现象,这里的言行失调专门讨论副语言的不恰当表达现象。

语言是人类最重要的交际工具。它有狭义和广义之分,狭义的语言是指由人的发音器官发出来的能够表意的语言符号系统，广义的语言还包括副语言。副语言也称为辅助语言，它包括语音系统的各个要素：音质、音强、音高、音长等。言语有真有假，副语言如语调、面容等作为思想感情的表现却较为真实，因为往往是不自觉的。就拿一个"请"字来说，语调平稳，会显得客气，满含盛情；语调上升，并带拖腔，便意味着满不在乎，无可奈何；而语调下降，语速短促，就会被理解是命令式的口气，怀有敌意。

事实上，人们在语言沟通时，同一句话，同一个字，就因为使用不同的副语言而造成人们不同感受的事例还有不少，比如，人们往往倾向于把说话语速较快、口误较多的人认定为地位较低且又紧张的人，而把说话声音响亮、慢条斯理的人认定为地位较高、悠然自得的人。说话结结巴巴、语无伦次的人会被认为缺乏自信或言不由衷；而用鼻音哼声又往往会表现出傲慢、冷漠和鄙视，令人不快。不仅如此，一个人激动时往往声音高且尖，语速快，音域起伏较大，并带有颤音；而悲哀时又往往语速慢，音调低，音域起伏较小，显得沉重而呆板。比如，我们在收听球赛广播时，尽管看不见播音员的面容和动作，有时也不完全听清说话的内容，却能从尖锐、短促，乃至声嘶力竭的语调中感知其兴奋或紧张的心情，从低沉、叹息声中觉察出惋惜之情。

人类的副语言现象如何解读，怎样利用副语言来提高沟通技巧，这是个有意思的命题。有的副语言是先天就有的，而有的则通过后天学习才能理解。恰当地运用副语言，才能防止言行失调现象发生。副语言有有声现象，也有无声而有形的现象。前者如说话时气喘，嗓子沙哑或者尖溜溜，吃吃笑，整句话带鼻音，某个字音拉得很长，压低嗓音打喳喳，结结巴巴说话不连贯等等。这些是伴随话语而发生或对话语有影响的，有某种意义，但是那意义并非来自词汇、语法或一般语音规则；后者即与话语同时或单独使用的手势、肢体语言、面部表情、对话时的位置和距离等等，这些也能表示某种意义，一般有配合语言加强表达效果的作用。在不同文化中，某些副语言意义相通，有些差异较大，甚至含义相反。例如中国文化中点头表示赞同、摇头表示否定，在尼泊尔则恰好相反。

在人际交往中，以有声语言为交际载体，恰到好处地使用表情、动作、体态等副语言时，那种无声的交流形成的共鸣和默契是极其微妙、奇特的。根据心理学研究，人的脸部有 43 块肌肉，可以组合成 1 万多种不同的表情。据统计，在托尔斯泰笔下就出现过 85 种不同的眼神和 97 种不同的笑容。

在公关交际活动中，这些特点的单个或组合运用就可以表达语言的特定意思，"工作沟通中最重要的事情是听取别人没有说出来的话"（彼得·德鲁克）"凡人皆无法保守秘密，就算口风严实也会在举手投足间流露，每个毛孔都散发着背叛的气息"（西格蒙德·弗洛伊德）。无论是在工作还是生活中，如果你只选择听取那些说出来的话语，那么你可能会遗漏很多的信息。美国人类学家雷·博威斯特认为，社会交往中，65%的人交流都是通过非言语进行的，而我们与他人进行的情感交流几乎都是通过身体语言进行的，这对于我们平日里顺利开展工作并在事业上获取成功至关重要。

思考与练习

一、在日常口语中我们应该如何防治言语病？

二、在写作中我们应该如何防治言语病？

三、改正下列句子中的错误，并说明理由。

1.他几天没睡好觉，昨天吃了药，一连睡眠了十二个小时。

2.球队获得了冠军，队员们都感到十分荣誉。

3.这是一个多么感动的场面啊！

4.老一辈科学家身上充沛着可贵的工作热情。

5.这本书，精装本与平装本定价悬殊十元多。

6.上学期他有二门功课考得不很好。

7.开本市人民代表大会时，他们俩个人又在一个小组里讨论。

8.电视机的价格一降再降，有的甚至下降了三倍。

9.工厂通知，今天下午30岁以下的人去松花江修堤坝，30岁以上的人仍在工厂做工。

10.新来的经理同老经理一样，更会体贴职工。

11.他在工作中犯了这么大的错误不是偶尔的。

12.因为集中的论文都是有关汉语和状语的，该书取名《汉壮语调查与研究》。

13.我关于美学，所知有限。

14.这小子真“能”，我可不敢给他比试了。

15.不久，我和妈妈及其几个小伙伴也被关进了监狱。

16.广大农村正在掀起了一个科学种田的新高潮。

17.记得一位哲人说过：“只有耐得住寂寞的人，才会有成功的希望。”所以我宁愿选择着寂寞。

18.报晓的公鸡是集合的信号。

19.小米含蛋白质、铁及维生素B1、B2丰富。

20.伟大思想家鲁迅在《祝福》中的祥林嫂是受封建礼教迫害的千百万妇女中的

一个。

四、分析下面例子中的语言表达效果。

1.平江李次青元度(平江人李次青,字元度)本书生,不知兵。曾国藩令其将兵作战,屡战屡败。国藩大怒,拟奏文劾之,有“屡战屡败”语。曾幕中有为李缓颊(缓颊,“求情”义)者,倒为“屡败屡战”,意便大异。元度乃得免罪。

2.一次,英国首相丘吉尔在公开场合演讲,台下递上一张纸条,上面只写了两个字——“笨蛋”。丘吉尔知道台下有反对他的人等着看他出丑,便神色从容地对大家说:“刚才我收到一封信,可惜写信人只记得署名,忘了写内容。”

第四节 提高口语表达能力的途径

一、注意口语和书面语的异同

任何一种语言都具有两种形式，即口语与书面语，两者各有不同的存在条件与特征，各有不同的实现条件与环境等。任何一种形式的语言都是主体思维的外在体现，口语与书面语各有相应的思维方式。

无论何时何地，无论是谁，只要张口说话，口语表达就实现了。具有发音器官与发音能力是口语实现的先决条件，发音器官有声带、口腔等，发音器官在气流的作用下发出声音。根据气流在不同发音部位的作用，我们把声音分为元音与辅音。元音与辅音结合为音节，表达思维，形成口语。尽管不同种族人的体格不一样，所发出的音质有差别，但总的来说，辅音 d、m、p 与元音 a 最容易连为音节 da、ma、pa，汉字的“大”“妈”“爸”是婴儿最好发的几个音节，也是我们人生中最早的口语表达。

发音器官是我们身体的一部分，就如同身体其他部位需要体育锻炼一样，体育锻炼对发音器官也很有用，它会让我们的发音器官更具有张力，因而发出的声音也更洪亮。古代希腊有位著名的演说家德摩斯梯尼，本来是一位发音器官发育不健全的人，语音浑浊不清，语言表达疲沓无力。为了提高自己的口语表达能力，德摩斯梯尼经常迎着风雨奔跑，同时口里还读着诗句；不仅如此，他还故意嘴中含着石块，对着大海呼喊。

在文字出现之前，人们只能靠口语表达思想与情感，人人倾听，代代相传。各民族早期的神话传说及史诗都是靠口耳相传而得以保存的，为此，还特意求助于盲人，因为盲人眼不见而头脑“清静”，有更好的记忆力。古希腊的荷马是盲人，《荷马史诗》因荷马的记述而流传下来。《国语》“周语”：

> 故天子听政，使公卿至于列士献诗，瞽献曲，史献书，师箴，瞍赋，矇诵，百工谏，庶人传语，近臣尽规，亲戚补察，瞽史教诲，耆艾修之，而后王斟酌焉，是以事行而不悖。

韦昭解：“无目曰瞽。瞽，乐师。曲，乐曲也。”又：“无眸子曰瞍。赋，公卿列士所献诗也。”又:“有眸子而无见曰矇。《周礼》,矇主弦歌讽诵。”徐元诰引《周礼》郑注“讽诵”的意思是“闇读之不依永也”。“闇读”就是默记的意思,默记的目的还是为了传述给他人。可知“瞽”“瞍”“矇”这些盲人在古代口语流传中所起的作用。

与口语不同,书面语的实现必须有相应的工具或条件,如笔、纸张或类似笔、纸张的东西,此外,还必须具备文字能力。不识字的人完全可以有口语表达能力,但不识字就谈不上书面语的表达能力。口语是通过语音来实现表达,而书面语是通过文字来实现表达的。口语有这样一些特征:

第一,即时性。在录音设备出现之前,或者说就是在录音设备很发达的今天,人们说话往往是随说随丢,说完了,话也成“耳边风”了。为了不至于后来赖账,就有了“立此为据”,把口语写在纸上成为书面语,白纸黑字。中国古代帝王身边都有两个人,分别用来记言与记事,这两人就是“史”。“史”是象形字,像人手中拿着记录的册子,目的是记录帝王的一言一行,以供后人了解,恐怕也有怕帝王日后不认账的因素在里面。

第二,直接性。这里所说的“直接性”有几个层面:

首先,是与书面语相对而言的,口语越过了文字障碍,是主体思维的直接体现;书面语则未必,如南朝的骈文,往往有过多的文法修饰与词汇的包装,写文章者于是可以口是心非,至少可以通过加工文字、文法让自己的真情实感变得隐晦。

其次,是就对话环境而言的,在特定的谈话场景,任何一句话都是针对听话人而言的,听话人的任何一句话也都是针对说话人而做出的回应。例如《孟子·梁惠王下》:

> 孟子谓齐宣王曰:“王之臣,有托其妻子于其友而之楚游者。比其反也,则冻馁其妻子,则如之何?”王曰:“弃之。”曰:“士师不能治士,则如之何?”王曰:“已之。”曰:“四境之内不治,则如之何?”王顾左右而言他。

这故事就是人皆知之的成语“王顾左右而言他”的由来。孟子是对话高手,努力在循循善诱中让对方明白一些道理。这里,孟子拐弯抹角,先用朋友、老师举例,来说明不值得托付的朋友不是好朋友,不好好教育学生的老师不是好老师,接下来的结论就是:不好好治理国家的国王不是好国王。但孟子想让齐宣王自己说出来,迫于直接的对话场景,齐宣王只有顾左右而言他了。

最后,是伴随对话时说话者和听话者的眼神、表情、语气语调等情形。在读一封信时,可以体会到来信人的语音语调,可是看不到他的眼神与面部表情。但我们在面对面进行口语交流时,无论如何掩饰,有时光靠眼神或表情,就能觉察出说话人真正的心理。

第三,随意性。这里所说的随意性包括两个方面:一方面是内容的随意性,如果不是目的性很强的谈话，则口语内容是随意的，有时窃窃私语，有时聊聊天气，有话则长，无话则短。另一方面是指文法的随意性，口语不同于书面语体，不追求严谨的文法，也不在乎优美的词语，以让人听懂为目的。在能听懂的情况下尽量省略修饰、附加或解释的成分，如“吃食堂”“睡马路”等，都是典型的口语语体。

无论口语还是书面语，都是文学语言的基础，有的作品是口语，有的是书面语体；有的作家喜欢用口语体，有的作家习惯于书面语体。以中国古代小说来说，唐代传奇用的是书面语，而宋元话本用的是口语；蒲松龄写《聊斋志异》用的是书面语，吴敬梓写《儒林外史》用的则是口语。《三国演义》语言特征是“文不甚深，言不甚俗”，根据“散文通，对文异”的原则，这里“文”“言”对文成义。“文”即书面语，“言”即口语。《三国演义》的语言中有书面语，但不是特别深奥难懂，有口语但不是粗俗不堪。

二、树立明确的口语意识

所谓“口语表达”，就是把话说好的意思，这是一门学问，也是一种技艺。孔子说：“不学诗，无以言。”（《论语・季氏》），又说：“诵诗三百，授之以政，不达；使于四方，不能专对，虽多，亦奚以为？”（《论语・子路》）对于这里孔子所说的“诗”，有人认为是专名即《诗经》，有人认为是泛指，即文体，我们可以不去管它，可以知道的是：既然孔子认为只有学诗才能把话说好，可见是一门学问；又认为话说好了可以做外交使臣，可知是一种技艺了。当然，所谓把话说好，不是仅仅从说话方式着眼的，说话的内容永远是最主要的。

司马迁在《史记》中记载了很多人善于言辞表达的故事，尽管太史公对这些人和事并没有什么好感，但我们还是感受到口语表达的重要性。在汉代，善于表达的人被称为“智囊”：

> 樗里子者，名疾，秦惠王之弟也，与惠王异母。母，韩女也。樗里子滑稽多智，秦人号曰“智囊”。（《史记・樗里子甘茂列传》）
>
> 诏以为太子舍人、门大夫、家令。以其辩得幸太子，太子家号曰“智囊”。（《史记・袁盎晁错列传》）
>
> 上善之，于是拜错为太子家令。以其辩得幸太子，太子家号曰“智囊”。（《汉书・爰盎晁错传》）

“滑稽”本为一种酒器，可以转动着倒酒。后来人们就用“滑稽”来比喻那些能说会道的人，就像滑稽出酒一样，源源不断。《史记》有《滑稽列传》，其序言说：“谈言微中，亦可以解纷。”司马迁的意思是滑稽之人都能够在谈笑之中帮人排忧解难。这是战国时期的风气，《滑稽列传》中的齐国淳于髡、楚国的优孟、秦国的优旃都是这样能说会道的人。清代蒲松龄《聊斋志异》“酒狂”：“偶适族叔家，与客滑稽谐谑，遂共酣饮。”也是善谈的意思。古时人们认为能言善辩的人都是极有智慧的人，如《晋书》卷五十二记载华谭：“及长，好学不倦，爽慧有口辩，为邻里所重。”《北史》卷四十五记载房天乐：“房天乐者，清河人，滑稽多智。”《滑稽列传》说淳于髡“滑稽多辩”，说优孟“多辩，常以谈笑讽谏”，说优旃“善为笑言，然合于大道”。所以时人称樗里子为“智囊”。“樗里子”姓嬴，名疾，他住在樗里。古人用所住的地方名称来称呼人，表示尊重。“樗里子”就是“住在樗村的那位先生”的意思。他是秦国贵族，做到了丞相。《史记》中并没有很多关于他能言善辩、排忧解难的记载。之所以写入《史记》中，按照司马迁的说法，是因为“樗里子以骨肉重，固其理，而秦人称其智，故颇采焉”，不过说樗里子是一个对秦国统一六国有着贡献的人则是不错的。刘邦统一天下后分封子弟到各地做诸侯王，以为屏障。到汉景帝时，地方诸侯王尾大不掉。景帝接受晁错削藩建议，最终引起吴楚七国叛乱，晁错也成为“清君侧”的替罪羊。晁错为太子家令的时候，太子周围的人称呼他为“智囊”，是因为他能言善辩，就是文中说的“以其辩得幸太子”，这与“樗里子”嬴疾是一样的。

魏晋时期，衡量名士的一个重要标准就是是否会说话。阮瞻因为会说话被时人称为“三语掾”，《晋书》卷四十九记载阮瞻：

阮瞻见司徒王戎，戎问曰：“圣人贵名教，老庄明自然，其旨同异?”瞻曰：“将无同。”戎咨嗟良久，即命辟之。时人谓之“三语掾”。

对于“将无同”语义的理解并不是最重要的，重要的是阮瞻凭借“三语”得掾这件事本身。魏晋人清谈，讲求言简意赅；惟其如此，便是托意玄远。《晋书》卷四十九记载阮修：王衍叹服阮修，因为修谈论《周易》“言寡而旨畅”；卷九十三记载王濛，则称孙绰评其“能言理，辞简而有会”。阮修与王濛不仅善谈，而且能用最少的语言清楚地表达丰富的哲理。裴頠也善谈，被人称为“言谈之林薮 ”，《晋书》卷三十五记载裴頠：

乐广尝与頠清言，欲以理服之，而頠辞论丰博，广笑而不言。时人谓頠为言谈之林薮。

裴頠善谈。御史中丞周弼叹道：“頠若武库，五兵纵横，一时之杰也。”时人谓頠为“言谈之林薮”。“武库”及“林薮”，用以比喻知识丰富、善于谈话者。《世说新语·言语》：

诸名士共至洛水戏，还，乐令问王夷甫曰“今日戏，乐乎？”王曰：“裴仆射善谈名理，混混有雅致；张茂先论《史》《汉》，靡靡可听；我与王安丰说延陵、子房，亦超超玄著。”

裴仆射即裴頠，文中所记印证裴頠被人称为“言谈之林薮”并不是过誉。裴頠善谈但非浮虚之徒。《晋书》卷三十五记载：“頠深患时俗放荡，不尊儒术，何晏、阮籍素有高名于世，口谈浮虚，不遵礼法，尸禄耽宠，仕不事事；至王衍之徒，声誉太盛，位高势重，不以物务自婴，遂相放效，风教陵迟，乃著崇有之论以释其蔽。”裴頠在《崇有论》中说“躬其力任，劳而后饷”，又说“人之既生，以保生为全，全之所阶，以顺感为务”。这些话既可针砭清谈之时弊，又非常平实可行。《世说新语》中有许多魏晋人能言善辩的记录。

南北朝时期是政权割据时期，割据政权之间的使臣活动很频繁，要想做到不辱使命就必须能言善辩。为此，无论是南朝还是北朝，都派出文学之士充当使臣，他们不仅有学问，还能说会道。朝廷在他们出使之前提高官衔，出使回来后加官晋爵，目的是鼓励他们更好地完成使命。《北史》卷五十六记载魏收：

收兼通直散骑常侍，副王昕聘梁。昕风流文辩，收辞藻富逸，梁主及其群臣咸加敬异。先是，南北初和，李谐、卢元明首通使命，二人才器，并为邻国所重。至此，梁主称曰：“卢、李命世，王、魏中兴，未知后来，复何如耳。”

当时使主是王昕，魏收是使副，“昕风流文辩，收辞藻富逸”，这是二人被选为使臣派往南方的原因。《北史》卷四十三记载李谐：

初通梁国，妙简行人，神俊位已高，故谐等五人继踵，而遵彦遇疾道还，竟不行。既南北通好，务以俊乂相矜，衔命接客，必尽一时之选，无才地者不得与焉。梁使每入，邺下为之倾动，贵胜子弟盛饰聚观，礼赠优渥，馆门成市。宴日，齐文襄使左右觇之，宾司一言制胜，文襄为之拊掌。魏使至梁，亦如梁使至魏，梁武亲与谈说，甚相爱重。谐使还后迁秘书监，卒于大司农。

所谓“一言制胜”，就是在对话中占上风，自然非口若悬河者而不能。李谐善于谈话，乃至梁武帝愿意亲自和他聊天。

三、培养口语表达的能力

前面说过,口语表达是学问也是技能,一个人想要把话说好,就要努力去培养自己说话的能力。口语表达的能力是多方面的,培养这些能力所下的功夫也是多方面的。有来自书本的,也有需要在实践锻炼中才能获得的。

(一)尊重听话的人

口语表达其实就是对话,对话主体的转换时间间隔有长有短,要使对话能继续下去,交际双方就必须相互协调,包括彼此尊重,不会因为身份地位、年龄齿序、贫富穷通而影响到谈话过程及内容。《世说新语·言语》:

> 孔文举年十岁,随父到洛。时李元礼有盛名,为司隶校尉。诣门者,皆俊才清称及中表亲戚乃通。文举至门,谓吏曰:"我是李府君亲。"既通,前坐。元礼问曰:"君与仆有何亲?"对曰:"昔先君仲尼与君先人伯阳有师资之尊,是仆与君奕世为通好也。"元礼及宾客莫不奇之。太中大夫陈韪后至,人以其语语之,韪曰:"小时了了,大未必佳。"文举曰:"想君小时,必当了了。"韪大踧踖。

"踧踖"就是尴尬、窘迫的意思。陈韪把自己弄得下不了台,是因为他看到孔融很年幼,好欺负,这是因为年龄差距而不尊重谈话对象的例子。此番对话后人记住的是孔融口语的机灵,但我们需要知道的是,孔融虽年幼却不无知,他肯定读了许多书,所以才很熟悉历史上孔子、老子师事公案。知识丰富有助于口语表达,于此可见一斑。《五灯会元》卷一"初祖菩提达摩大师":

> 十月一日至金陵。帝问曰:"朕即位以来,造寺写经,度僧不可胜记,有何功德?"祖曰:"并无功德。"帝曰:"何以无功德?"祖曰:"此但人天小果,有漏之因,如影随形,虽有非实。"帝曰:"如何是真功德?"祖曰:"净智妙圆,体自空寂,如是功德,不以世求。"帝又问:"如何是圣谛第一义?"祖曰:"廓然无圣。"帝曰:"对朕者谁?"祖曰:"不识。"帝不领悟。祖知机不契,是月十九日,潜回江北。

"机不契"就是话不投机、对话无法继续的意思。梁武帝与初祖之间的对话是禅宗史上著名公案,世俗的执着与禅宗的触境皆如格格不入,所以才话不投机。但我们同时还感觉到,梁武帝是在以帝王至尊谈禅义,不免以势压人。造寺写经的人很多,是"人天小果,有漏之因”,但在梁武帝看来他以帝王的身份做这些事,功德应当格外大;又因为自己是皇帝,所以谈“圣谛”,殊不知禅宗主张凡圣平等;还因为自己处于至尊地位,所以非常在乎别人对自己的景仰,而禅宗主张无我即佛、无心即佛。如果梁武帝以平常心与达摩讨论禅义,断不至于谈话草草收场。这是因为身份差异的原因而不尊重对方的例子。

谈话时彼此尊重是真诚的,不是装出来的,降贵纡尊与阿谀奉承都是谈话过程中的逢场作戏与敷衍塞责,如此,则谈话不可能持续下去。另外,在谈话过程中,当别人正在说话时,不要轻易打断别人说话;自己有话要说时,也不要急于插嘴或先吐为快。这些虽是小节,也很能说明你是否尊重别人。

(二)储备丰富的知识

语言是思维的表露,也是思维的工具。而思维的能量来自于人对外部世界的感知,知识越丰富的人,心理能量也就越大,思维也就越活跃,口语表达能力就越强。知识来源于平常生活经验,同时来自书本。能展现口语表达能力的最好场合莫过于使臣外交,上文说过,南北朝时期的使臣多由文人担任,因为他们平时饱读诗书,对于文物制度、历史掌故很了解。《北齐书》卷二十九记载李湛:

> 为太子舍人,兼常侍,聘陈使副。袭爵泾阳县男。浑与弟绘、纬俱为聘梁使主,湛又为副使,是以赵郡人士,目为四使之门。

李家不仅是文学世家且是使臣世家,这里主要原因就是李家人读书多,知识丰富,因而堪任国使,故当时有“四使之门”的称号。“四使”李湛、李浑、李绘及李纬俱有才学,善于辩说。李湛(生卒年不详),字处元,赵郡平棘(今河北赵县)人。父李浑(生卒年不详),字季初;浑弟绘(生卒年不详),字敬文;绘弟纬(504—549),字乾经。李氏从曾祖李灵(452—554)时,就以文学闻名于当世。《魏书》卷四十九记载李灵:“父勰,字小同,恬静好学,有声赵魏。……灵以学优温谨,选授高宗经。”《北史》卷三十三记载李浑:“文宣以魏《麟趾格》未精,诏浑与邢劭、崔甗、魏收、王昕、李伯伦等修撰。”与邢劭等并称,可知李浑也是文学之士。《北齐书》卷二十九记载李绘:“素长笔札,尤能传受,缉缀词议,简举可观。天平初,世宗用为丞相司马。每罢朝,文武总集,对扬王庭,常令绘先发言端,为群僚之首。音辞辩正,风仪都雅,听着悚然。”《北史》卷三十三记载李纬“少聪慧,有才学”。

南北朝时期,割据政权之间每年使臣互聘,使臣有主、副之分。双方对使臣、使臣活动以及聘问成果都高度重视。尤其是北朝,自觉文化底气不足,为能在与南朝的互聘中争得脸面,对使臣的选择条件颇为严格,使臣必为文学之士,且善于口辩。李氏乃当时著名的文学家族,也是有名的使臣家族。时人语:“学则浑、绘、纬,口则绘、纬、浑。”李浑为聘梁使主在武定初(543),《魏书》卷十二《孝静帝纪》武定元年秋八月“壬午,遣兼散骑常侍李浑使于萧衍”。时梁大同九年,梁武帝称赞李浑家族文学之盛说:“伯阳之后,久而弥盛,赵李人物,今实居多。常侍曾经将领,今复充使,文武不坠,良属斯人。”《北史》卷三十三记载李绘:“武定初,兼散骑常侍,为聘梁使主。”检《魏书》卷十二“孝静帝纪”武定元年聘梁使主为绘兄李浑,二年使主为魏季景,三年使主为李奖,四年使主为元廓,五年使主为其弟李纬。考《魏书》卷六十五记载李平:“长子奖,字遵穆,……孝庄初,为散骑常侍、镇东将军、河南尹。奖前后所历,皆以明济著称。元颢入洛,颢以奖兼尚书右仆射,慰劳徐州,羽林及城人不承颢旨,害奖,传首洛阳。”《北史》卷三十四记载宋游道:“元颢入洛,奖受其命,出使徐州,都督元孚与城人赵绍兵杀之。”元颢入洛在孝庄帝永安二年即529年,武定三年为545年,所以《孝静帝纪》所说武定三年使主为李奖就有问题;对李奖的记载又见《北史》卷四十三,传文与《魏书》大同小异,两传均不言李奖使梁事,按照《魏书》、《北史》体例,为使臣必书,何况为使主。疑“李奖”当为“李绘”之误。李绘为使主聘梁在武定三年。李绘善于口辩,《北史》《北齐书》对于他使梁时的机智都有记载,但《北史》不如《北齐书》详细。《北齐书》卷二十九记载李绘:

> 武定初,兼常侍,为聘梁使主。梁武帝问绘:“高相今在何处?”绘曰:“今在晋阳,肃遏边寇。”梁武曰:“黑獭若为形容?高相作何经略?”绘曰:“黑獭游魂关右,人神厌毒,连岁凶灾,百姓怀土。丞相奇略不世,畜锐观衅,攻昧取亡,势必不远。”梁武曰:“如卿言极佳。”与梁人泛言氏族,袁狎曰:“未若我本出自黄帝,姓在十四之限。”绘曰:“兄所出虽远,当共车千秋分一字耳。”一坐大笑。前后行人,皆通启求市,绘独守清尚,梁人重其廉洁。

文中“高相”指高欢,黑獭指宇文泰(字黑獭),其时魏政权旁落,高欢、宇文泰兵强权重,后分别篡魏而为北齐、北周政权。文中所言“姓在十四之限”,出自《史记》卷一《五帝本纪》:“皇帝二十五子,其得姓者十四人。”“共车千秋分一字”有两层含义,一是说“袁狎”本姓“乞袁”氏,非华姓而是高车之族,是针对袁狎“未若我本出自黄帝,姓在十四之限”而言的。《魏书》卷一百三记载高车:“高车之族,又有十二姓:一曰泣伏利氏,二曰吐卢氏,三曰乙旃氏,四曰大连氏,五曰窟贺氏,六曰达薄干氏,七曰阿仑氏,八曰莫允氏,九曰俟分氏,十曰副伏罗氏,十一曰乞袁氏,十二曰右叔沛氏。”另一层含义是嘲笑袁狎如同汉代车千秋一样“无他才能学术,又无阀阅功劳,特以一言寤意,旬月取宰相封侯”而已。南北朝时代由于门阀、家讳等原因,以姓氏、名字取笑是常有的事,人们对姓氏来源往往是谙熟于心中。李纬为聘梁使主在武定五年(547),李湛为使副聘陈不知在何年。李氏浑、绘、纬、湛四人为使臣聘于江南外，尚有李概、李顺、李孝贞、李驹驿及李翥等都是文学之士而为使臣。赵郡李氏不仅是"四使之门"，可谓使臣世家矣。我们之所以对"四使"的聘使活动做如此详细的说明，目的就是为了证明一个道理：知识储备对于口语表达尤其是在外交时具有很大的作用。知识丰富的人在口语表达方面至少有三个方面的优势：

1.引经据典，言简意赅。我们在书房里写文章，随时可以参考书本以得到我们想要的资料，但是在口语交流时，你只有靠平时积累的知识来支撑你的观点。《左传》中有许多赋诗见志的故事，如文公十三年：

> 郑伯与公宴于棐，子家赋《鸿雁》。季文子曰："寡君未免于此。"文子赋《四月》。子家赋《载驰》之四章，文子赋《采薇》之四章。郑伯拜，公答拜。

子家是郑国大夫，即公子归生。《鸿雁》是《诗经》"小雅"中的一篇，诗中有"爰及矜人，哀此鳏寡"之句，杨伯峻先生注："子家赋此者郑国，郑国以鳏寡自比，欲鲁文怜惜之，为之道路奔波，再度去晋，而请和也。"季文子说"寡君未免于此"，"言己亦鳏寡也，盖推诿之辞"。子家与文子又引用《四月》与《载驰》诗，这说明他们对《诗经》非常熟悉，否则不可能张口就来。恰当的引用，不仅充实谈话内容，使得内容丰富多彩，还让口语带上书面语体式特征，显得很典雅。《世说新语 · 言语》：

> 简文作抚军时，尝与桓宣武俱入朝，更相让在前，宣武不得已而先之，因曰："伯也执殳，为王前驱。"简文曰："所谓'无小无大，从公于迈'。"

梁简文帝萧纲，封晋安王；桓宣武即桓温。"伯也执殳，为王前驱"出自《卫风 · 伯兮》"无小无大，从公于迈"出自《鲁颂 · 泮水》。二人引诗不仅得体，而且很能见出他们谦虚的胸怀。

习近平总书记在发言时总能不失时机地引用前人诗句或成语，因而话语很有说服力，能感动人。2012 年 2 月 14 日 ，习近平和美国副总统拜登共同出席中美企业家座谈会时说：

> 善于识别和把握时机。当前，中美都处在转变经济发展方式的关键阶段。两国经济议程高度互补和契合，合作空间广阔。希望两国企业家把握机遇，把众多合作潜力全面转化为互利共赢的实际成果。"风物长宜放眼量"，企业家的眼界决定境界、作为决定地位。

“风物长宜放眼量”出自毛泽东七律诗《和柳亚子先生》，毛泽东劝柳亚子要与过去告别，着眼未来，为新中国做出贡献。习总书记引来劝说中美两国企业家要合作共赢，要用长远的眼光看中美两国的经济未来。正确引用前人现成语句总能收到言简意赅的表达效果。

2.思维敏捷，灵活机智。我们常常羡慕那些说话机锋敏捷的人，觉得他们大脑灵敏，其实口语表达机敏是思维敏捷的反映，而思维活跃是需要丰富的知识作为支撑的。如果没有丰富的人生阅历或深厚的知识储备，话锋就往往显得很呆滞，不能灵活转换。《南史》卷二十二记载王慈：

> 谢凤子超宗尝候僧虔，仍往东斋诣慈。慈正学书，未即放笔，超宗曰：“卿书何如虔公?”慈曰：“慈书比大人，如鸡之比凤。”超宗狼狈而退。十岁时，与蔡兴宗子约入寺礼佛，正遇沙门忏，约戏慈曰：“众僧今日可谓虔虔。”慈应声曰：“卿如此，何以兴蔡氏之宗?”

南朝人很讲究家讳，触讳是很令人不愉快的事。王慈是王僧虔的儿子，谢超宗是谢凤的儿子，谢超宗触了王慈家讳，王慈很生气，就故意也触超宗家讳以泄愤。蔡兴宗的儿子以家讳戏弄王慈时，王慈也同样予以回击。我们很佩服王慈话锋机灵、尖锐。王慈的口语敏捷主要是文字上的功夫，真正的话锋灵活是需要丰富的知识背景的。《世说新语·言语》：

> 崔正熊诣都郡，都郡将姓陈，问正熊：“君去崔杼几世?”答曰：“民去崔杼，如明府之去陈恒。”

陈姓郡将本想利用崔正熊的姓氏开个玩笑，数落他祖上有弑君的崔杼，但崔正熊不仅知道自己祖上有崔杼，还知道陈姓祖上也有不忠不义之人陈恒，于是话锋一转，变被动为主动。崔杼、陈恒都是春秋时期齐国大夫，崔杼弑齐庄公，陈恒弑齐简公。《晋书》卷三十五记载裴楷：

> 武帝初登阼，探策以卜世数多少，而得一，帝不悦。群臣失色，莫有言者。楷正容仪，和其声气，从容进曰：“臣闻天得一以清，地得一以宁，王侯得一以为天下贞。”武帝大悦，群臣皆称万岁。

裴氏乃河东著姓,裴楷"风神高迈,容仪俊爽,博涉群书,特精理义","特精理义",是指他精通"三玄",此乃魏晋名士风尚。"天得一以清,地得一以宁"语出《老子》,"三玄"之一。裴楷巧妙回答以取悦晋武帝固不足称道,但我们同时也要知道,裴楷能如此机敏地回答是与他熟悉"三玄"分不开的。

3.有助于养成良好的口语习惯。每个人说话都有自己的风格特征,不仅体现在语音语调上,还体现在词汇与说话方式上。口语风格的形成既受到环境包括家庭环境及社会环境的影响,也受到后天学习的影响。书本知识对于养成良好的口语习惯是有很大好处的,有助于避免口头禅和言语重复。

我们在听别人说话时,很讨厌口头禅。其实,口头禅不是个简单的说话方式问题,它是由于心理能量贫乏造成的。口头禅是说话的人在无话可说时的停顿,知识丰富的人不用担心自己没话说。《水浒传》中的李逵,斗大字不识一个,也只会说"杀到东京,夺了鸟位"或"大块吃肉,大碗喝酒"之类的口头禅。美国作家马克·吐温著《百万英镑》,其中有一公爵夫人,虽处上流社会,但由于知识修养不够,语言贫乏,只会说"charming"。苏轼在《文说》中谈自己写散文心得时说:

> 吾文如万斛泉源,不择地而出。在平地滔滔汩汩,虽一日千里无难;及其与山石曲折,随物赋形而不可知也。所可知者,常行于所当行,常止于不可不止,如是而已矣。

虽是谈散文写作,我们不妨用来说明口语表达的意义。苏轼这么说,并不是在说明他是文章天才,这与苏轼丰富的知识储备有关。知识丰富,写文章才如万斛泉涌。苏轼是宋代大学问家,差不多同时代的李清照在《论词》中说苏轼是"学际天人"。

俗语说:"话说三遍如稻草。"言语重复是思维不活跃的表现,体现在口语表达上就是没话说,不得不以重复来过渡。本质上,它与口头禅是一回事,都是因为缺少丰厚的知识储备造成的。

(三)培养幽默感

幽默感是一个知识丰富的心田里生长出来的冷艳的花朵,是人格的体现,是超凡脱俗的境界。一个纠缠于世俗名利的人没有幽默感,一个没有灵魂的人没有幽默感,一个没有深厚知识素养的人也没有幽默感。真正的幽默是心与心的交流。幽默的话语可以把人带进一个闲暇的世界。知识可以培养幽默感,幽默是口语最好的表达方式。

公元前6世纪东魏和北齐时代，有位滑稽大王，名叫石动筒。有一次他在太学听经学博士讲课说："孔子的高材生有七十二人。"石动筒便顺势问："那么请问这七十二贤人中几个是成年人？几个是未成年人？"博士说："我不知道，经书上没有记载。"石动筒笑着说："先生读书太死板了，怎么不知道三十个是成年人，四十二个是未成年人？"博士一时间摸不着头脑，奇怪地问："你怎么知道的？有什么根据？"石动筒回答："《论语·先进篇》中说：'冠者五六人'，五六就是三十；'童子六七人'，六七就是四十二。合在一起不正好是七十二人吗？"

显而易见，人们具有幽默感，有助于身心健康，能获得良好的交际效果。那么，如何使自己具有幽默感呢？

1.乐观豁达。一个心胸狭窄，思想消极的人是不会有幽默感的，乐观与幽默是亲密的朋友。多参加社会交往，多接触形形色色的人，增强社会交往能力，也能够使自己的幽默感增强。

2.突破常规。提高观察事物的能力，培养机智、敏捷的能力，是提高幽默的一个重要方面。让话语出人意料之外，又在情理之中，这样才可能使幽默达到良好的应对效果，否则就只能是不伦不类，让人摸不着头脑。

抗战胜利后，张大千从上海返回四川老家。行前好友设宴为他饯行，并特邀梅兰芳等人作陪。宴会伊始，大家请张大千首座。张说："梅先生是君子，应坐首座，我是小人，应陪末座。"梅兰芳和众人都不解其意。张大千解释说："不是有句话'君子动口，小人动手'吗？梅先生唱戏是动口，我作画是动手，我理该请梅先生首座。"满堂来宾为之大笑，并请他俩并排坐首座。

3.善于应变。据《拊掌录》记载，宋朝一学士，姓石，一天去游报宁寺，牵马的人一不小心，使石学士从马上跌了下来。众人神情紧张，以为让石学士丢了面子，他会大怒怪罪下来。不料石学士轻轻一挥鞭，对牵马的人说："幸好我是石学士，如果我是瓦学士，岂不碎了吗？"众人一听，都笑了。大家不是笑他坠马的窘态，而是欣赏他那机敏、幽默的口才，使窘迫化为潇洒。

幽默是一种智慧的表现，它必须建立在丰富知识的基础上。丰富多彩的生活提供了许多有趣的素材，这些素材无意识地进入我们的记忆仓库的也有很多，我们如果做个"有心人"，就会使自己的语言材料丰富起来。例如，谚语、格言、笑话等，我们可以提取、改装并加工利用，这样我们的语言就会增加许多趣味性的"调料"了。做许多事情都是如此，要懂得厚积薄发，只有生活点滴的不断积累，才可能在语言的表达上产生无穷的魅力。因此，要培养幽默感必须广泛涉猎，充实自我，不断从浩如烟海的书籍中收集幽默的浪花，从名人趣事的精华中撷取幽默的宝石。

（四）加强口语训练

口语表达既然是技能，就可以通过培养、训练而获得。除了进行演讲、辩论等专项训练外，日常生活中还可以从这几个方面入手，来加强口语表达能力的训练。

1.大声朗读以培养口语语感。语言感觉是潜移默化地慢慢培养起来的，阅读可以培养语感，朗读对于培养语感也有很大的效果。当你反复多次朗读一个句型时，这个句型会在你的记忆中生根，以后遇到同样的语境时，你就会脱口而出了。

2.敢于发言以树立自信。说话是一种自我表现，需要自信，在大庭广众前说出自己的主张更需要勇气。平时尽可能抓住这样一些机会，敢于发出自己的声音。不要怕犯错误，十次错误换来一次成功，也是值得的。

3.平时有意识地学习一些语言技巧，如套用句型、变用句型等，可以收到事半功倍之效。人是社会性的，语言是人类社会性的主要体现，具有约定俗成性。前人、他人说过的话语，一旦被吸收，就成了共同语言。我们借用这些现成的表达方式来说明自己的思想，就很省事了，例如《旧唐书》卷九十九记载崔日知：

> 日知俄迁太常卿。自以历任年久，每朝士参集，常与尚书同列，时人号为“尚书里行”，遂为口实。

史书中常记载时号，是当时人对某事或人或物的口头称呼。唐代崔日知，人称“尚书里行”，是变用“监察御史里行”一语而来，《旧唐书》卷四十四《职官三》“御史台”条：“监察御史十员。”注：

> 正八品上。贞观初，马周以布衣进用，太宗令于监察御史里行。自此因置里行之名。龙朔元年，以王本立为监察御史里行也。

这样变用的好处是，不用费太多的口舌，仅用似曾相识而又不尽相同的句式，就把崔日知妄自尊大、倚老卖老的心理很形象地表达了出来。

变用句式还可以收到出人意料的表达效果。2018 年欧冠决赛，当威尔士球星踢进漂亮的倒钩球时，解说员贺炜脱口而出：“此球只应天上有，人间哪得几回见！”就是套用杜甫《赠花卿》中“此曲只应天上有，人间能得几回闻”这一诗句而来。

思考与练习

一、简要介绍口语和书面语的主要差异。

二、举例说明丰富的知识储备在口语交际中的运用。

三、结合下面的例子，说一说幽默的形成方式以及在我们日常交际中如何培养幽默感。

1.苏文茂、朱相臣相声《批三国》中有这样一段：

甲："既生瑜，何生亮"，知道怎么讲吗？

乙：不知道。

甲："纪生瑜"，就是纪氏生的周瑜，"何生亮"，何氏老太太生的诸葛亮。

乙：那你怎么知道张飞他姥姥家姓吴哪？

甲：在街面上有这么一句俗语说："这个人真是'吴氏生飞'。"那就是吴氏老太太生的张飞。

乙：噢，这么个"吴氏生飞"呀！

2.老作家汪曾祺在一次文学爱好者座谈会上提到，某些山里人夸口，似乎什么荤菜都吃过："长毛的，只有鸡毛掸子没吃过；长腿的，只有桌子板凳没吃过，大荤，只有人肉没吃过；小荤，只有苍蝇蚊子没吃过。"

3.一位矮个子学者的妻子嘲笑丈夫身材矮小，这位学者笑眯眯地说："我看还是矮点好，我如果不是一米五七，现在能够著作等身吗？如果不是我身短力小，我们的战斗你能场场取得胜利吗？"话毕，全场叫绝。

4."爸爸，我想今晚用一下您的汽车，可以吗？""那你两条腿干什么呢？"父亲显出莫名其妙的神情。"一条踩油门，另一条踩刹车。"儿子赶忙回答。

第五节　语言艺术实训

一、演讲

《史记·陈涉世家》中记载：陈胜在大泽乡揭竿而起时，就是用演说发动群众的。他号召说：

> 公等遇雨，皆已失期，失期当斩。藉第令毋斩，而戍死者固十六七。且壮士不死即已，死即举大名耳，王侯将相宁有种乎！

继续赴边和造反两条路的利弊陈述如抽丝剥茧，在他这番话的“煽动”下，九百听众齐声回答“敬受命”，爆发了中国历史上第一次农民起义。

（一）什么是演讲

演讲又叫讲演或演说，是指在公众场所，以有声语言为主要手段，以体态语言为辅助手段，针对某个具体问题，鲜明、完整地发表自己的见解和主张，阐明事理或抒发情感，进行宣传鼓动的一种语言交际活动。现实性、艺术性、综合性、鼓舞性、临场性是演讲的特征。按照内容划分，演讲可以分为政治演讲、经济演讲、学术演讲、法律演讲、宗教演讲和礼仪演讲；按表现形式划分，演讲有命题演讲、即兴演讲、论辩演讲等。

有声语言是演讲的首要元素，即演讲以讲为主。要求发音标准、吐字清晰，词句流畅、准确易懂，语调贴切、抑扬顿挫。其次辅助以体态语言，即态势语，如体态、表情、眼神、手势动作等补充信息，辅助表达、加强渲染、强化情感、调节氛围、促进交流。演讲是演讲者运用姿态、声音做有组织的陈述以感动听众的过程。

（二）演讲者必备的四种心理素质

在演讲中最常见的障碍有语音障碍、心理恐惧、缺乏自信、自我中心。要想克服这些障碍需要演讲者具备四种心理素质：自信、诚实、豁达、友善。

自信是对自己所做事情后果有无成功把握的估计判断及其心理定势。自信心的强弱可以通过不断的实践准备来调整，例如演讲者通过对语言、结构、音调、语速、仪表、姿态的不断练习以达到镇定自若、热情果断、言语流畅的效果，最终演讲成功，这会有效增强演讲者的自信心。以姿态为例，演讲者以轻松愉快的心情走上演讲台，在讲台的中央站定，说话之前悄然提气收腹，抬头挺胸，并调整好呼吸的节奏。双肩放松，双臂自然垂在两侧，双脚自然开立，身体的重心平均落在双脚上，整个身姿挺拔而不僵硬，放松而不随意，但在演讲过程中要随着演讲内容、情绪的变化，适当调整站姿，做到稳健潇洒，自信从容。

诚实则更多地体现为演讲内容是否丰富多彩、妙趣横生，能否讲出自己的真情实感，表现出人性风采和人格魅力。如果你是个为他人指路的智者，你就要让别人对你充满敬仰，深信不疑；如果你是个与朋友分享快乐的朋友，你就要让别人深知你的友好，充满敬意；如果你是个无名小卒，为别人讲述你的悲惨遭遇，就要让别人与你一起声泪俱下，满腹同情。你就是那个人，不是别人，不是任何人。投入，全身心的投入，这就是演讲。

豁达和友善强调的是演讲者的口才风格与阳光心态，避免过度的表现欲，例如演讲者不能把演讲台变成他个人表现的场所，演讲者自我陶醉、自我欣赏、自我满足，演讲中趾高气扬、忘乎所以、滔滔不绝，炫耀自己的知识和才能，极度渴望得到掌声和喝彩声，往往会引起听众的反感。当然，随着见识和阅历的增加，这种表现欲就会被填补。

（三）演讲的准备

演讲前首先要确定主题，只有正确、鲜明、新颖、深刻的主题才能打动听众。其次是精选材料，针对所选材料定好演讲的风格基调，或慷慨激昂，或深沉凝重，或潺潺流水式。

接下来完成演讲稿的写作，最后还要做好精神上的准备，调整好情绪，充满自信，反复诵记演讲材料。

演讲稿的结构通常包括开头、主体、结尾三部分。开头又称“开场白”，虽然，只有三言两语，却具有设置气氛、控制情绪、导入主题、激发情感等作用，常见的开场白有名言警句式、故事式、悬念式、提问式、即景生题式、提纲挈领式、幽默式、托物言志式、自我介绍式。主体部分是演讲稿的重点，紧承开场白，内容要充实、主旨鲜明，合乎逻辑地展开论述，可以通过平衡并列、正反对比、层层深入等方法巧设结构，善用多种表达方式和修辞手法渲染升华主题，设置好演讲高潮，以使听众产生心灵共鸣。结尾往往是演讲词最关键的部分，它影响着演讲的效果，常见的结尾方法有诵唱式、总结式、祝愿式、激励式。

演讲稿写好后要设法转换成生动的口语表达。演讲注重现场感觉特别是演讲者与听众之间的交流效果，如果念讲稿，永远不可能进入这个境界。念讲稿会导致最能交流感觉的眼睛被讲稿隔断了，心灵对讲稿文字只能被动地追随，而事先写就的书面化语言是缺乏强烈感觉色彩的，口头语言生动富有感情色彩，很有弹性。例如毛泽东演讲时很少念讲稿，他善于把学术性很强的命题转化为通俗的口语：“十个指头弹钢琴”指工作要全面照应,"十个指头按跳蚤"指工作无计划无头绪。这种口语的运用使抽象逻辑不但变得容易理解,而且容易感觉,从而也易于加强现场交流效果。

（四）演讲的训练

有声语言是演讲的主要手段,因此有声语言表达的训练离不开语音训练、语速语调训练。语音训练包括平翘舌和鼻边音等声母纠偏、前后鼻音等韵母纠偏、轻声的发音和其他音变现象等。语速语调训练包括停顿、重音、语调升降、语速快慢等方面的训练。尤其个性声音的美化训练非常重要。嗓音好比人的第二张脸,有非常明显的个性色彩,是一个人区别于另一个人的重要特征。个性声音美化训练包括:用好共鸣器、进行吐字归音训练、学会发言语颤音。优美动听的声音和一个人对共鸣器的运用以及发声吐词的方法有很大关系。到演讲台上或大型集会的舞台上讲话,必须把口腔和鼻腔共鸣器都打开用上,并且增强每个共鸣器的扩音作用,才能做到声控全场,提高语言发送的能力。悦耳的嗓音,应该明净流畅、圆润饱满,而且字音不扁,声音不散,叮咚作响,具有"大珠小珠落玉盘"的效果,有一种音乐感。言语的颤音听起来像是用声带连续不断地吹出一些气泡的声音,所以也叫气泡音。与亮音相比,颤音更接近生活中的自然语音,显得更加温暖热情有人性。发声中加进这样的成分,可以取得亮中带沙的效果。这种亮中带沙的声音会造成一种声音上的朦胧美,使人觉得这种声音响亮动听又亲切自然。

态势语训练首先强调应在演讲中准确运用眼神,用眼神的变化表达内心的丰富情感。将目光注视方向的同一性和观察方位的多样性结合起来,环顾、专注或者虚视。面部表情主要通过面部肌肉姿态的变化与演讲内容结合,同听众的情绪融合起来,为成功的演讲奠定良好的感情基础;还可以辅以必要的手势动作,但是要自然得体,不可滥用手势。

为了增强现场效果,演讲者还要善于临场发挥。首先,开场白要叫得响。恰到好处的自我介绍,可以诱使听众形成"认同感":有位学者到部队演讲,他一副文质彬彬的样子往台上一站,开口就说:"退后三十年,我和你们一样,也是一个兵! 走路风风火火,迈步嘎嘎喳喳山响,当过班长、排长、连长。后来阴差阳错,改行摇笔杆子,整天爬格子、熬通宵,弄成了这般连我都不喜欢的样子,所以一有机会就想寻根,今天总算又回来了,请你们接受我这个没有着军装的老兵的致意……"战士们立即报以热烈的掌声。张明敏演唱《我的中国心》前这样说道:"大陆同胞们,无论在什么地方演出,我都喜欢穿中山装,因为它提醒我,我是一个中国人,我有一颗中国心,下面我奉献给大家的歌是《我的中国心》!"一语既出,掌声雷动。

其次,演讲不可忽视呼语的作用。《礼记·少仪》道:"言语之美,穆穆皇皇。"呼语是沟通听众感情,架起友谊桥梁的关键;呼语是演讲者在演讲过程中,有意加强气势、着重强调而使用的不断吸引听众注意的手段；呼语是调动听众感情、打动人心、活跃思维、促使行动的最有力的手段；呼语还可以用来加强攻势，更有力地驳斥对立派。

演讲的成功之道，在于唤起听众的共鸣。因而演讲家们都要在演讲中找自己与听众的共同点、相似点，导出“我们”一词，使演讲获得成功。例如秋瑾《敬告中国二万万同胞》开头，从地位导出“我们”：“唉！世界上最不公平的事，就是我们二万万女同胞了。”接着历数“我们女子”受压迫情景，从而号召妇女自尊、自立、自强。英国首相丘吉尔“二战”期间在美国作圣诞演说，从情感导出“我们”：“我今天虽然远离家庭和祖国，在这里过节，但我一点儿也没有异乡的感觉。我不知道，这是由于本人的母系血统和你们相同，抑或是由于本人多年来在此地所得的友谊……”，“我和各位之间本来有手足之情”，“今晚，我们可以暂时把恐惧和忧虑抛开、忘记”。拿破仑 1814 年被流放时告别卫队士兵，从经历导出“我们”：“各位战友们，你们要各自珍重。这 20 年来，我们同在一起……”

二、辩论

辩论指彼此用一定的理由来说明自己对事物或问题的见解，揭露对方的矛盾，以便最后得到共同的认识和意见。辩论既不是真理之辩，也不是口才之辩，而是哲学领域的思辨之辩，旨在培养人的思维能力。辩论大体可分为专题辩论、赛场辩论、日常辩论三类。按照阐述内容的侧重点不同，辩论语言可分为申辩、驳辩、答辩三种类型。

（一）辩论的基本方法

辩论中最常用到的方法有雄辩、诡辩、悖论三种。其中雄辩又被称为“论证型辩论”，诡辩被称为“回避型辩论”，悖论的主要特点是二难推理。熟练掌握这三种方法可以帮助组织辩论和设计有效的辩论方法。

1.雄辩

《周书·文帝纪上》：“齐神武问岳军事，太祖口对雄辩。”雄辩在汉语词汇中指的是强有力、具有说服力的辩论。六朝时期著名文学评论家刘勰描述道“战国争雄，辩士云涌，纵横参谋，长短角势”，可谓盛况空前，有无数雄辩家的著名例子。在古希腊和古罗马时代，雄辩在社会生活中亦具有重要作用，它不仅仅是在政治上、法律上击败对手的有力武器，而且也是衡量上层人士是否有教养的标志。

雄辩总体上使用程序性方法，主要包括：直言陈述，例如魏徵劝阻唐太宗泰山封禅；迂回诱导，例如晏子以“橘生淮南则为橘，生于淮北则为枳”引出齐、楚水土不同；欲擒故纵，例如《威尼斯商人》中“一磅肉的故事”；以退为进，例如东京大审判时，梅汝璈以请示、辞职为由力争中国法官座次；釜底抽薪，驳其论据，例如蒯通申辩曾劝韩信自立之事；

反守为攻，变被动为主动，例如玄武门事变之后，魏徵据实回答李世民“皇太子若从臣言，必无今日之祸”而被赦免并任詹事主簿。

具体到雄辩中的某一环节，可以采用一些技巧性方法，主要有类比法、矛盾法（揭露逻辑矛盾）、归谬法、反证法、反讽法。以归谬法为例：

据《艺文类聚》中记载，汉武帝晚年很希望自己长生不老。一天，他对侍臣说：“相书上说，一个人鼻子下面的人中越长，寿命就越长；人中长一寸，能活一百岁。不知是真是假？”东方朔听了这话，知道皇上又在做长生不老之梦，于是脸上显出一丝讥讽的笑意。皇上见东方朔似有讥讽之意，于是面有不悦之色，问道：“你怎么敢笑话我？”东方朔恭敬地答道：“我怎么敢笑话皇上呢？我是在笑彭祖的脸太难看了。”汉武帝问：“为什么？”东方朔说：“据说彭祖活了八百岁，如果真像皇上说的一寸人中活一百岁，彭祖的人中就该有八寸长。那么，他的脸岂不是太难看了吗？”汉武帝听了，也哈哈大笑起来。

所谓归谬法，指不批驳对方的不合理观点或想法，而是以此为出发点，顺势推导，最后得到一个荒谬的结果，从而使对方不合理的观点不攻自破。

2.诡辩

诡辩是违背逻辑规律而做的一种似是而非的推理和论证。在宣传中论证一个命题或说明一个问题时，诡辩者不去如实地、以有力的逻辑力量揭示事物的内在联系，而是从主观出发，以片面的、表面的，甚至不相干的一些现象制造虚假的联系、因果关系和主从关系，达到混淆是非、颠倒黑白的目的，为其荒谬的言论制造一种骗人的推理形式。

诡辩的思维方式古已有之。战国时期名家学派代表公孙龙在《白马论》中提出“白马非马说”、古希腊麦加拉学派“头上长角说”都是经典的哲学命题。以后者为例，“你没有失掉一样东西，那就是说，你还拥有这样东西，对不对？”“你没有失去头上长的角，那就是说，你头上长角了，对不对？”分析这种诡辩术的关键在于概念置换。如果忽视前面概念的以偏概全，就会陷入随后的辩证逻辑中。

诡辩艺术的内涵在于灵巧性和实用性。它包括人的思辨、智谋、语言、心理、幽默等方面的综合能力，使其恰到好处地为某一观点服务。诡辩的最大功用在于锋芒毕露地揭示对方论点的矛盾和漏洞，以遮掩自己观点立场的理由不足。任何形式的诡辩，诡辩者都应该具备反应敏捷、思路畅达、推理缜密、风趣幽默等条件。诡辩应施于要害之处，最好在对方自鸣得意时来个猝不及防的打击，以扰乱对方的思辨程序，使其对突然骤变的形势无力招架而落败；但我们并不提倡诡辩手段的信手拈来，那样会因诡辩的滥用而使辩论显得苍白无力,令人乏味。

3.悖论

悖论是表面上同一命题或推理中隐含着两个对立的结论,而这两个结论都能自圆其说。公元前4世纪麦加拉学派的欧布里德提出的“说谎者悖论”是迄今最古老的语义悖论。欧布里德提出如下问题:如果某人说他正在说谎,那么他说的话是真还是假?欧布里德问题经常被重述为:“我现在说的这句话是谎话。”如果他的这句话是真的,那就不符合这句话的内容,则这句话是假的;如果这句话是假的,那就符合这句话的内容,则这句话是真的。因此这句话是无解的。这就是一个自我指涉引发的悖论。除了“说谎者悖论”,著名的悖论还有理发师悖论、古希腊“半费之讼”等,都属二难推理。

(二)辩论的准备

辩论前需要全方位审题,即正名辨析,所谓“名正才能言顺”,审题的目的是明确辩题的含义,认识辩题对双方的利弊,把握双方争辩的焦点,以便确立对自己有利的论点和策略。辩论中常见偷换概念,在审题时对涉及论辩主旨的某些核心概念进行辨析可以在辩论中占据先机。

在剖析辩题的基础上,针对双方争辩的焦点,根据论题难易的情况,本着趋利避害的原则,确定本方应坚持的基本论点即立论。如果辩题于本方不利,可以通过巧妙限题、升高起点、包容法、明确交点法、双向立论法等方法创造立论的优势,建构本方的理论体系。

例如一场关于“考试制度是衡量个人才智的最佳途径”的辩论。正方香港中文大学队一辩以一则“灰姑娘”童话故事开篇:仙女送给灰姑娘一双水晶鞋,让她到王宫去跳舞,使灰姑娘有了一个展示自己美貌和才能的机会。然后话锋一转,指出考试制度就像这双水晶鞋,它提供了展示个人才智的机会;并且呼吁给世界上无数个“灰姑娘”都送一双“水晶鞋”,让她们有机会脱颖而出。这个形象而机智的开篇引起了全场的掌声。不料,反方台湾大学队一辩从容不迫,竟然续起了对方没有讲完的童话:舞会散了,灰姑娘走了,王子以水晶鞋为标准寻找自己的心上人,如果别人的脚正合这双水晶鞋的尺寸,王子岂不是要找错人吗?考试制度看起来客观公正,其实正像水晶鞋一样很不可靠。于是,曾被正方作为立论依据的灰姑娘童话,已经完完全全地转换成了反方观点的支柱。正方阵脚大乱,败局已定。

审题和立论是确定辩论战略的关键,而辩论材料则是实施战略的基础,只有广泛收集丰富的资料,才能在辩论中游刃有余。辩论材料包括理论材料、事实材料、数据材料,要求准确、典型、新颖。辩论的力度很大程度上取决于支持论点或反驳对方论点的材料性质和分量,因此对收集的材料还要选择分类和精心加工,将之截取浓缩合并、口语化、生动化,制作成论据卡片。

制定辩论谋略，通常分为三种情况：步步为营、先发制人、出奇制胜。例如一场关于"在目前的国际形势下联合国没有存在的必要"的辩论，反方复旦大学队在自由辩论中表示自己并不否认联合国有改革的必要，正方澳门东亚大学队见状十分高兴，声称"对方已是支持了我方的观点，和我方达成共识"。反方反击：承认联合国需要改革就是表明联合国还有继续存在的必要；如果联合国没有存在的必要，那么对联合国就不应持改革的态度，而要持解散、抛弃的态度了。这一反击使正方落入陷阱而不能自拔。

在确定辩论目标、谋略原则、战术支配之后，还要进行必要的语言准备，即需要撰写辩词讲稿。辩词分为立论辩词和驳论辩词，要求围绕论点安排层次（立论—论证—结论），编制好论证大纲，逻辑分析、理论分析、事实分析，将论点和论据有效结合。

（三）辩论的训练

出色的辩手需要具备以下素质：有优美的语言、优雅的形体、渊博的知识、严谨的思维、丰富的经验、成熟的心理。因此辩论训练通常包括语言发声训练、形体气质训练、思维训练、辩论实战训练、听力训练、心理训练、知识积累等方面。训练的方法有朗读、演讲、反向论证、演绎推论、综合能力训练等。

朗读训练从发声练习、绕口令开始，念读训练包括视觉扫描准确度、单字音节饱满发声、急速念读、即兴播读，听话练习重在掌握听话要领。

演讲训练只给一个题目，准备 1 分钟，然后发表一个 3 分钟的公开演讲。要求条理清晰，说明的问题能被听众清晰地了解，自己的观点能被接受，同时训练辩者的心理素质。

反向论证是对人们常识中认为是正确的事情作出相反的判断并论证，要有公认的理论作支撑，强调思维严密，同时掌握推翻这种论断的相应方法，以开拓辩论思维。

演绎推论是根据前提推出无数结论，并且证明结论是由前提推出的。然后反方向推出荒谬的结论，练习归谬能力。

综合能力训练以听话理解力等作为重点，训练的目的在于能用精练的话语准确记述辩论对手的话语，总结话语的问题所在，将其话语内容进行有利于己方的解释，并告诉下面的评委和听众，这是辩论中的重要技巧，需要进行强化练习。

三、面试

面试是在特定场景下，以考官对考生的面对面交谈与观察为主要手段，由表及里测评考生的知识、能力、经验等有关素质的考试活动。面试分为个人面试、集体面试、综合面试、渐进式面试几种，面试的主要形式有问题式、压力式、情景式、随意式、综合式。这种经过组织者精心策划的招聘活动，可以考察一个人的工作能力，初步判断应聘者是否可以融入自己的团队。

（一）面试要领

1.知己知彼

面试者必须首先清楚组织者的用人要求，明白自己存在的不足，然后扬长避短、趋利避害，设计一个适合自己的面试方案。面对“有工作经验”之类的要求，多数应届大学毕业生都会望而却步。其实大学生只要有真才实学，又敢于面对挑战，再具备一定的实习经历，有眼力的招聘者不会将真正优秀的可造之才拒之门外。如果在求学期间比较有前瞻性，做好准备，精心打造一两把“杀手锏”，更会大大增加自己就业成功的概率。同时，个人愿望要结合社会需求，尽量做到避“热”就“冷”，职位目标不妨多定几个，否则容易把自己框住。这是因为，并非各项条件符合就一定能被录取，成功与否还取决于另一个因素：这一职位的供求比例。

熟悉对方单位可以帮助求职者变被动为主动。参加面试前，要充分搜集应聘单位的相关信息。知道的信息越多越细，就越能在面试中把握主动。你如果半天也谈不出和应聘单位及职位相关的内容，面试官一定会心存疑问：这个人到底是来干什么的？通常情况下，参加求职应试的人总想说些恭维话，以引起对方的好感而求得职位。但一味说好话也未必能打动人，最好还能谈出自己对该单位发展的独特见解。如果能够指出不足之处并令对方心服口服，常常也能达到求职目的，当然前提是你必须潜心地研究对方。例如一个毕业生，在参加某世界五百强公司的最后一轮面试时，大胆指出该公司的不足，并用国外事例佐证，使对方不得不折服，结果她被首先聘用。

面陈其“过”，之所以能胜于别的应聘者，不仅是因为技巧新，由“贴金”变“责难”，而且表明你关心该单位未来的发展，你想到该单位工作的态度是十分认真的，不是抱着“进了再说，不行拉倒”的心态随便试试看的。另外你说得令人信服，还表明你研究之深，水平之高。但你态度必须诚恳，且实事求是，说到点子上。

一著名外资企业欲招聘高层管理人员，丰厚的薪水、优越的待遇吸引了众多人士前来应聘，其中不乏博士、硕士，也有原本就是外企员工的。但令大家意想不到的是，最后胜出的却是一位只有大专学历、从来没有外企工作经历的“无名小卒”。在谈到何以制胜时，这位先生道出了他的“法宝”：“这家公司招聘广告一登出来的时候，我就着手对该公司所有的产品做细致的市场调查，从市场份额、产品到竞争对手等各方面的情况我都了解得清清楚楚，因而提出的建议和制定的规划也是最切实可行的。它没请我，我就已为它工作了，它不请我又请谁呢？”

这位先生的求职思路，是值得借鉴的。作为用人单位，它最希望的就是招聘到的人能实实在在解决问题,能出色地胜任本职工作,它不需要更多的高深理论,也不需要夸夸其谈。学历也罢,工作经验也罢,都只是从侧面证明你有这个能力,但都不如直接拿出实实在在的方案来。在应聘前下功夫做调查,对公司的情况有所了解,然后对症下药提出切实可行的解决方案,这样没来单位就已开始“工作”了,自然获得应聘单位的好感。

2.细节决定成败

在面试者自身条件相同或相近的情况下,招聘单位会更为重视对其人品、个性的考察,而面试时的细小行为最能说明一个人的真实情况。因此在面试时,考官们会随时注意求职者的言行举止,那些举止得体者往往能获得考官的青睐。

一家国际知名企业在一次招聘质量经理时,设下了一个小“陷阱”——拖鞋。经过几轮筛选,他们最后圈定了3个人选。当天,人力资源主管在办公室门旁放了一个鞋架,摆了两双拖鞋。然后把门开了一半,要看看他们进门前的表现。三个人中,有一位敲门后直接就进来了,看都没看鞋架;有一位看到鞋架迟疑了一下,看了看自己的脚,然后敲门进来;只有一位询问是否需要换鞋,换好后把鞋摆到鞋架上,进来、临走又把门轻轻关上,换好鞋又把拖鞋放回原处。最后,这家公司决定录用他,因为质量经理要非常严谨细致,换鞋反映出他细心;他能询问是否要换鞋,体现出他做事主动,愿意尊重企业的规定,有融于企业文化的意愿。事后证明,他非常称职,很优秀。

所以面试者一定要注重细节,力争在求职过程中有完美的表现。要考虑的具体问题主要有:简历设计要科学,每个项目都应有正确合理的摆放顺序:首先是个人基本信息,第二是实践经历,第三是专业技巧,即取得的各种能力证书,最后是所获奖励。不同的职位往往对应聘者有不同的要求,但不少学生会将完全相同的简历投给许多单位,简历写得太程式化,不具体。应该针对所应聘的职位需要,突出自己的优势。

着装举止要得体,合乎自身形象的着装会给人以干净利落、有专业精神的印象。仪表修饰一般不要太标榜个性,庄重、朴素、得体就好。

面试前带上必备用品,文件包要整理整齐,因为从中可以看出求职者的条理性,一个自己包内物品都弄得杂乱无章的人,很难在工作中有条有理。

要留出充裕的时间去搭乘车辆,以免面试迟到。不管你的主考官会多么谅解你在路上碰到的意外情况,要克服负面的第一印象几乎是不可能的。

注重态势语。坐椅子时最好只坐2/3,不要靠着椅背,这样显得人精神些,同时两腿并拢,没事别抖动脚,注意站直坐正。不要在谈话结束之前表现出浮躁不安、急欲离去或另赴约会的样子。

把自己碰到的每一个人都看成是面试中的重要人物,一定要对每一个接触的人都彬彬有礼,不管他们是谁以及他们的职务是什么,每个人对你的看法对于面试来说都可能是重要的。

（二）面试中的“三要三忌”

1.“三要”

首先，自我介绍要简短。面试中碰到的第一个问题一般是：请你做一下自我介绍。这道题90%以上的用人单位都会出，面试者事先最好以文字的形式写好背熟。考这道题的目的是考核面试者的语言表达能力、逻辑能力以及诚信度。所以，自我介绍的内容要与个人简历相一致，表述方式上尽量口语化，注意内容简洁、切中要害，条理要清晰，层次要分明。自我介绍不能超过2分钟，最好把握在1分钟左右。其实从简历中主考官对你已有基本了解，他只是想借此引起话题，所以你只需用简洁明了的语言回答，太长则令人生厌。要想自我介绍成功最重要的是深入了解自身实际，应该根据自己的能力、专业、喜好，提出最接近自己理想的职业、岗位；突出地表现出你的性格和专业能力；充分展示你勤奋工作、追求团体目标的能力。总之，将自己所有的优势都推销出去，切忌不够诚实和“不懂装懂”。

其次，要听出话外之音。倾听的重点在于把握话外之音，学会分析主考官话语背后的含义非常重要。

> 考官问前来应聘的年轻女性：“你喜欢出差吗？”有一位回答：“我现在年轻，在家里坐不住，特喜欢出差，一方面为公司办事，另一方面又可以领略到美妙的自然风光。”而另一位是这样回答的：“只要公司需要出差，我会义无反顾。这几年因忙于求学，几乎没出过远门，尽管家人不反对，男友也想陪我出去转转，但终未成行。出差很可能会成为我今后工作的一部分，这一点在我来应聘前，家人早就告诉我了。”

考官提出这个问题，并不是真的在意你喜不喜欢出差。工作需要时，你不喜欢出差也得出差，考官的目的可能是想通过此问了解你的家人或者恋人对你的工作持何种态度。第一种回答在表达效果上要差一些，出差顺便逛逛风景名胜本在情理之中，可这样一表白，难免会让人对你产生将出差与游玩主次颠倒的感觉；第二种回答妙在那位女士深知考官提问的目的，回答切中了要害。

面试具有一定的时间限制，主考官认为该结束面试时，往往会说出以下这些暗示的话语：“我很感激你对我们公司这项工作的关注。”“你的情况我们已经了解了。你知道，在做出最后决定之前我们还要面试几位申请人。”“我们一旦做出决定就会立即通知你。”应聘者听了诸如此类的暗示语之后，应该心领神会，主动站起身来，露出微笑，和主考官握手告辞，并且致谢，然后有礼貌地退出面试室。

最后，要从对方的立场回答问题。例如主考官提问："当你的意见和领导冲突时，并且领导的意见不正确，你如何处理？"事实上公司并不希望发生下属顶撞上司的情况。适当的回答是：我会遵照领导的意见开展工作，但会在恰当的时候以合适的方式告诉他，并且拿出充足的理由来证实自己的正确性。

2."三忌"

第一，忌缺乏自信。很多人的求职用语其实表现出自信的缺乏，最明显的就是问"你们要几个人？"对用人单位来讲，问题不在于招几个，而是面试者有没有实力和竞争力。"你们要不要女性？"这样询问的女性，首先给自己打了"折扣"，用人单位刚好"顺水推舟"，予以回绝。言过其实、自卑、自负、哀求的言语都不利于面试成功；相反，谦虚、诚恳、亲和、自信的谈话态度会让你在任何场合都受到欢迎。求职者要和招聘方做平等交流，不要给人感觉自己很被动，也不必满脑子地想"表现一定要好"，总之要态度坦诚，心态自然。一个人的自信心并非与生俱来，而是在不断战胜困难中逐步培养起来的。一定要挑战自我、充满信心，你要是自己躲起来，没人会发现你。人越多你越要踊跃发言，展示口才，充分体现你的竞争力和领导力，要时刻鼓励自己、相信自己，要在实际行动中逐步磨炼自己。

第二，忌急问待遇。谈论报酬待遇是你的权利，这无可厚非，关键是要看准时机，一般在对方已有初步聘用意向时再委婉地提出来，而且不能"就薪水谈薪水"，要告诉对方，你更在乎的是职位本身，希望单位能了解自己的价值。

但是薪水的多少对任何求职者来说，都是不能不关心的事情。一般来讲，在面试时，招聘人员会主动给应聘者说明试用期、正式聘用期的薪水及福利情况，但也有工作人员会只字不提。面对这种情况，应聘者可以运用旁敲侧击的方式，比如以同类公司的薪水为话题，来探询该公司有关新进人员的薪水制度。另外，也可以公司的年度业绩为话题，来探询公司对于福利奖金的做法。面试者可以利用现在网络科技查询薪资定位的相关资料，配合个人的价值观、经验、能力等条件，给出最基本的薪资底限，"依公司规定"这类回答是不被建议的，这样不但表示出自己对于工作的自信程度不高，在薪资无法符合个人要求时更会造成许多困扰。

第三，忌报有熟人。面试中急于套近乎，不顾场合地说"我认识你们单位的某某""我和某某是同学，关系很不错"，等等。这种话主考官听了会反感。如果你说的那个人是他的顶头上司，主考官会觉得你在以势压人；如果主考官与你所说的那个人关系不怎么好，甚至有矛盾，那么面试者这样引出的结果很可能就是自我遭殃。

（三）面试中的应答技巧

1.常规问题

主考官问："你为什么要来本单位应聘呢？"回答这个问题时，一定要积极正面，如想使自己有更好的发展空间，希望能在相关领域中有所发展，希望能在公司多多学习，等等；此时可以稍稍夸一下面试公司，但切记一定要诚恳，不然可能会画蛇添足，得不偿失！对于社会新鲜人的建议则是，由于之前没有工作经验，所以建议你可以坦诚地说出自己的动机，不过用语还是要思考一下。

主考官问："你是学××专业的，为什么要跨专业谋职？"这个问题提得很尖锐，迫使面试者不得不暴露自己在专业上的弱点。回答时可以立足于找出两个专业之间的共通处，以及对所跨专业的了解程度，最后谈谈自己的优势所在。尽可能避免提到对本专业不感兴趣、没有学好本专业等欠缺，同时把自己的想法合情合理地提出，从而引起面试官的重视。

问：你喜欢这份工作的哪一点？每个人的价值观不同，自然评断的标准也会不同，但是，在回答面试官这个问题时可不能太直接就把自己的心里话说出来，尤其是薪资方面的问题，不过一些无伤大雅的回答是不错的考虑，如交通方便，工作性质及内容颇能符合自己的兴趣等等都是不错的答案，不过如果这时自己能仔细思考出这份工作的与众不同之处，相信在面试上会大大加分。

问：你自己的优缺点是什么？有许多面试官都喜欢问这个问题，目的是在于检验人才是否符合应聘岗位要求，求职者的诚恳度，等等，在这之前应该好好分析自己，将自己的优点与缺点列张单子，在回答问题时，以优点作为主要诉求，强调可以为公司带来利益的优点，如工作积极、肯学习是最普遍的回答。面试人人强调优点，无人说缺点，因此你自己说出口的缺点就是公司要你与否的关键。但是答曰："我可以胜任一切工作。"这也不符合实际，说自己没缺点肯定是不行的。老实回答之余应避免提到人格缺陷，而且回答要有技巧。建议说出一些对于所应聘工作"无关紧要"的缺点，例如："我做事效率比较高，但有时会显得耐性不足。"甚至表面上看是缺点，换个角度看却是优点的缺点。例如："我想我最大的缺点是没有太多的工作实践经验。学生时代的经历几乎是从一所学校毕业就又到一所新的学校读书。……希望我的这些不足能够在贵单位的实际工作中得到改进！"上述"缺点"实际上不算什么缺点，因为学生时代谁的经历都是简单如白纸；而且，上述回答已经含蓄地表明了自己的优点——踏实；同时，它还表明了自己志愿到面试单位工作的决心——"希望我的这些不足能够在贵单位的实际工作中得到改进！"

郑小姐是某财经学院管理系的高材生，但相貌欠佳。在几次面试失败后她直接找到一家化妆品公司的老总，主动推销自己。她从外国化妆品公司的成功之道说到国内化妆品公司的推销妙计，老总听后对她的才干暗自赞赏，但还是亲切地说："小姐，恕我直言，化妆品广告很大程度上是美人的广告，外观很重要。"郑小姐十分自信,她迎着老总的目光大胆进言:“美人可以说这张脸是用了你们的面霜的结果,丑女则可以说这张脸是没有用你们的面霜所致,殊途同归,你不认为后者更高明吗?”老总写了张纸条递给她:“你去人事科报个到,先搞推销,试用期3个月。”郑小姐十分珍惜来之不易的工作,业绩显著,现在已是该公司的副总经理。

总之,只要你有比较优秀的综合素质,就无需掩饰自己的缺点。不要害怕承认自己的不足,但要坚持主动地强调你的长处,以及你如何将自己的不足变成优势。

问:你对本单位的了解有多少?这时准备的功夫就派上用场,将你之前所收集的信息一一道出吧!至少也要知道公司的产品是哪些,提供哪些服务等,不然面试官一问当场傻在那儿就糗大了,所以一定要事前准备!

问:你对工作的期望与目标何在?这是面试者用来评断求职者是否对自己有一定程度的期望,对这份工作是否了解的问题。对于工作有目标的人通常学习较快,对于新工作自然较容易进入状态。建议你最好针对工作的性质找出一个切实的答案,如业务员的工作可以这样回答:“我的目标是能成为一个优秀业务员,将公司的产品广泛推销出去,达到最好的业绩;为了达到这个目标,我一定会努力学习,而我相信以我认真负责的态度,一定可以达到这个目标。”其他类的工作也可以比照这个方式来回答,只要在目标方面稍微修改一下就可以了。

问:你为什么要从上一家公司离职?回答这个问题时一定要小心,就算在前一份工作中受到再大的委屈,对前公司有多少怨言,都千万不要表现出来,尤其要避免对公司主管的批评,以免引发面试官的负面情绪及印象。建议此时最好的回答方式是将问题归咎在自己身上,例如觉得工作没有学习发展的空间、自己想在面试工作的相关产业中多加学习,或是前一份工作与自己的职业规划不合,等等,答案最好是积极正面的。

问:谈谈你人生旅途中最大的成功和失败是什么。如果答曰:“我想不起我曾经失败过。”这样说,在逻辑上讲不通。这个问题很常见,但能有效反映一个人生命历程的深度和广度,进而可以判断出你思想的深度和悟性。如果你只能答出类似高考因未能考到满意的大学而痛哭了好几天,那就容易判断出你是一个经历单纯、对逆境没有承受力的人。所以,当你谈到最成功的一件事时,你要谈到从成功中得到的经验和升华,但不要眉飞色舞、夸夸其谈,给面试官以浅薄自大的感觉;谈到最失败的一件事时,要谈到从失败中吸取的教训和自己战胜失败的过程,不要垂头丧气、苦闷彷徨,给面试官以没有逆商的感觉。

问:谈谈你的家庭情况。可以简单地罗列家庭人口,宜说温馨和睦的家庭氛围、父母对自己教育的重视、各位家庭成员的良好状况、家庭成员对自己工作的支持、自己对家庭的责任感等。

2.非常规问题

面试提出的问题，一般是常规性问题，大部分事前都可以预料到。但是，在面试中，有些面试官会提出一个不甚友好的问题，或者劈头浇面试者一盆冷水，让其在委屈和激愤中露出本色。在面试官看来，击溃面试者的心理防线，才能筛选出有心理承受能力的智者，找到能面对压力的新鲜血液。要想在压力面试中胜出，只能学会绕开陷阱，奋战到底。

某女士在应聘公司文书一职时被考官问道："假如这次是招聘勤杂工，你会来吗？"她回答："我所看好的是贵公司人尽其才的用人理念，让我当勤杂工，我会毫无怨言，既然来应聘了，我早就做好各方面的思想准备。作为一名员工，就应该无条件地服从上司的工作安排。说实际点，我会每天把办公环境收拾得干干净净，让决策者们在更为舒适的条件下工作，当上司工作繁忙劳累的时候，我会及时给其送上一杯热茶，这本身就是一件非常美好的事情，因为上司的运筹帷幄之中也有了我的一份辛劳！见微知著，许多大人物不都是从小事做起的吗？"

用人单位招聘何种人员，招聘简章里早已讲得明明白白，但提出这个问题也并不是毫无意义的试探。因为无论是在公司总部，还是在下属的任何一个部门，都会有一些诸如端茶倒水、清扫整理之类的繁杂事务，而这些很可能就是你今后工作中的有机组成部分。应付这类问题的办法是冷静地整理好思路并尽量从容回答。

在一家知名外企的面试中，有这样一道面试题："假如你在飞机上遇到一位高尔夫球的生产商，向你询问中国每年消耗的高尔夫球的数量。你怎样回答？"其实对于这种不可能回答的问题，我们只要找到它的解决办法就可以了，因为连考官自己也不知道问题的答案。我们可以这样回答：1.统计中国高尔夫球场的数目；2.统计平均每天有多少位客人；3.统计每位客人平均每天消耗的高尔夫球的数量。然后我们把三个数相乘，再乘以一年的营业天数，就可以知道中国每年消耗的高尔夫球的数量。这种方法就是用未知来回答未知。

某公司的面试是在一个偌大的会议厅里进行的，面试者和公司的人力资源部主任面对面谈了 2 个小时。主任先问了一些基本情况和一些专业问题，然后突然话锋一转问道：皮鞋和鞋油有什么关系？面试者一愣，随即意识到关键时刻来了。考官是想看其在突然情况下的反应。因为只有在突发情况下，听其言，观其行，才能反映一个人是否具有沉着冷静、处变不惊的品质。面试者思考片刻回答说："皮鞋和鞋油是紧密联系的。皮鞋的出现才产生了鞋油，就好像物质的出现产生意识一样。鞋油出现后，推动了皮鞋的进一步发展，就好像意识的改变推动物质的进步一样。它们的关系是荣辱与共，它们的发展是与时俱进的。"在回答这类有点风马牛不相及的问题时，引入哲学观点就很重要。回答富有逻辑，不可辩驳。

主考官："这是一份充满创意的工作，需要逆向思维能力。请问从小到大，你做过最捣蛋、最让父母头痛的事是什么?"考官已强调这是一份需要创意的工作，所以回答自己喜欢胡思乱想、参加社团、玩积木、研究实验、得到科学奖等，都可以加分。相对来说，太乖巧老实的孩子，就显得不知变通，不合考官的心意。

问："你没有工作经验，你认为自己适合我们的要求吗?"这个问题的潜台词是希望知道面试者有无潜力可挖，面试者要听出话外之音，可以巧妙作答："听说有一只幼虎因为没有狩猎经验，而被拒绝在狩猎圈之外，你认为它还有成长的可能吗?"

主考官："我觉得你太乖、太听话了，恐怕不适合这个职位。要知道，我们经常会遇到一些很难缠的客户。"回答这样的问题时应该让主考官意识到，尽管他在刁难你、试探你，但你不以为意，也不会被动地挨打，因为你有涵养和信心，是一个强者。

3.面试之后的加试题

在面试结束前，大多数的主考官都会丢问题给面试者，最常见的就是："你有没有什么问题或疑问，想要提出来的?"其实，这个问题通常是主考官用来测试其对这份工作有多大的决心和热情。因此，面试者应该更积极、主动地利用面试最后一关的机会，适时地提出问题，例如具体工作内容、工作地点和上下班时间、试用期限和进修培训情况，这不但有助于主考官对其加深印象，而且也能趁此机会进一步了解这家公司的背景、企业文化是否适合面试者。或者在结束前，谦虚地请教主考官："您认为我今天的表现如何? 录取的概率有多大?"这个问题也会让对方认为面试者对这份工作抱有很大的决心，而从对方的回答中，面试者可以约略猜测出自己成功的概率有多大，并且作为下一次面试的参考。

要特别注意的是，面试者在面试过程中的一举一动、一言一行，都代表了一个人的礼仪、素养，这可不是在面试的时候逢场作戏能装出来的，而是要在日常生活中注意素质和修养的提高，潜移默化修炼出来的。

思考与练习

一、总结命题演讲的要素和基本技巧。以《爸爸妈妈,我想对您说》为题,准备 5 分钟的演讲。注意开场白和称呼语。

二、阅读《三国演义》“难张温秦宓逞天辩”章节,分析秦宓的辩论思路,秦宓用了哪些辩论的技巧方法?

三、辩论技能训练:以《顺境/逆境利于成长》为题,按下面的环节准备辩论赛:

1.双方各 3 分钟立论;

2.两轮盘问环节,先反方后正方,各 2 分钟;

3.集中反驳对手观点,先反方后正方,各 2 分钟;

4.双方各 3 分钟总结陈词。

四、模拟求职面试(准备自我介绍;制订可以留给 HR 良好第一印象的具体方案;写下营造融洽谈话气氛的方法;检查实施效果并进行效果评估)。

下编

应用写作

第一节　应用写作基础理论

一、应用写作的含义及作用

（一）应用写作与应用文

所谓写作，是人们用语言符号把感受、认识主观世界和客观世界的思维结果有选择地记录、表述出来的精神活动。从写作的功效来分，人类的写作活动主要有两类：一类是为抒发人类的主观情思，反映现实生活、表现人生世态而进行的文学创作；另一类就是为了处理公私事务而进行的应用写作。

在这两类写作中，应用写作与人们的日常生活、学习、工作有着更为直接与密切的联系。应用写作，又称为应用文写作，重在“应用”二字，借助应用写作，国家机关、企业单位、社会团体以及个人得以办理公私事务、传递信息、解决实际问题，这种写作的直接成果就是具有惯用格式的应用文。

“应用文”一词，最早出现于宋代。南宋张侃在《跋陈后山再任校官谢启》有言：“骈四俪六，特应用文耳。”比较明确地将“应用文”作为文体概念提出的是清代学者刘熙载，他在《艺概 · 文概》中说：“辞命体，推之即可为一切应用之文。应用文有上行，有平行，有下行，重其辞乃所以重其实也。”后来，徐望之在《公牍通论》中作了进一步的阐述：“有用于周应人事者，若书札、公牍、杂记、序跋、箴铭、颂赞、哀祭等类，我名之曰‘应用之文’。”事实上，尽管古人使用过“应用文”的名称，但实际上并没有把它作为专门的文体概念，也没有对其内涵做出科学的解释。直到五四时期，应用文才真正成为独立的文体类型。

随着社会的进步，应用文写作不再是少数专业人员的专利。各行各业的人们都是应用文的写作者和使用者。大到国家制定政策法令，小到单位和个人处理日常事务，都离不开应用文。例如，政府机关指导工作，需要用行政公文；工商企业从事经营，需要用经济合同；科研人员发表成果，需要用学术论文；记者报道新闻事件，需要用消息通讯；即使个人因病因事不能出勤，也需要用请假条，等等。在实际生活中，人们可以不从事文学创作，却不能不具备应用写作能力。正如叶圣陶先生所言：“大学毕业生不一定能写小说诗歌，但是一定要能写工作和学习中实用的文章，而且非写得既通顺又扎实不可。”现在，许多单位在招聘人员时，都将具备良好的应用文写作能力作为聘用的主要条件之一。在公务员、三支一扶、大学生村官考试中，应用写作能力显得尤为重要。由于现实的需要，特别是就业的需要，许多高校开始开设应用写作课。

（二）应用写作的作用

应用写作历史悠久，在各个历史时期都以其特有的内容和形式发挥过重要的社会作用。当今社会愈发复杂多元，应用写作有着文学写作无法取代的巨大的社会作用，因而获得了快速的发展，使用频率更高、涉及面更广、影响更大。每一个生活在现代社会的人，都免不了要与应用写作打交道，都不难感受到应用写作的重要作用。

应用写作受写作目的制约，因文种的不同、发文级别的不同、受文范围的不同、需要解决的问题的不同，有不同的作用。应用写作的作用也有直接作用和间接作用之分。应用写作作用的最终完成，离不开“写出成品—阅读接受—作出反应”这样一个相互关联、相互作用的动态过程。首先，应用文一般都有明确的对象和特定受众，作者写给谁以及为什么写，都有很强的针对性。写作者心中要树立读者意识，准确把握读者的特点、身份、读者与作者之间的关系，有针对性地进行写作，要非常周密地考虑问题，非常严谨地写作，要消除一切不利于接受者理解和实施的表述，以确保作为写作成品的应用文有效力。其次，阅读接受者对应用文的内涵要准确理解和把握，不能有任何误解甚至曲解，以防止应用文的作用被弱化甚至虚化。再次，受文主体要根据自身与发文主体之间的关系，迅速有效地对文中要求做出反应，不能有任何疏忽大意，或者置之不理。总之，应用写作的作用不是在作者写出成品时就能体现的，它是在社会系统的传承过程中得以实现的。哪怕是写一个通知，通知的作用也要由某个组织或单位发出，下级单位或组织予以接受、理解和落实才能得以实施。

应用写作的作用有直接作用和间接作用之分。应用文的使用范围极为广泛，涉及社会生活的各个领域，其作用是广泛而明确的。具体来说，应用文最基本的社会作用，主要体现在指导管理、宣传教育、沟通协调、传播信息、依据凭证几个方面：

1.指导管理

应用文是国家和企事业单位进行管理所必不可少的重要工具。特别是其中的公文，不仅是政府实施领导、管理、指导、指挥各部门的有力工具，而且是各项政策方针具体化的书面形式。在公务活动中，上级机关对下级机关发布的公文，具有权威性的指挥、管理作用，没有它，各方面的管理工作就无法有序进行。国家进行有序的管理就必须有从上而下的政令，如上级机关发布的命令、决定、意见等，都起着管理、约束的作用。下级机关对此必须遵照执行，或根据本地区的实际情况参照执行。同时，下级机关所作的请示、报告、总结等，能够及时反映基层的情况，为上级机关的指导和决策提供正确依据。可见应用文在社会管理工作中发挥着指挥管理作用，是不可缺少的有机组成部分。

除公文以外，还有一些应用写作也具有明显的指导和管理作用。如各级各类的规章制度，都在相应的范围内，对人们的某些行为进行统一指导和管理。又如简报，它可以向下级机构宣传党和政府的方针、政策，传达有关文件或会议精神，交流推广典型经验，批评不良倾向，提醒注意问题，具有指导作用。再如消息、通讯，常常通过正面或反面的事实报道，形成某种舆论导向，以此影响人们的思想和行为，也具有不可低估的指导和引领作用。

2.宣传教育

应用写作还有着宣传教育作用。“诗以言志”“文以载道”是重要的思想传统，深入人心。我国高度重视宣传教育工作，充分发挥宣传教育的巨大功能，用宣传教育来统一人们的思想和意志，增强民族凝聚力，推动各项事业蓬勃发展。

应用文是宣传教育的重要工具。行政公文的发布，大多是向广大人民群众宣传党和国家的方针、政策，宣传单位的典型经验和个人的先进事迹，起着统一认识、协调行动、确保各项事业健康发展的作用。法律文书的发布，警示、规范着人们的行为，起着宣传人民、教育人民、打击罪犯的作用，具有强大的宣传教育效力。在市场经济条件下，应用文的宣传教育作用又有新的发展，各企业集团运用应用文这一宣传工具，宣传企业文化，树立企业形象，以此来扩大企业的知名度和美誉度，赢得社会的信任和支持，提高经济效益。此外，像推广先进经验的调查报告和总结，宣传精神文明的公益广告，报道先进人物、先进事迹的消息和通讯，指导下级工作的简报，鼓舞人心、激励斗志的演讲稿，甚至传递信息的书信，等等，都能起到宣传教育作用。

3.沟通协调

应用写作在人们的日常生活和工作中，发挥着重要的沟通协调作用。美国学者韦尔伯·施拉姆认为“社会就是人际关系的联络网，主要靠传通活动来维持”。在快速发展、竞争激烈的现代社会，人与人之间、人与单位或组织之间、单位与单位之间甚至国与国之间，常常要发生这样或那样的联系，彼此之间的合作交流日益增多，需要及时传播信息，加强沟通与联系。应用文能突破时间与空间的限制，在沟通上下左右关系、交流信息、联系情感、协商事宜、协调行动、相互支持等方面起着重要的作用。

例如各种函电、传真、书信、简报、广告等，在加强联系、沟通和协调各类关系方面，作用积极。礼仪应用文中的开幕词、闭幕词、欢迎词、欢送词、答谢词、祝词、贺信、贺电、邀请信、感谢信等，都在沟通双方情感、密切双方关系方面，作用显著。此外，像各种经济合同、协议书，在协调国家、集体与个人的种种利益关系，合理地处理好单位与单位之间、个人与单位之间、个人与个人之间的权利、义务、职责和利益关系，作用不容忽视。各类法律文书,在合法地解决人民内部的争议和纠纷方面,作用不可替代。可以说,正是由于应用写作的沟通和协调作用,国与国之间、单位与单位之间、人与单位之间、人与人之间才消除了很多矛盾和隔阂,增加了互信,密切了感情,融洽了关系,才能获得更多的资源和合作的机会,开辟更为广阔的生存和发展的空间。

4.传播信息

应用写作是传播信息的重要工具。应用写作的内容包罗万象,十分广泛,涵盖自然、社会、历史、文化、科技、经济和法律等方方面面,既有对自然和社会等客观事物的现象及其规律的认识,又有对人类自身主观世界的探讨;既有对生产与社会实践的总结,又有对人与自然、社会关系的研究。应用写作进行的过程,就是在对自然与人文深入研究的基础上,对客观规律进行的归纳总结,促进认识不断升华的过程。应用写作的成品,承载了作者长期研究的心得与思想,这些信息,为人们认知事物与学习知识提供了最为简捷的方式与途径。现代社会是一个信息社会,人们认知事物与学习知识,学习新方法、新经验,变革思想观念,改变思维方式,调整工作思路,改进工作方法,推进各项事业的发展,无不依赖于大量真实新信息的传播。应用文作为信息载体,很多都能起到传播信息的作用。

例如,广告、商品说明书等,除了向人们提供商品消费信息,也向人们传播了该商品、产品的有关知识和使用方法;实验报告、毕业论文、毕业设计、科学技术报告、科技论文等等,都能有效地记载和传播科技知识、设计理念、科研成果,有利于学术交流,促进科技发展;报告、通报、简报、总结、市场调查报告、市场预测报告、经济活动分析报告、可行性研究报告、涉外商情调研报告等,都在传播信息方面发挥着重要作用,为人们了解新情况,研究新问题,做出新决策提供了重要依据;至于新闻文体,直接对国内外新近发生的具有一定社会价值的人和事实做简要而迅速的报道,信息传播就是其最重要的作用。

5.依据凭证

应用文有极强的时效性,某件事处理之后,其作用也随之消失。但是有些文章,反映单位和个人的种种活动,记载着各个时期的政治、经济和文化等多方面的情况,不仅有现实的作用,还是真实的历史记录。根据有关规定对这些文章立卷、整理、归档,作为文献资料供后人参考,为今后有关部门和个人的各项事业提供可资借鉴的凭证和依据。

应用文的凭证依据作用,在不同的文种中有程度不同的表现。以行政公文为例:上级机关开展工作、做出决策的依据和凭证,除了有关领导人亲自深入到实际工作中的调查研究,下级机关上报的总结、报告、纪要、简报和秘书部门撰写的调查报告等也是重要的一方面;下级机关开展工作、处理问题的依据和凭证,往往就是上级机关发出的通知、通告、批复等等。至于各种法律文书、经济文书中的合同、协议书、意向书、订货单、招标书、投标书等等，在法律诉讼和经济活动中，都规定了当事人双方的权利与义务，以此为据，如有任何一方违约，都要追究责任，其凭证作用更为明显。

此外，新闻报道中的事实，实验报告、科学技术报告、科技论文中所陈述的状态、所引用的数据、所得出的结论也间接地具有凭证作用。

总之，应用写作有多方面的作用，作为其写作成果的应用文是人们相互交往、传递信息、表达思想、解决问题、指导实践的工具。

二、应用写作的特点及分类

（一）应用写作的特点

要学好应用写作，首先要掌握应用文的特点，这有利于按其特点把握思维方式、写作目的、表述方式等，提高写作水平。各类应用文各有其自身特点，我们将在以后各章节中分别阐述，这里只介绍其共同的特点。

1.文体的实用性

对于应用文实用性强这一鲜明特点，古人早有认识和论述。东汉哲学家王充说："为世用者，百篇无害；不为用者，一章无补。"（《论衡》）十分强调应用文的实用性。曹丕在《典论·论文》中明确指出："盖文章，经国之大业，不朽之盛事。"刘勰在《文心雕龙·章表》中提出："章表奏议，经国之枢机。"曹丕、刘勰的论述，把应用文的作用抬高到治国理政的层面。应该说，应用文作为实用文体，是社会发展的工具，在几千年的历史长河中起到了重要作用。

应用写作是"为用而作"，实用性是其基本特点，这主要指它的写作成果在人们的工作和生活中能直接发挥效力，解决具体问题，取得实际效果。这和文学写作有着明显的不同，文学写作是通过创造一个艺术世界来表现作者对生活的体验、感悟和认识，作品一般不是为了解决实际问题，多是通过作品创造的艺术世界来吸引、感染、打动读者的心灵，间接地对读者的精神世界产生某种潜移默化的作用。而应用写作的写作动机和目标，都是为了解决当前工作和生活中的具体问题。因此，应用写作一般都是作者直陈其事，以事论事，有着明确的立场、观点和要求。例如人们撰写书信，是为了传递信息；撰写制度，是为了进行有效的管理；撰写合同，是为了对当事人进行法律约束；撰写请示，是为了请上级给予下级工作上的支持；撰写广告，是为了扩大宣传效果；撰写市场调查报告，是为了把握市场行情，等等。总之，实用性是应用写作区别于其他写作的重要标志，也是衡量应用写作好坏的价值标准，甚至有人干脆把应用写作称之为"实用写作"。

2.内容的真实性

真实性是指应用写作的内容必须真实确凿，实事求是。与文学作品的艺术真实不同，应用文的内容必须是生活中真真切切的事实，不能够有一点虚构。文学作品的作者，为了表达的需要，常常会虚构一些人物、情节和语言，这种艺术虚构是很有必要的。但是，应用文因为是为生产生活服务的，文中的一切材料都必须是真实可靠的，任何违背真实性的写作，都不利于了解真相，解决问题，指导工作。

首先，应用写作的真实性要求写作中使用的材料必须完全真实可靠，包括文中所涉及的时间、地点、事件过程和结果、数据、细节等，都要符合实际，不夸大，不缩小，不歪曲事实真相，更不能弄虚作假。例如向上级机关写一篇关于安全事故的情况报告，如果为减轻责任，缩小灾情，隐瞒真相，就会导致上级领导对灾情的误判而处理不当，往往会造成严重后果。写一则药品广告，如果故意夸大疗效，就会误导患者上当受骗，甚至造成生命危险。如果学术论文造假，则会妨碍学术发展，不利于科技进步，破坏社会公平、公正，带坏学风。

其次，应用写作的真实性还要求写作中所引用的材料，如国家的方针、政策、法律条款、法规，各种条例和制度等，都要真实准确，言而有据，特别是一些政策、法规如果已经作了修订，一定要引用新的版本作为依据。

总之，应用写作的内容来不得半点的虚构和臆造。如果作者在写作中弄虚作假，不仅反映作者的人品和文品有问题，甚至还要承担相应的法律责任。

3.行文的规范性

规范性，是指应用写作在长期的实践过程中，逐渐形成了比较固定的文本格式，有大致相同或相似的布局和写法。还是拿应用文与文学作品相比较，文学作品一般没有固定的格式，比如，诗歌可以采用整齐的格律诗形式，也可以采用参差交错的自由诗形式，还可以采用特殊的“宝塔诗”“楼梯诗”形式。但是，应用文则不能这么做，如果北京市的公文处理的标准和上海市的不同，就会造成很大的麻烦，因此它的格式十分固定。

应用写作的规范性主要表现在如下三个方面：

一是文种的规范。应用写作的每一文种都有其针对性和使用范围，都有大体的规定，一般是“一格一式”，不能乱用。如行政机关使用的公文，只能按照 2012 年 4 月 16 日由中共中央办公厅和国务院办公厅联合印发的《党政机关公文处理工作条例》规定的 15 种行文，且不能混淆。例如报告和请示，虽然都是上行文，但它们的用处却不同，报告是用于向上级机关汇报工作，反映情况，或者用于答复上级机关的询问；请示则用于向上级机关请求指示或批准，两者不能互相替代。再如计划与总结，消息与通讯等等，都是各自独立、作用不同、写法不同的文种。

二是格式的规范。应用写作的每一文种在写作格式上都有大体的规定和惯用的语言,在长期使用中逐渐为大家所接受,已经约定俗成,不能随意变动。有些文种,国家行政部门还以法规形式予以规定,成为行文的规范。如:公文的格式,一般由公文份数序号、秘密等级、紧急程度、文件名称、发文字号、签发人、标题、主送机关、正文、附件、发文机关印章、成文时间、附注、主题词、抄送机关、印发标记等组成,并在行文书写、排印、行款式样、纸张尺寸等方面都做了明确规定。又如合同,就要按照《中华人民共和国合同法》的规定格式去写。有了这些固定的格式,既方便写作,又方便阅读和理解,更便于办事和问题的处理。反之,写作者各搞一套,就会导致理解上的不一致,影响办事,造成损失。

三是行文、办文的规范化。不少应用写作在行文、办文的程序上都有自己严格规定。如行政公文、司法文书都要遵守各自的行文、办文程序规定。发布商品广告,要按照《中华人民共和国广告法》的规定;起草、签订经济合同,要依据《中华人民共和国合同法》的规定。

当然,随着社会的发展,应用写作的规范性并非一成不变。为适应时代的要求和实际工作的需要,某些应用写作也可以突破旧规范,创造更有效的新规范。

4.写作的高效性

高效性指应用写作必须讲究时效,及时完成写作任务。因为应用写作多是针对现实生活和工作中出现的各种情况需要尽快解决的问题;有时应用写作面临的问题虽尚未发生,但也要未雨绸缪,采取措施进行预防。应用文的时效性与实用性有着直接的联系。对比下应用文与文学作品,可以更清楚前者的时效性。例如某同学写了一首诗歌,如果他不想发表,可能搁置几年再拿出去发表,也不会造成什么不良后果。但是,如果是处理公文的秘书,不注意公文的时效性,就会因此误事。

应用文的时效性包括两方面的内容:一是应用文写作成文的时效性;二是应用文本身发挥效力的时间限定。有些应用文在没有新的规定发布前持续有效,有的则是按规定的时限办完事后文件随之失效。

应用文的时效性在具体操作时主要表现为"三快",快写、快发、快办。三者相结合,才能快速准确地处理事务、交流信息、解决问题,发挥应有的作用。

(二)应用写作的种类

应用文历史悠久,涵盖面广,种类繁多,由于角度繁多、标准不同,没有形成统一的分类。应用文体的划分,并不是将其固定为一个恒定不变的框架模式,而在于寻找其内部的有序性、层次性、条理性,揭示其写作规律,以便在进一步研究中使文体走向明晰、规范、系统与科学。文体划分历来见仁见智,加上科技迅猛发展,社会生活日趋复杂多变,根据时代要求,与之密切相关的现代应用文写作也随之变化。按照应用文使用范围和内容，应用文大体可分为行政公文、事务文书、经济文书、礼仪文书、求职文书、法律文书、科技文书、新闻文书等八种文体。

1.行政公文

行政公文指国家行政机关、社会团体、企事业单位使用的公务应用文，通称“公文”。公文是行政机关在行政管理过程中形成的具有法定效力的文书。行政公文规范性强，行文庄重严肃，书写格式完整，管理制度严密。2012 年 4 月 16 日，中共中央办公厅、国务院办公厅以中办发〔2012〕14 号文件联合发布了《党政机关公文处理工作条例》，规定党政机关公文共有 15 种：决议、决定、命令（令）、公报、公告、通告、意见、通知、通报、报告、请示、批复、议案、函、纪要等。

2.事务文书

事务文书又叫“普通文书”，是党政机关、社会团体、企事业单位在日常工作中使用的，用来沟通信息、总结经验、研究问题、指导工作、规范行为的实用性文书。这类文书使用范围极为广泛，在日常工作中发挥着重要的作用。事务文书主要有计划、总结、述职报告、简报、调查报告、会议记录、备忘录、规章制度等。

3.经济文书

经济文书，又称“财经应用文”，是指在经济活动中为处理和解决财经活动中的事务、研究经济问题、协调经济活动、传播经济信息等而使用的应用文。经济活动越来越多，此类应用文受到广泛重视，在推动社会进步和经济发展方面，发挥着越来越重要的作用。经济文书主要有合同、协议书、意向书、订货单、招标书、投标书、市场调查报告、市场预测报告、经济活动分析报告、可行性研究报告、商务信函、商品说明书、商业广告等。

4.礼仪文书

礼仪文书是指在各种礼节和仪式中，为进行更好的交流，调整、融洽和促进人际关系发展的应用文。在社会生活中，每个人有自己的社会地位，担负着不同的社会角色，礼仪就是人们在社会交往中把握好分寸，恰如其分地把握人与人之间关系，在相互平等、相互尊重的基础上进行交流沟通，形成和谐的人际关系，既有利于人们的身心健康，又有利于人们更好地生活和工作。常用的几种礼仪文书，包括开幕词、闭幕词、欢迎词、欢送词、答谢词、祝词、贺信、贺电、请柬、邀请信、感谢信、唁电、悼词，等等。

5.求职文书

求职文书，是指用来谋取一份职业的文书，主要是信函，也包括那些与求职密切相关的应用文。随着人才的激烈竞争，每个人要想谋求一份满意的职业，除了自身有过硬的本领外，写出有特色有水平的求职应用文，也是非常必要的。常用的求职文书主要有求职信、应聘信、推荐信、辞职信、简历，等等。

6.法律文书

法律文书，指国家司法机关和法律授权的专门组织（律师、公证、仲裁三个组织）以及诉讼当事人，依法制作的处理诉讼案件和与诉讼有紧密联系的非诉事件的具有法律效力或法律意义的文书。它是法律实践活动的真实记录，又是各类主体实施法律活动的凭证，还是有关部门检查执法情况的有力工具。随着我国法制建设的加快，人们的法律意识日益强化，依法解决各类纠纷正变成人们的自觉意识，因此法律文书也日益受到人们的重视。法律文书主要有起诉状、刑事自诉状、反诉状、上诉状、申诉状、答辩状等。

7.科技文书

科技文书又称“科技应用文”，是指专门探讨和研究某一专业领域中有学术价值和亟待解决的问题，并就此表述自己创造性见解的应用文。科技文书主要有实验报告、毕业论文、毕业设计、科学技术报告、科技论文等。

8.新闻文书

新闻文书简称“新闻”，是指那种能够对生活中新近发生的有价值的事实、新出现的有意义的人物作及时报道的实用类文体。新闻文书主要包括消息、通讯、新闻特写、深度报道等。在互联网时代，企事业单位、社会团体都在网上设立网站，学会写作新闻，及时发布新闻，也是一个现代人的基本功。

本书此后的章节，选取最常用且与当前大学生关系密切的几种文体重点讲述与训练，包括常规的机关公文写作、事务文书写作、科研文书写作三部分。考虑到现在越来越多的毕业生加入公务员考试行列，本书另外添加了申论写作的内容，因申论不属于应用文的常规类别，但与公务员考试关系密切，故放在公文写作部分，以帮助同学们了解和掌握相关技能。随着数字化时代的到来，网络在应用写作中的作用日益强大，网络不仅是应用文的媒介与发布平台，在网络上更诞生了崭新的新应用文形式，内容与语言风格都不同于传统应用文，如帖子、签名档、网络主页等，青年学生不能不了解和掌握网络应用文写作的相关知识技能，基于这样的背景，我们特设了网络应用文写作部分。

三、应用写作的语言要求及表达方式

应用文的基本要素包括主题、材料、结构、语言四大要素，其中内容要素是指应用文的主题和材料，形式要素是指应用文的结构和语言。就四大要素的名称而言，应用文与其他类别文章的基本要素并无二致。但作为应用文的要素，它们又与其他类别的文章要素有着较大的差异。具体的应用写作实践，对各要素既有所有文章的共性要求，又有应用文的个性要求。这尤其体现在应用写作的语言要求方面。

（一）应用写作的语言要求

应用文作为一种实用性文体，在语言运用上除具有一般文章的共性要求外，还具有实用性、规范性和模式化等特点。在具体的写作实践中，应用文语言应符合以下几点要求：

1.准确性

准确性其实是书面语言的共同特征，但不同的写作领域，对准确有不同的要求。应用写作方面的准确性，即要求能够准确还原具体的社会实践活动现象，准确分析社会实践活动的内在规律，提出具有可行性、可操作性的意见、办法、对策和措施。文中所用的一词一句、一个概念都要准确无歧义，只能表达一个确切的意思，只有一种解释，不含糊，不费解，不能有漏洞。以免造成思想混乱，贻误工作。如公文中的下行文结语中，常用指令性语句，如："上述各条，应严格遵照执行""希认真贯彻执行""请研究执行""可结合当地实际参照执行""供工作中参考"等，这些句子意思看似相近，实有程度上的区别，十分准确地表达了不同的贯彻意见和要求。又如在写作总结时，一个单位一个部门在某个时期内取得的工作成绩，是"很大""较大"还是"一定""一些"，均应仔细斟酌，力求准确反映实际情况。

此外，句子合乎语法、逻辑，数据、图示准确无误，人名、地名、引文准确，也是应用文语言准确性的重要方面。

2.简洁性

简洁性是不同类型写作的共同要求，刘勰在《文心雕龙·议对》中所说的"文以辨洁为能，不以繁缛为巧"就是说好文章的标准是明确简洁，不是繁杂细碎。应用文的语言要求简明扼要，表述直截了当，言简意赅，这是提高工作效率的需要，也是减轻不必要的工作压力的途径之一。应用写作中的表述方法，通常只求抓住关键、抓住要点，实行概括述说。叙述多是概述，说明多是概说。议论通常只需简洁地阐明自己的观点，鲜有展示详细推理的过程。应用文书这种言简意赅以及表述方式的概说性，不但使信息更精要，而且更是对读者需求的尊重，更能达到行文的目的。

为使应用文语言简洁，应避免一切空话、套话、废话，避免修饰渲染，避免抒情成分过重的文学性语言，避免芜杂的日常口语。要提高概括能力，多使用短句，长话短说，要言不烦，反复锤炼语言，毫不可惜地删去那些可有可无的字、句、段。为了达到简洁的要求，有时可以使用文言词语，比如"以期""拟请""惠鉴""谨悉""竭诚""鉴于""是荷"，等等。

3.平实性

应用写作语言的平实性有两层含义:一是指大多数应用文文种在语言表达上情感色彩隐淡;二是指大多数应用文文种在语言使用上浅显通俗。这两点都是由应用文“缘事而发”的写作目的决定的。

强调实用性和操作性的应用文,行文要用直笔,抓住要点,直陈其事,不允许有虚构、夸张和想象,少用甚至不用描写、抒情等表达方式。就读者而言,应用文比一般文体更有针对性,其语言表达需要照顾到受文对象的接受能力,只有通俗晓畅、浅白质朴的语言才有最大的接受度,才能最充分地实现应用文的工具特性。故应平实质朴,浅近通俗,不堆砌辞藻,不用生僻词句。不过头、不偏激,不故作令人惊奇之笔。以使得应用文能够最大限度地达到行文的实际效果。

4.得体性

应用写作语言的得体性就是言语得当,恰如其分,要符合应用文的语体特征。得体的应用文语言,应做到以下几点:

首先,要正确选用合适的文种,因文体而异,合理选择相适应的语言。比如,公告、通告,语言要深入浅出;调查研究类文章常使用客观性语言,语气中肯、不夸张,符合客观实际;商业广告的语言则要生动活泼,灵活多变,等等。

其次,行文语言要与行文对象、行为目的、语言环境相协调,保有分寸。以公文为例,上行文的语言,应尊重而不阿谀奉承;下行文的语言,应谦和但又不失度;平行文的用词以诚相见,相互尊重。向上级汇报情况的报告,不宜过多的宣传议论。对下级布置工作的指示,又不可过于原则、空洞,应有可操作性。

另外,遵守语言常规和语言习惯,不自造新词,不滥用方言土语,有时有选择地使用模糊词语和委婉用语,会使应用文书的语言更得体。总之,根据具体情况掌握语言分寸,做到语气适当,措辞有度。

(二)应用文写作的表达方式

表达方式是表述特定的内容所使用的一些特定的语言方法、手段。文章语言表达方式有五种:叙述、说明、议论、描写和抒情。应用写作,最常用的表达方式是叙述、说明和议论,一般不使用描写和抒情,描写、抒情只在广告文案、新闻等文体中偶尔使用。

1.叙述

叙述是展示人物经历和事件发展变化过程的一种表达方式,叙述是最古老,也是应用文中使用最广泛的表达方式。在应用文中,叙述主要用于交代背景,再现有关事实经过、事物发展变化过程,展示事物相互关系等,为文中的评价、议论提供事实依据。与记叙文以写人为主不同,应用写作目的是为解决现实问题,故多以记事为主。如反映经济活动状况、叙说市场情况、发布经济信息、介绍典型经验、阐述事情原委、总结工作等，均采用叙述来记事，侧重点在叙事而非写人。

应用写作中的叙述的形式，常叙述与议论结合运用，将材料与观点结合起来，夹叙夹议。应用文有的以叙述事实作立论的依据，如通报、市场调查报告、总结等；有的以叙述事实为依据进行决策和预测，如市场预测报告；有的对事实作如实反映和记载，如会议纪要、诉讼公文等。

应用文的叙述人称主要使用第一人称和第三人称。第一人称指写作者在文章中以当事人、见证人的身份进行叙述，报告、总结、计划、信件等多采用第一人称写作。第三人称是指写作者在文章中以局外人的身份进行叙述，通讯、通报、纪要等多运用第三人称。有些应用文体中虽然使用到第二人称，但立足点仍为第一人称。

应用写作中运用叙述，顺序大多采用顺叙，即按照自然时序的次序叙述人物的经历或事件的发展变化过程，这可以使文章条理清晰，让读者掌握理解所述的客观事实，使较复杂的事实头绪清晰，一目了然。如调查报告、总结、个人简历等；应用文通过叙述为文章得出正确结论作依据，叙述本身不是全文的重心所在，因而叙述方式以概述居多，注重时间、地点、人物或事件、结果这几个叙述要素，而简化或省略原因、过程要素。

2.说明

说明是用来解说某一类事物共同属性的一种表达方式，这些共同属性包括事物的概念、特征、性质、状态、程度、种类、结构、位置、功用、变化、成因、程序、步骤、方式、手段等。说明具有客观性、科学性和准确性，必须对事物和事理进行客观的介绍和解释，不能凭主观臆断，要抓住事物的本质和特点，力求准确，通俗易懂，清楚明了。应用写作中常用的说明方法有：定义和诠释、分类和比较、数字和图表，以此增加文章的准确性。应用文中如条例、规定、办法等规范性公文，公证书、经济合同等公文都常用说明的表达方式。

说明的内容主要有两大类，即“什么才是”与“怎么做”。“什么才是”为人们清晰界定出具体的社会实践活动的对象；“怎么做”则明确指出人们在从事具体的社会实践活动时应采取的程序、步骤、方式和手段。

说明常与叙述结合使用，为叙述提供背景材料、交代情况，起到铺垫作用。如总结、简报、调查报告、工作报告等对某些基本情况的介绍，表彰、处分决定或通报对有关人员或单位的介绍等。说明还常与议论结合使用，说明有关背景和有关情况，为议论提供必要的论据。用说明的方式作论据，可以使议论说理简洁、明了、透彻。如在对比论证中，就常常用数字的对比说明作为论据，使之具有较强的说服力。

3.议论

议论是运用概念、判断、推理等抽象思维形式阐明事物的内在联系、揭示事物的本质和规律的一种表达方式，包括论点、论据和论证三个要素。议论的目的一是表明观点，二是说服读者。应用文主要是通过议论，对人或事物作出评价、判断，阐明处理某些公务活动或社会事务的立场、观点、政策、原则、决策、主张，并说明“为什么”。

应用文的议论不同于一般议论文，它的特点是：在应用文写作中，一般不作长篇大论，不必论点、论据、论证三要素齐全，也不要求论证过程完整，往往点到为止，不做深入论证。或叙述事实后便下结论，或提出观点后即举例证明，一般无需周详的论证推理过程。故多半以夹叙夹议或直陈判断的形式进行议论。应用文经常运用的议论方式包括：例证法、分析法、引证法、对比法和因果法。

需要指出的是，在应用文写作中还有少量的政论性、学术性较强的文体需要采用全要素议论的方式写作，但未成为应用文议论的主导方式。此外，因为表达的需要，上述表达方式在应用文中多半不是单独运用，而是相互配合、综合运用的，只是有主有次而已。写作者熟练掌握和运用这些表达方式，才能准确表达文意、突出主旨。

四、应用写作主体的修养及提高应用写作能力的途径

应用写作是一个具有内在结构的完整系统，由写作主体（作者）、写作客体（所反映的客观事物）、写作载体（文本）、写作受体（接受和作用的对象）组成。写作主体是这个体系中的关键，因为在“写出成品—阅读接受—作出反应”这个动态过程中，“写出成品”是个至关重要的起点。主体的素质、修养如何，直接关系到应用文写作的质量，关系到应用写作作用的最终完成程度。

（一）应用写作主体的修养

应用文写作主体必须具备的修养从某种意义上看也是从事任何写作都必须具备的修养。我们可以从应用文写作的过程对这个问题加以分析。

1.政策理论水平

应用文章的撰写，特别是行政公文、事务文书、法律文书、经济文书等类应用文章的撰写，是政治性、机要性和实用性较强的工作。写作主体的政策理论水平至关重要，如果作者能运用科学的观点、方法，对党和国家的方针政策有透彻的把握，思想深刻，视野开阔，就不会停留在对现实材料的表面认识和简单处理上，就能透过现象抓住问题的实质。写作者的理论修养越深，政策水平越高，认识和分析问题的能力就越强，在调查研究、搜集和运用材料的时候就越得心应手，应用文写作能力也就越强。

应用文作者要具备较高的政策理论水平，必须坚持不懈地学习哲学和政治理论，熟悉党和国家的路线、方针、政策，了解相关的法律、法规，关注时事政治、新闻动态。以科

学的理论去指导实践，最大限度地减少工作中的失误。例如，拟写决定、通知、通告、请示、报告、批复、意见等等，必须研究党和国家的方针、政策和法规。“合同”“广告”等文体的撰写，内容不能同党和国家的方针、政策、法律、法规相抵触。制定“计划”也要以党和国家的路线、方针、政策作为指导思想和依据，才能切实可行。

2.收集材料的能力

文学创作的材料或生活素材只是创作者想象力的起点、情感的激发点，作品的内容完全可以建立在虚构的基础上，收集材料的能力相对并不重要。应用写作是解决现实中的问题，它所使用的材料是在工作、学习和生活中积累的一系列事实和理论，没有材料，就不能对问题作出准确的判断，无法形成对问题的正确认识，也就没有办法有针对性地写出切实有效的应用文。故而具备调查收集材料的能力是应用文写作的第一项要求。

例如事务文书中的调查报告、总结、简报，经济文书中的市场调查报告、市场预测报告、经济活动分析报告、可行性研究报告，法律文书中的起诉状、反诉状、答辩状，新闻文书中的消息、通讯，等等，不调查研究、搜集材料，根本无法写作。

通过调查研究，从不同的层面了解的情况越多，占有的材料越丰富，越有利于对问题做出正确的判断。在此基础上，我们再依据先进的政治理论、科学的思维方法对问题进行深入分析，找出解决问题的办法。形成有针对性的应用文，为实际工作提供切实的指导。

3.思维能力

应用写作在构思阶段，思想观点的提炼，需要运用多种思维方式完成。在动笔阶段，有了材料、主旨，还要认真考虑如何布局，需要有清晰的思路。考虑观点和材料如何围绕主旨安排结构，以及语言的运用等，都离不开思维。没有思维就没有文章，没有高明的思维就没有优秀的文章。因此，应用文写作者还应具备一定的思维能力。

首先是逻辑思维能力。应用写作主要运用逻辑思维形式，逻辑思维能力的强弱，关系到应用写作水平的高低。逻辑思维运用分析、概括、论证、综合、数字、界限等方法，贯穿于应用写作全过程。确立主旨、组织材料、布局谋篇、语言表达等，都需要讲究逻辑思维。

其次是换位思维能力。换位思维能力指站在他人的立场上，设身处地替他人思考的能力。很多应用写作实践中，写作者与从事某项具体工作的行文主体并不一致，写作者必须将自己代入行文主体的角色，培养写作时的角色代入感。比如一个秘书在代领导草拟讲话稿时，必须换位思考，把自己设想成领导，站在领导的位置和高度去分析问题、审视情况，构思讲话稿内容，连语气也必须符合领导的语言风格。换位思维能力，还体现在写作主体对受文对象接受文本的心理效果加以考量时，站在受文对象的立场换位思考，以确保应用文的效力。

4.辞章文体修养

应用文的作者必须具备较高的语言文字修养，能准确了解字词的含义，懂得语法和修辞的规则，掌握结构篇章的技巧。应具备应用文文种的相关知识，掌握各种不同应用文文种的文面格式、结构组成、适合的表达手段和语言风格。尤其是语言风格的运用，它需要写作者拥有相应的词汇量，熟练运用为特定文种服务的各种句式，以及符合特定文种需要的修辞手法。掌握各种类别应用文的写作规律，懂得如何立意、如何选材、如何布局、如何谋篇、如何遣词造句、如何修改等，培养文体感，这样才能适应应用文“应事”“应时”而作的要求，快速成文。

需要强调的是，写作是一种非常复杂的脑力劳动，要求写作主体具有较高的综合素质，除了上面提到的四点以外，还涉及写作者的专业知识、生活阅历、文化积累、心理素养，以及观察感受能力、认识理解能力、分析判断能力、想象创造能力等诸多方面。写好应用文是一项需要终生为之努力的事业。

（二）提高应用写作能力的途径

总体来说，全面提高应用写作主体的修养，就是提高应用写作能力。这里谈一谈直接训练应用写作能力的“捷径”，关于这方面，成功的写作者们已有高见。宋代文学家欧阳修在谈到如何提高写作能力时说：“无他术，惟勤读书而多为之，自工。”认为“勤读”“多为”是写好文章的两条途径。鲁迅先生也曾对向他请教的青年人说：“文章应该怎样做，我说不出来，因为自己的作文，是由于多看和多练习，此外并无心得或方法的。”欧阳修和鲁迅所谈提高写作能力的两项途径——多读和多写，同样适合应用写作实践。

1.多读

对应用文而言，“多读”有两层含义：其一是“博览”，指写作者应主动进行大量的阅读，广泛涉猎各种应用文文体，初步了解各种应用文文体之间的区别和联系，获取大量的各类型应用文在文面格式、结构组成、常用句式、专有词语、语言风格等方面的感性认识，为写作活动做好前期准备。其二是“精读”，指写作者应重点阅读与自己要写作的应用文文种类型相同的文字材料，在精深思考的基础上总结写作规律。可按照三个步骤进行阅读：第一步，着重获取对文章从外在格式到语言风格的整体印象；第二步，着重分析文章的整体结构安排，厘清文章层次与层次、段落与段落之间的逻辑关系；第三步，着重筛选出此种应用文文种特有的表达方式、修辞手段、固定句式和短语。经过这样分步骤的阅读后，就可以大致掌握某一特定类型的应用文文种在语言表达上的基本要求。

2.多写

“多写”即主动承担撰写应用文的工作，多进行写作实践。通过学习和阅读，我们可以了解大量的有关应用文写作的知识，但知识不等于能力，对规律的了解不等于对规律的运用。只有通过实践，才能将应用文写作的知识转化为应用文写作的能力。所谓“山民善跋，水民善涉”“操千曲而后晓声，观千剑而后识器”，写多了自然熟能生巧。动笔是提高写作能力的硬道理，不动笔，永远提高不了写作能力，这是千真万确的道理。

对应用文而言，仿写是一种有效的练笔方式。在仿写时，可以选取公认的符合特定应用文文种写作规范的例文，先进行“精读”，掌握这一类型的应用文文种在语言表达上的基本要求，然后将文章的内容要点作简短摘录，最后根据摘录的内容要点重写全文。写完后，可将重写的全文与原文相比照，找出差距所在，着重加以改进。这种训练方法将读和写紧密结合，对于格式相对固定的应用文文种写作最为适用。在写作过程中，如有条件，最好请有写作经验的人指教，指出优缺点，如何改进。这样针对具体文章谈得失，论高下，体会会更深，更有针对性，收获会更大。

3.多改

除了多读和多写之外，“多改”也是提高应用写作能力的“捷径”，文章是写出来的，更是改出来的。修改就是克服不足，“能改则瑕可为瑜，瓦砾可为珠玉”。应用文反映客观事物，客观事物曲折复杂，修改的过程某种程度上是步步深入了解客观对象的过程，因此文章必须反复斟酌修改，才能反映恰当。作者通过修改，提高写作质量，可以使文章得到进一步完善。应用文对社会有影响，对文章多加修改，力求完美，也是对社会和读者负责。

修改的过程是去伪存真、去非存是、去粗存精的过程，也是提高写作能力和水平的过程。修改时切不可护短，不怕推倒重来，不怕反复修改，力求精益求精。

修改，包括主题、材料、文种、表达方式、结构和语言以及文面等方方面面。要检查文种选择是否正确；内容是否深刻，是否符合现行的方针政策；主旨是否正确、统一，中心是否突出；材料是否真实、必要、典型；层次是否清楚、详略是否得当、结构是否完整，布局是否恰当，衔接、过渡是否连贯自然；语言是否得体、准确；文面是否规范，句子是否通顺，有没有错别字、错用的标点符号等。

文章修改的具体方法，一般不外乎增添、删节、改正、调整、变更。增添写得不充分的地方，删减重复啰唆的语言，改正行文有误之处，调整不妥当的顺序，变更有问题的材料。如果是电子文档，还要检查页面设置、格式安排、字体字号、排版等是否合适。如果是纸质文档，修改时要注意正确使用相应的校对符号，可参见 1993 年国家技术监督局批准的《校对符号及其用法》。

思考与练习

一、结合阅读其他应用写作教材，掌握应用写作的历史沿革，了解应用写作在中国社会发展中的重要作用。

二、查阅资料，了解应用写作在主旨、材料、结构方面各有哪些要求。

三、借助工具书，解释下列现代应用文中保留的一些文言词语，并收集相应的例句。

顷接　兹经　收悉　责成　拟请　尚望　此复　承蒙　届期　谢忱　以资　鉴于　业经　欣闻　函复　为荷

四、从"得体"的角度，分析下文语言运用的特点。

周恩来总理在欢迎尼克松总统宴会上的祝酒词

总统先生，尼克松夫人，女士们，先生们，同志们，朋友们：

首先，我高兴地代表毛泽东主席和中国政府向尼克松总统和夫人，以及其他的美国客人们，表示欢迎。

同时，我也想利用这个机会代表中国人民向远在大洋彼岸的美国人民致以亲切的问候。尼克松总统应中国政府的邀请，前来我国访问，使两国领导人有机会直接会晤，谋求两国关系正常化，并就共同关心的问题交换意见。这是符合中美两国人民愿望的积极行动，这在中美两国关系史上是一个创举。

美国人民是伟大的人民。中国人民是伟大的人民。我们两国人民一向是友好的。由于大家都知道的原因，两国人民之间的来往中断了二十多年。现在，经过中美双方的共同努力，友好来往的大门终于打开了。目前，促使两国关系正常化，争取和缓紧张局势，已成为中美两国人民强烈的愿望。人民，只有人民，才是创造世界历史的动力。我们相信，我们两国人民这种共同愿望，总有一天是要实现的。

中美两国的社会制度根本不同，在中美两国政府之间存在着巨大的分歧。但是，这种分歧不应当妨碍中美两国在互相尊重主权和领土完整、互不侵犯、互不干涉内政、平等互利和和平共处五项原则的基础上建立正常的国家关系，更不应该导致战争。中国政府早在一九五五年就公开声明，中国人民不要同美国打仗，中国政府愿意坐下来同美国政府谈判，这是我们一贯奉行的方针。我们注意到尼克松总统在来华前的讲话中也谈道，"我们必须做的事情是寻找某种办法使我们可以有分歧而又不成为战争中的敌人"。我们希望，通过双方坦率地交换意见，弄清楚彼此之间的分歧，努力寻找共同点，使我们两国的关系能够有一个新的开始。

最后，我建议：

为尼克松总统和夫人的健康，
为其他美国客人们的健康，
为在座的所有朋友们和同志们的健康，
为中美两国人民之间的友谊，
干杯！

第二节　党政机关公文

一、党政机关公文的基础知识

（一）概念

《党政机关公文处理工作条例》第一章第三条规定："党政机关公文是党政机关实施领导、履行职责、处理公务过程中形成的具有特定效力和规范体式的文书，是传达贯彻党和国家方针政策，公布法规和规章，指导、布置和商洽工作，请示和答复问题，报告、通报和交流情况等的重要工具。"

党政机关公文的定义，告诉我们：

第一，公文的法定作者是各级党政机关。公文是各级党政机关在处理公务和行使职权中形成的文书，既不同于办理私人事务的文字材料，也与其他常规公文有所不同，其制发机关必须是各级党政机关，包括政治组织、经济组织、司法组织等，它们是公文的法定作者，而撰写公文的秘书人员只是机关公文的执笔人。

第二，公文体现机关的法定权威和意志，一旦发布，必须执行。由于党政机关是根据党和国家有关法律、章程、条例、决定等所建立的正式组织，它所发布的公文体现着制发单位的法定权威和意志，具有极强的合法性和行政效力，因此，有关单位和部门必须遵照执行。

第三，公文是党政机关实施领导、履行职能、处理公务的重要工具。党政机关通过公文管理党务、政务、组织工作；或用来传达贯彻党和国家的方针政策；或公布法规和规章；或用于指导、布置、商洽工作；或请示和答复问题，报告、通报和交流情况等。所以，它是重要的组织、管理工具。

第四，公文必须严格按照规范体式和程序进行撰写。公文与其他文章、文学作品、科技资料有所不同，它有法定的体式，需要经过一定的处理程序，而且只能是在特定范围内使用。

（二）种类

《党政机关公文处理工作条例》中规定，党政机关公文主要有 15 种：决议、决定、命令

(令)、公报、公告、通告、意见、通知、通报、报告、请示、批复、议案、函、纪要。

按照《党政机关公文处理工作条例》的顺序将这15种公文的种类和用途列表如下:

序号	种类	用途
1	决议	适用于会议讨论通过的重大决策事项。
2	决定	适用于对重要事项作出决策和部署、奖惩有关单位和人员、变更或者撤销下级机关不适当的决定事项。
3	命令(令)	适用于公布行政法规和规章、宣布施行重大强制性措施、批准授予和晋升衔级、嘉奖有关单位和人员。
4	公报	适用于公布重要决定或者重大事项。
5	公告	适用于向国内外宣布重要事项或者法定事项。
6	通告	适用于在一定范围内公布应当遵守或者周知的事项。
7	意见	适用于对重要问题提出见解和处理办法。
8	通知	适用于发布、传达要求下级机关执行和有关单位周知或者执行的事项,批转、转发公文。
9	通报	适用于表彰先进、批评错误、传达重要精神和告知重要情况。
10	报告	适用于向上级机关汇报工作、反映情况,回复上级机关的询问。
11	请示	适用于向上级机关请求指示、批准。
12	批复	适用于答复下级机关请示事项。
13	议案	适用于各级人民政府按照法律程序向同级人民代表大会或者人民代表大会常务委员会提请审议事项。
14	函	适用于不相隶属机关之间商洽工作、询问和答复问题、请求批准和答复审批事项。
15	纪要	适用于记载会议主要情况和议定事项。

从不同的角度,按照不同的标准,公文可以划分为不同的类型。

1.按公文来源划分:发文、收文、内部公文。

发文,是指本机关本部门向外发出的公文。

收文,是指上级机关或下级机关、平级机关向本机关本部门发来的公文。

内部公文,是指本机关本部门制发并仅供内部阅知和执行的公文。

2.按行文关系划分:上行文、下行文、平行文。

上行文,是指下级机关向隶属的上级机关的行文。如,报告、请示等。

下行文,是指上级机关向隶属的下级机关的行文。如,决议、决定、命令(令)、批复、公报、公告、通报、通告、通知等。

平行文,是指平级机关之间或不相隶属机关之间的行文。如,议案、函等。

3.按机密程度划分：绝密公文、机密公文、秘密公文和普通公文。

绝密公文，是指秘密等级最高的文件，它反映的通常是党和国家的核心秘密。

机密公文，是指秘密等级较高的文件，它反映的通常是党和国家的重要秘密。

秘密公文，是指密级较低的文件，它反映的通常是党和国家的一般秘密，但其内容也不允许泄密。

普通公文，也称非保密文件，是指没有标注涉密等级的文件。但是，这一类公文也常常有一定的阅知范围，有自己的主送机关，不可随意扩大发文范围。

4.按时限要求划分：特急公文、加急公文和常规公文。

紧急程度，是指公文送达和办理的时限要求。《党政机关公文处理工作条例》规定，根据紧急程度，紧急公文应当分别标注“特急”“加急”，电报应当分别标注“特提”“特急”“加急”“平急”。

（三）特点

行政公文作为依法行政和进行公务活动的重要工具，是国家行政机关实施行政管理活动的主要手段之一，除了“工具”这一特点外，它还具有以下特点：

1.鲜明的政策性

公文既然是国家行政机关在处理行政公务中用到的文书，其内容必然同党和国家的各项方针、政策密切联系，因此在内容上具有鲜明的政策性。各级机关运用公文，必须贯彻党和国家的路线、方针、政策，有利于社会主义制度，维护人民的利益。

2.法定的权威性

公文是机关或组织在职能活动中形成的，是职能活动的直接产物。它代表制发机关颁布法律、命令、决定，下发通知或者报送请示、报告，传达制发机关的决策与意图。各级机关所发公文在有效的时限、范围内，具有国家法律所赋予的权威性和约束力，不允许任意违背，做到有令必行，有章必循，违令必究。

3.作者的法定性

公文的法定作者指依法成立并能以自己的名义行使职权和担负义务的机关或组织。撰写和制发公文不是个人行为，所代表的是机关或组织。因此，它的内容受法律、工作需要和领导人指示的制约，其法定作者制发公文的权利和名义受法律的保护。

4.体式的规范性

公文的规范体式，一是指撰写公文所采用的语体，即现代汉语语体；二是指文件的格式，即公文结构与公文各组成部分的文字符号在载体排列上的规定形式。公文是一种高度程式化的应用文体，在长期实践中形成了独特的写作格式和一套制发规范，并用国家法规予以规定，任何机关都不得另搞一套，各行其是。

5.制发的程序性

公文由法定作者制发，在撰写和制发的过程中，它要受公文处理程序的严格制约。如公文的制发，必须经过拟稿、审核、签发、复核、发文注册、缮印、用印、发文登记、分发等程序；对收文的办理，一般应包括签收、登记、拟办、批办、承办、催办等程序。这一系列过程不是无序的，《党政机关公文处理工作条例》中都有详细的规定。

6.文风的庄重性

撰制公文是一项严肃的工作，公文要维护其政治性和权威性，就必须保持准确、严肃、庄重的文体特点。这就要求反映事物客观实际，表达意见态度明朗，选词用语严谨准确，从而形成理正辞严、简练明达、庄重有力的公文风格。

二、写作要求

（一）格式要求

公文一般由份号、密级和保密期限、紧急程度、发文机关标志、发文字号、签发人、标题、主送机关、正文、附件说明、发文机关署名、成文日期、印章、附注、附件、抄送机关、印发机关和印发日期、页码等组成。

公文首页红色分隔线以上的部分称为版头；公文首页红色分隔线（不含）以下、公文末页首条分隔线（不含）以上的部分称为主体；公文末页首条分隔线以下、末条分隔线以上的部分称为版记。

1.版头

份号：公文印制份数的顺序号。涉密公文应当标注份号。如需标注份号，一般用6位3号阿拉伯数字，顶格编排在版心左上角第一行。

密级和保密期限：公文的秘密等级和保密的期限。涉密公文应当根据涉密程度分别标注“绝密”“机密”“秘密”和保密期限。

紧急程度：公文送达和办理的时限要求。根据紧急程度，紧急公文应当分别标注“特急”“加急”，电报应当分别标注“特提”“特急”“加急”“平急”。

发文机关标志：由发文机关全称或者规范化简称加“文件”二字组成，也可以使用发文机关全称或者规范化简称。

发文字号：由发文机关代字、年份、发文顺序号组成。联合行文时，使用主办机关的发文字号。编排在发文机关标志下空二行位置，居中排布。年份、发文顺序号用阿拉伯数字标注；年份应标全称，用六角括号“〔 〕”括入；发文顺序号不加“第”字，不编虚位（即1不编为01），在阿拉伯数字后加“号”字。

签发人:上行文应当标注签发人姓名。由“签发人”三字加全角冒号和签发人姓名组成,居右空一字,编排在发文机关标志下空二行位置。“签发人”三字用 3 号仿宋体字,签发人姓名用 3 号楷体字。

版头中的分隔线:发文字号之下 4 mm 处居中印一条与版心等宽的红色分隔线。

2.主体

标题:由发文机关名称、事由和文种组成。一般用 2 号小标宋体字,编排于红色分隔线下空二行位置,分一行或多行居中排布;回行时,要做到词意完整,排列对称,长短适宜,间距恰当,标题排列应当使用梯形或菱形。

主送机关:公文的主要受理机关,应当使用机关全称、规范化简称或者同类型机关统称。标题下空一行,居左顶格,回行时仍顶格,最后一个机关名称后标全角冒号。如主送机关名称过多导致公文首页不能显示正文时,应当将主送机关名称移至版记。

正文:公文的主体,用来表述公文的内容。公文首页必须显示正文。一般用 3 号仿宋体字,编排于主送机关名称下一行,每个自然段左空二字,回行顶格。文中结构层次序数依次可以用“一、”“(一)”“1.”“(1)”标注;一般第一层用黑体字、第二层用楷体字、第三层和第四层用仿宋体字标注。数字、年份不回行。

附件说明:公文附件的顺序号和名称。如有附件,在正文下空一行左空二字编排“附件”二字,后标全角冒号和附件名称。如有多个附件,使用阿拉伯数字标注附件顺序号(如“附件:1. ×××××”);附件名称后不加标点符号。附件名称较长需回行时,应当与上一行附件名称的首字对齐。

发文机关署名、成文日期和印章:

成文日期一般右空四字编排,印章用红色,不得出现空白印章。

单一机关行文时,一般在成文日期之上,以成文日期为准居中编排发文机关署名,印章端正,居中下压发文机关署名和成文日期,使发文机关署名和成文日期居印章中心偏下位置,印章顶端应当上距正文(或附件说明)一行之内。

联合行文时,一般将各发文机关署名按照发文机关顺序整齐排列在相应位置,并将印章一一对应、端正、居中下压发文机关署名,最后一个印章端正、居中下压发文机关署名和成文日期,印章之间排列整齐、互不相交或相切,每排印章两端不得超出版心,首排印章顶端应当上距正文(或附件说明)一行之内。

3.版记

版记中的分隔线:版记中的分隔线与版心等宽,首条分隔线和末条分隔线用粗线(推荐高度为 0. 35 mm),中间的分隔线用细线(推荐高度为 0. 25 mm)。首条分隔线位于版记中第一个要素之上,末条分隔线与公文最后一面的版心下边缘重合。

抄送机关:除主送机关外需要执行或者知晓公文内容的其他机关,应当使用机关全称、规范化简称或者同类型机关统称。如有抄送机关,一般用 4 号仿宋体字,在印发机关和印发日期之上一行、左右各空一字编排。“抄送”二字后加全角冒号和抄送机关名称,回行时与冒号后的首字对齐,最后一个抄送机关名称后标句号。

印发机关和印发日期:即公文的送印机关和送印日期。印发机关和印发日期一般用 4 号仿宋体字,编排在末条分隔线之上,印发机关左空一字,印发日期右空一字,用阿拉伯数字将年、月、日标全,年份应标全称,月、日不编虚位(即 1 不编为 01),后加“印发”二字。

页码:公文页数顺序号,一般用 4 号半角宋体阿拉伯数字,编排在公文版心下边缘之下,数字左右各放一条一字线;一字线上距版心下边缘 7 mm。单页码居右空一字,双页码居左空一字。公文的版记页前有空白页的,空白页和版记页均不编排页码。公文的附件与正文一起装订时,页码应当连续编排。

(二)语言要求

1.用语规范。以书面语为主,不用方言、俗语、俚语,词语的概念清楚,概括性强,词义准确,理解划一,不刻意追求辞藻华丽、声调节律,少用或不用描绘性比喻性词语。如,“……收悉,现批复如下”之“收悉” 和“现”,都是书面语,规范、简洁;形容交通堵塞、人员拥挤,必须是具体的状貌,如“整个街道水泄不通,车辆无法通行,人员无法通过”,而不用“摩肩接踵”“车水马龙”这样的形容词。

2.简明扼要。公文有很多专用语词,如,“已经×××会议通过”“现予公告”“妥否,请批示”“特此函达”“如无不妥,请转发并遵照执行”等。适当使用,可以使公文含义显得简洁确切,严谨平实,同时增加公文的庄重感,使表达周全、严密。

3.符合逻辑。以明确的概念、准确的判断、严密的推理来表达思想,传达信息,分析事理,提出办法,解决问题。严密的逻辑表达,可以增强公文在奖惩缘由、计划安排、决定事项等方面的说服力,从而使公文的执行效力得到较为有力的保障。

4.表达准确。准确是对公文语言最基本的要求,它包括用词无歧义、多义等问题,句子无语法错误,句与句之间的逻辑关系紧密,概念准确、明晰,从而能准确阐述观点,表明态度,说明情况等。只有表达准确,才能更好地传达公文的政策性和思想性,才能说明事理,阐明缘由,晓以利害,给予鞭策或批评教育,才能更好地传达党和国家的政策法令。

三、重点训练

（一）请示

《党政机关公文处理工作条例》规定，请示“适用于向上级机关请求指示、批准”。

请示是下级机关请求上级机关决断、指示、批准、支持并明确答复时使用的公文，是典型的上行文，只能向有隶属关系的上级机关发文，不能向同级机关或不相隶属机关发文。下级机关对自身无法解决、无权决定或无力办理的事项，需要向上级行文请示。

1.特点

请求性。请示是下级机关为了请求上级机关指示或批准某一事项，或解决某一问题而制发的，具有鲜明的请求性。公文常用到祈请性敬语，如“妥否，请批复”“如无不妥，请批复”。

单一性。公文条例规定请示的内容“应当一文一事”，即在一份请示中，只能就一项工作或一种情况、一个问题作出请示，不得在一份请示中就若干个事项请求指示或批准。

专向性。请示的发文方向是明确而固定的，只能向隶属上级机关发文，不能向平级机关或不相隶属机关发文。即其主送机关，只能是有隶属关系的上级机关，不能多头主送，以免耽误工作。

期复性。请示的目的是请求上级指示或批准，希望上级给予帮助和支持，或解决某个问题等，因此，要求上级机关给出答复。上级机关应及时答复下级机关的请求事项。

2.分类

指示性请示。请求指示“我们应当怎么做”的问题，常常是在难以把握政策规定时、工作中遇到新的复杂的情况时、需要上级给予明确的解释与指示时使用。如，××省高级人民法院在《人民法院工作人员处分条例》颁布后，就人民法院工作人员（含在职、退休后）的违纪违法行为的具体处理办法，向国家最高人民法院发出请求，制发了《××省高级人民法院关于如何适用〈人民法院工作人员处分条例〉几个问题的请示》。

审批性请示。请求“我们能否这样做”的问题，常常在机构设置、人员编制、领导班子调整、财务预算、重要事件或重要人物的处理等问题上，本单位无权解决而请求上级机关进行审核批准。如，城市总体规划是国务院职权范围内的审批事项，××省人民政府无权审批，因此，所辖××市城市总体规划必须报请它的上级机关国务院审批，其文为《××省人民政府关于呈请批准××市城市总体规划（2009—2020）的请示》（×府呈〔2010〕30 号）。

批转性请示。下级机关就重大事项的解决方案或计划、法规、规章、工作部署性意见等问题制发公文，请求上级机关批准该事项并转发该公文，以便“同级机关或部门”遵照执行，使用“批转性请示”。上级机关通常会用“批转性通知”给予答复。如，《××省公安厅关于请求省委办公厅、省政府办公厅转发我厅制订的〈全省公安机关“三项教育”工作方案〉的请示》。

求助性请示。下级机关在开展工作的过程中，在人力、物力、财力方面遇到困难，需要向上级部门寻求支持或帮助时，使用这类请示。如，《××市商业局关于增设地下消防栓所需资金的请示》。

3.基本结构与写法

一般由标题、主送机关、正文、落款组成。

标题一般是发文机关+事由+文种。如：《××省人民政府关于调整××市市辖区行政区划的请示》《××市人民政府关于恳请批准调整省级文物保护单位越城遗址保护范围及建设控制地带的请示》。

请示的主送机关为直接隶属的上级机关，即一般只报送主管它的领导机关，不能送领导者个人，也不能越级行文。如，区政府有事项请示时需要向市政府行文；市政府有事项需要请示时向省政府行文，其行文关系均为直接隶属关系。

如果是紧急情况或特殊情况必须越级行文时，或者多次请示上级机关而长期未能解决问题时，才可以向上级机关的上一级机关越级行文，但同时必须抄送被越过的直接上级机关。

正文包括请示缘由、请示事项、结语。

请示是向上级请求指示和批准，因此，必须讲清楚请求的理由、根据或目的，只有清楚明白而充分的理由，才可能得到上级的批准，从而得到本机关想要的结果。

请示事项即希望上级机关帮助解决的问题，包括具体意见、办法、措施、要求等。下级机关向上级机关所请示的事项，必须符合国家的法律法规，符合党和国家的方针政策，符合单位的实际情况，具有可行性和可操作性。

请示是一种要求上级机关务必予以明确批复的公文，因此，在请示的文末必须有请批性结语，其惯用的结束语是“妥否，请批示”“当否，请批示”“以上意见当否，请审核批复”“以上请示如无不妥，请审批”等。

落款署发文机关名称、成文日期并加盖印章。

（二）批复

《党政机关公文处理工作条例》规定：批复“适用于答复下级机关请示事项”。即上级机关对下级机关的请示事项表明态度或作出明确答复的文种，是党政机关公文中适用范围最窄的一个文种。

1.特点

被动性。批复以下级的请示为前提,回答的是请示中的具体事项,先有请示,后有答复,属于被动行文。

针对性。批复只针对下级的请示而制发,回答的内容也是针对所请事项。下级请示什么,上级就回答什么,与请示无关的内容绝不涉及。

鲜明性。在行文时态度鲜明,观点明确。对下级所请示事项,“同意”或“批准”,或者“不同意”“不批准”。如果情况复杂,则可以给出“原则同意”的意见,同时对某些个别环节提出不同的意见和要求,并给予指导。

权威性。批复是上级机关研究决定后的结论性意见,带有很强的权威性,下级机关必须以此作为办事依据,认真贯彻执行,不得违背。

时限性。请示的事项往往是下级机关亟待办理和解决的问题,但在其职责范围内难以解决,上级机关应及时研究和及时批复,否则可能延误工作,造成损失。如果上级机关需要经过调查研究之后,才能给出答复,时间较长,则应先以函电形式告知请示单位。

2.分类

指示性批复。针对下级机关对有关方针、政策、规定等提出的不甚明了的问题予以答复并给出指示性意见。这类批复,不仅给出了答复,其指示性内容,在其管辖范围内,具有普遍的指导和规范作用。

批准性批复。对下级机关请示的其无权自行决定的某个问题或某种事项作出同意与否的答复。主要针对下级请示中涉及的人力、物力、财力等方面的现实困难,或者针对组织机构的设置、改变行政区划、名称及地址变迁等问题作出明确答复。

3.基本结构与写法

一般由标题、主送机关、正文、落款组成。

标题格式一:发文机关+事由(请示事项)+文种。如:《国务院关于××市城市总体规划的批复》(国函〔2011〕29号)、《国务院关于组建中国铁路总公司有关问题的批复》(国函〔2013〕47号)。

标题格式二:发文机关+同意(表态语)+事由(请示事项)+文种。如:《国务院关于同意设立“全国交通安全日”的批复》(国函〔2012〕195号)、《国务院关于同意建立金属非金属矿山整顿工作部际联席会议制度的批复》(国函〔2013〕19号)。

在以往制发的批复中,还有第三种标题,即“发文机关+同意+事由+给+来文机关名称+文种”,现在较难见到。如,《民政部关于同意××省恢复××市给××省人民政府的批复》《国务院关于同意××省设××市给××省人民政府的批复》。

批复的发文机关名称必须使用全称或规范化简称;事由必须精炼地提出具体事项及

批复意见；标题常用“关于同意……的批复”或“关于……的批复”或“关于……问题的批复”等句式。

批复的主送机关一般只有一个，即报送请示的机关。

与请示不得越级行文一样，批复也不能越级行文，当所请示的机关不能答复下级机关的问题需要向上一级机关转报请示时，更上一级机关所批复的主送机关必须是转报机关。

如果批复的内容牵涉到几个不同机关的实际利益，则可以将这几个机关名称并列作为主送机关。

正文一般由批复的根据、批复的意见、批复的结尾构成。

批复的根据即开头第一句，引用来文的机关名称和请示的标题、发文字号，如“水利部、发展改革委《关于请求批复永定河干流水量分配方案的请示》（水资源〔2007〕524 号）收悉”，然后以“经研究决定，现批复如下”，或者是“经研究，答复如下”的句子引出下文。

不论篇幅长短，先表明批复机关的态度是“同意”还是“原则同意”，或者是“不同意”。如果是完全同意，不必写理由；如果是原则同意，还需要对某些事项作出指示性意见，也可以表态后表明希望、提出号召等。

在正文之下，另起一行，写出“此复”“特此批复”“特此函复”等惯用语结尾。有时，不用专用语结尾，写明理由或作出指示性意见就结束全文。

落款在正文之后，空一行写发文机关署名，署名下一行写发文日期，一般情况下居右空四字，并加盖印章。

（三）函

《党政机关公文处理工作条例》规定，函“适用于不相隶属机关之间商洽工作、询问和答复问题、请求批准和答复审批事项”。

在法定公文中，函被认为是唯一的平行文。“不相隶属机关”既是指机关内部的平行机关，也可以是指行政上、组织上没有领导和被领导关系的机关，还可以是指业务上没有指导与被指导关系的机关。

1.特点

平等沟通性。函主要用于不相隶属机关或平行机关之间商洽工作、询问和答复问题，与其他上行文、下行文的指挥性、报请性公文性质不同，它体现的是双方平等沟通的关系。其措辞、语气跟上行文的恭谦与下行文的严肃权威不同，体现的是平等、沟通的原则。

灵活广泛性。函是机关、单位在公务往来中使用频率较高的文种，对发文机关的资格要求很宽松，任何机构或组织都可以制发，且不受内容的限制，凡是申请事项、商洽工作、通知事项、催办事情、答复询问、召开会议、报送材料等,均可用函。

单一权威性。无论是商洽工作、询问和答复问题、请求批准和答复审批事项,其内容都必须单一、集中,即一份函只能写一件事项,在行文中不需要在原则、意义上进行过多阐述,而是注重务实的内容,讲清楚要解决的问题。

2.分类

按照不同的分类标准,有不同的分类方法。

按照发文目的划分,可分为发函和复函。主动制发的为发函,回复对方来函的为复函。一般情况下,对方发来函,回复的应该是复函,但是,下级机关在答复上级机关询问时,《党政机关公文处理工作条例》规定"回复上级机关的询问"用报告。上级机关在答复下级机关的请示时,如果是让它的办事机构"办公厅(室)"来答复,由于办公厅(室)不是请示的直接上级机关,只是上级机关的办事机构,因此,该回复公文的文种不能用批复而只能用复函。

按照内容用途划分,可分为商洽函、询问和答复函、请批函和答复审批函、告知函。商洽函用于平行机关或不相隶属机关之间商洽工作;询问和答复函用于不相隶属机关之间询问或答复有关问题;请批函用于向有关业务主管部门(不是上级机关)请求批准事项,答复审批函用于答复请求批准的函;告知函用于在平行机关或不相隶属机关之间互相通知事情。另外,上级机关对下级机关催办、转送材料、函报统计数字等也用函。

3.基本结构与写法

公函一般由标题、主送机关、正文、落款组成。

标题一般是发文机关+事由+文种。如,《××省电力局关于在宝珠寺水电站库区进行开发有关意见的函》《中国科学院××研究所关于建立全面协作关系的函》。主动发函,文种处写"函"即可。如果是回复对方来函,文种可用"函",但多采用"复函"一词。比如,《国务院办公厅关于××经济技术开发区的复函》。

函的主送机关,往往只有一个主送机关,即受文机关。

正文由缘由、主体、结尾组成。

发函的开头,写明商洽、询问、请求等的原因,在什么情况、背景下,发出该函。回函的开头,先引来函名称、发文字号,然后以"现函复如下"过渡到下文。

发函写明要商洽、询问、答复、批准、审批等事项。要求和意图要明确、不含糊。回函写明回复的内容,给予明确的答复。如果内容较多,可分条列项书写。如果篇幅较单一,可采用篇段合一的形式。

发函一般要提出希望受文一方给予帮助或同意己方做法,或希望给予答复或审批。回函,可提出要求。最后,以"专此函达""请即复函""特此函商""特此函告""特此专复”等专用语结束全文。

落款署发文机关名称、成文日期并加盖印章。

四、申论写作

“申”,即引申、申述、申明;“论”,即议论、论说、论证。“申论”,是对所给材料进行引申说明,并据此展开论证的一种论说文体,简言之“申而论之”。它主要用于公务员选拔考试。

(一)特点

申论测试既不同于古代选拔贤良的策论,也不同于当今大学入学的作文考试,它具有自身的特点。

1.针对性

申论测试考查的目的明确,针对性很强,即主要考查考生阅读、分析、概括、解决问题的能力。这些能力主要通过对背景材料的分析、概括、论述体现出来,从所提出的方案对策是否具有针对性和可行性体现出来。

2.科学性

作为一种选拔人才的测试方式,申论考试内容与公务员日常工作的内容比较契合,它的答题要求与公务员日常工作的方式方法比较契合,它的答题思路与公务员的思维、公务员的素质比较契合,其考试结果能够较好地反映一个考生从事公务员工作的潜能。

3.灵活性

申论测试答卷一般由三部分组成:一是概括部分,二是方案部分,三是议论部分。就文体而言,概括部分可能是记叙文、说明文、议论文中的某一种形式,也可能综合了多种文体形式;方案部分,则是应用文写作;议论部分自然是议论文写作了。从这个意义上来说,申论测试既考查了普通文体的写作能力,也考查了公文写作能力,测试形式非常灵活、实用。

申论测试没有也不可能有一个确切、固定、唯一的标准答案。从资料背景来看,都是有关当前政治、经济、法律、教育等社会问题,有的已有定论,有的尚未定论,完全要考生自己来解决。

(二)写作要求

根据能力测查重点的不同,申论大致分为五种题型:归纳概括题、综合分析题、贯彻执行题、原因对策题和文章论述题。

1.归纳概括题

从字面意思上理解,所谓“概括”,“概”就是概述,“括”就是“囊括”。即把事物的共同特点归结在一起,加以简明地叙述和扼要地重述。一般情况下,“概”是通用属性的描述;“括”是对象范围的描述。

从近几年考查的情况来看,归纳概括题出现频繁,主要为:归纳概括现状、问题、原因、做法等基础题型,同时也不乏创新题型。

(1)归纳概括现状:一般要求考生对当前的状况、局面进行概括,其出题形式一般为“概括现状”“概括当前状况”等。

(2)归纳概括问题:一般要求考生就给定材料中的主要问题进行概括,其出题形式一般为“概括主要问题”“指出隐患、困境”等。

(3)归纳概括原因:一般要求考生就给定材料中某一现象发生的原因进行概括,其出题形式主要有“概括主要原因”“梳理主要理由”等。

(4)归纳概括做法:一般要求考生对给定材料中措施类的要点进行概括,其出题形式一般以“概括主要措施”“概括具体建议”“归纳总结经验”等。

除此之外,通过对近几年申论真题的分析,我们可以看出,命题者为了不断创新,题型也是越来越丰富。

(1)拟制标题,一般要求考生为给定的一则或几则材料拟定标题,其出题形式一般有“在横线处填入或拟制这则资料的标题”等。

(2)语句填充,即要求考生对给定资料横线处的空格进行填充,使其成为完整的语句。

(3)词句理解阐释,一般要求考生对给定资料中出现的特定词语或者句子进行解释,或谈谈对此的理解等。

因此,考生必须仔细分析题目要求,找出题目中的隐含要求,避免盲目作答。

写作时首先要求准确。要求我们必须精准把握作答对象,紧紧围绕作答对象来寻找要点,如说归纳概括材料的“主要问题”和“主要内容”这就是完全不同的概念:“主要问题”指的是坏现象,也就是不好的事情,而“主要内容”不仅包括坏现象,还有好现象、原因、影响,甚至对策。所以一定要结合对象而做到准确作答。

其次是全面。“全面”指的是要点齐全,不要遗漏。结合作答对象在材料中,寻找到所有的答案要点,全部提炼出来,呈现在答题纸上。归纳概括题目判分标准规定采点给分,所以一定要采全所有的信息要点,做到要点齐全。

再次是客观。“客观”要求我们在作答该类题目时尊重材料,依托材料不要有过多的修改和演绎,不需要发挥主观能动性。有一说一,实事求是,不添加个人主观评论。

最后是简洁。“简洁”是针对作答字数而言的。归纳概括题型字数要求一般比较少，200字，甚至150字。而这类题目的要点往往还是四到六条，这也就要求我们尽可能的字数简洁，在书写的过程中保留关键词，不写废话，不啰唆。

2.综合分析题

所谓“综合分析”，顾名思义，就是要求考生根据“给定材料”，在充分理解“给定材料”的基础上，从政府或政府工作人员的角度，对材料进行整合、分析，进而得出、推导出结论的一种思维方式。

主要类型有如下几种：

(1)谈谈你的理解型

何谓谈谈你的理解型？从字面意思来看，“谈谈你的理解型”似乎可以理解为：考生可以从个人的角度谈谈理解和看法，从自身的角度表达个人的真实想法。

(2)经验教训型

经验教训型题目在近几年的公务员考试中，仅在2013年国家公务员考试地市级考试中有所涉及。但是，在地方公务员考试中考查的比较多。所谓“经验”，是指对他人或自己正确做法的总结。所谓“教训”，是指对他人或自己错误做法的总结。

(3)启示型

从字面理解，启示的“启”，其甲骨文字形像用手去开门，所以它的本义是打开。后来，慢慢引申为开启、启发，让人得以领悟等意思。

启示的“示”，本指把东西给人看，如“示威”“示弱”“示众”等。后来，慢慢由给人看的意思再引申，又有指示、开导、让人明白某种道理的意思。

(4)含义型

所谓“含义”，是指某个词语在特定的语言环境中所包含的意思。一个词语通常有多种意思，但是在特定的语言环境里其意思是明确的。这类题目的主要任务就是要求考生把给定材料中某个词语的意思引申出来。

首先，综合分析题写作时必须站在材料的角度上，以政府为立场分析问题。这是综合分析的基本要求。与归纳概括题相比较，综合分析题的主观性较强，往往更多的内容是考生主观推断得出的一些结论。在这个时候，考生必须明确：你所参加的这场考试是在为政府机关招录工作人员，你作答此类问题必须从政府的角度来分析和解决问题。

其次，必须重视综合和分析相结合，得出正确结论。根据给定材料，综合目前政府的政策法规、给定材料的意图，并以实现作答要求为最终目的，去分析问题，这是综合分析题思考问题、作答问题的基本逻辑。

3.贯彻执行题

所谓“贯彻执行”，必然是依据对策来贯彻执行；所谓“贯彻执行题”，就是要求考生必须在综合分析给定材料的基础上，严格按照题干中的作答要求，以不同形式的文体完成题干要求的写作任务。

贯彻执行题大体可以分为八种子题型：一是讲话稿型；二是宣传稿型；三是倡议书型；四是新闻稿型；五是导言型；六是时评型；七是编者按型；八是短评型。本书重点论述前三种。

（1）讲话稿

明确题干为考生设定的虚拟身份是什么。虚拟身份在此类题目中至关重要，将直接决定文章的写作方向。

如果是以上级单位的身份讲话，那么讲述的内容应该相对宏观一点。即：上级单位更多的是做业务指导，更多的是从宏观的角度去发现问题。如：2014 年国家公务员考试副省级卷第三题。

如果是平级的讲话，那么讲述的内容相对微观一点。即：面向平级更多的是经验交流，更多的是从微观的角度去解决问题。如 2015 年国家公务员考试地市级卷第三题。

明确受众的虚拟身份是什么。一是对称谓的影响。讲话稿必须包含称谓。通常情况下，如果受众是领导或是家长等，应当使用“尊敬的”较为合理；如果受众是游客、群众、同学等，应该使用“亲爱的”更为贴切。二是对内容的影响。不同的受众所关心的内容是不一样的。如果受众是上级，那么他所关心的内容更多的是宏观方面的；如果受众是平级或下级，那么他所关心的内容更多的是微观方面的。

明确讲话稿的主题是什么。只有明确了主题，才能尽可能避免跑题，才能在阅读给定材料的基础上锁定那些紧贴主题的关键信息。

（2）宣传稿

一篇合格的宣传稿必须包含以下要素：

称谓。选用合适的、人性化的称谓不仅可以拉近作者和宣传对象之间的距离，还可以让宣传对象更好地接受宣传内容。确定称谓，需要明确“作答要求”中的虚拟身份。

宣传背景和目的。这部分内容属于铺垫性内容，其存在的目的是为了引出宣传目的。通常可以引用一些案例性的材料。通过材料的引用，最后提出宣传的目的。

宣传内容。主要向宣传对象表明“为什么”宣传。

号召建议。正文最后一段，呼吁宣传对象，发出号召，以达到宣传的最终目的。

最后是落款。

（3）倡议书

倡议书一般由标题、称谓、正文、结尾、落款五部分组成。

倡议书的标题一般由文种名称单独组成,即在第一行正中用较大的字体写“倡议书”三个字。另外,标题还可以由倡议内容和文种名共同组成。如“为地震灾区捐款的倡议书”。

倡议书的称谓可依据倡议的对象而选用适当的称呼。如“广大的青少年朋友们”“广大的妇女同胞们”“尊敬的各位家长”等。

倡议书的正文一般包括两个方面的内容。

一是倡议书的背景和目的。

二是倡议书的具体内容和要求。这是正文的重点部分。倡议的内容一定要具体化,开展怎样的活动,做哪些事情,具体要求是什么,都需要逐一写明。

结尾呼吁受众对象,表示倡议者的决心和希望,或是写一些表示敬意或祝愿的话语。

右下方写明倡议者单位、集体或个人的名称或姓名,署上发倡议的日期。

4.原因对策题

所谓“对策”,通俗地讲,“对”是指“针对”,“策”是指“策略”。一言以蔽之,就是针对某个问题的解决策略。按照题型要求的不同,可将“原因对策题”分为两大类:单一性对策题和复合型对策题。

单一性对策题一般要求考生针对问题提出对策。此类试题在答案中仅需要体现对策,无需概括具体问题或原因。

复合型对策题一般要求考生先概括出材料所反映的问题或原因,再提出解决措施。复合型对策题又可分为两种:一种是题干中明确提出要概括问题或原因;另一种是题干中没有明确提出,但是在作答要求中提出需要的概括问题或原因。

“原因对策题”的基本要求主要有四点,即角色意识、有针对性、有可行性以及有可操作性。所谓角色意识,是指考生在答题时要有一定的身份定位。关于角色意识,考生需要分两种情况来对待:一种是题干中没有虚拟身份要求的;另一种是题干中有虚拟身份要求的。

对于题干中没有虚拟身份要求的,考生要站在政府的角度,从如何采用法律手段、行政手段、宣传手段等方面提出解决措施。对于题干中有虚拟身份要求的,如某政府职能部门的工作人员、观察员、人口普查员等,提出的对策一定要符合题目限定的身份要求。

有针对性是指考生提出的对策一定是针对题目指定的问题,而不是其他问题;一定是针对题目提出的所有问题,而不是部分问题。要达到“有针对性”这一要求,需要做到两点:一是符合题目要求,二是对策源于材料。

有可行性是指对策要具备可以实施的条件。提出来的对策如果在现有条件下根本

无法实施,那就是不可行的。具体来说,包括以下四个方面:

(1)经济可行性。是指对策要在经济上具备可以实施的条件。政府做任何事情都是要付出成本的,这要求我们必须注意投入和产出的比例。

(2)政治可行性。是指对策在政治上要具备可以实施的条件,主要包括两个方面:一是不提反动观点。即对策的提出要符合国家的大政方针,不能反党反社会主义。二是不越权。即提出的对策不能超越一国政府的权力范围。

(3)法律可行性。是指对策不能违背法律的规定。如我国只有全国人大及其常委会才有国家立法权,也只有全国人大及其常委会才是国家立法机关,因此,就立法这一方面提出对策时,就不能说"县级政府必须尽快出台相关法律,建立健全相关法律制度"。

(4)伦理可行性。是指所提对策要符合社会的公序良俗。如针对大城市上班时段的交通拥堵问题,其原因之一在于早晨锻炼的老人恰好和年轻人上班时间重合。为了解决早高峰的交通拥堵问题,方法之一就是在媒体上进行广泛宣传与倡导,呼吁老年朋友为了自身安全,可错开高峰时段出行;而如果硬性规定在上班高峰期间,禁止老年人乘坐公共交通工具,虽然在一定程度上能够解决拥堵问题,却与我国尊老敬老的传统美德发生冲突。

有可操作性是指对策要具体。可以从以下四个方面进行理解:一是要有明确的对策内容。即措施如何开展,政府部门应当做什么,依照怎样的程序。这是判断对策是否具备可操作性最为重要的依据。二是要有明确的对策主体。即由哪一个政府部门实施对策。三是要有明确的对策客体。即对策实施的对象是什么。四是要有明确的对策目的。即对策要达到什么目的或效果。

5.文章论述题

文章论述题是申论考查的落脚点,是申论考试的最后一题,人称"大作文"。从所占分值来看,这类题型一般占到35—50分,是申论科目赋分值最大的一类题目。从写作量的角度,这类题型的字数要求800—1200字,是申论科目写作量最大的一类题型。作为一名机关工作人员,在实际的行政管理工作中经常需要撰写材料。文章论述题便是考查考生是否具备这种能力,即文字表达能力。

按照论证的方式来划分,有"正论文""策论文"和"评论文"三种。

所谓"正论文",是指结构端正的文章。一篇文章有原因分析部分,也有提出对策部分。如果这两个部分均匀展开,没有偏重,我们便称之为"正论文"。

所谓"策论文",与"正论文"相比,其原因分析部分被大幅压缩成一个自然段,这样一来主要突显文章的对策部分。

所谓"评论文",即结合"给定材料",针对某个观点(这个观点可能是正确的,也可能是错误的)进行评价,并给出建议或分析其积极意义。与“正论文”“策论文”相比,“评论文”的侧重点落在了“评”字上。

正因为论证方式的不同,正论文、策论文、评论文三种文章写作的要求及基本结构也是不一样的。

正论文,一般包括五个部分:

一是摆事实。既可以引用给定材料中的相关案例,又可以结合自身的经验、体会或知识储备,选择一些给定材料中没有的,但与申论话题相关的事实材料。特别提醒的是,在引用给定材料相关案例内容时,切忌照搬照抄,必须经过自己的理解、消化后才可以引用到文章中。

二是讲道理。这一步骤只有一句话,却是全文的核心观点。这个道理,必须是针对一定问题提出的一句总论性的话,是解决问题的核心内容。

三是找原因。这部分主要是要求考生根据申论主题所存在的问题分析其产生的原因。

四是提对策。这部分主要是要求考生根据上一步骤分析得到的原因,有针对性地提出对策。

五是拔高度。这一部分是对全文核心观点、核心论点的进一步升华,可结合党的方针、宗旨和国家的有关政策对存在的问题提出更高的要求。

策论文,其实是正论文的精简版,其与正论文的区别主要在于:第三部分“找原因”部分的每一条原因不需详细展开说明,只需保留一个概括精练的“原因句”即可,也就是说,三条原因,三个句子可以压缩为一个自然段。

评论文,与正论文、策论文不同,其内容一般有:

一是摆事实。和正论文、策论文一样,事实既可以引用给定材料中的相关案例,又可以结合自身的经验、体会或知识储备,选择一些给定材料中没有的,但与申论话题相关的事实材料。特别提醒的是,在引用给定材料相关案例内容时,切忌照搬照抄,必须经过自己的理解、消化后才可以引用到文章中。

二是评观点。要求考生对于文中、题中观点正确与否做出评价,从而进一步论证。鲜明表达观点,或支持,或反对。

三是讲道理。和正论文、策论文一样,这一步骤只有一句话,却是全文的核心观点。这个道理,必须是针对一定问题提出的一句总论性的话,是解决问题的核心内容。

四是谈意义(建议)。就是针对讲道理的具体内容谈谈你所持有观点的意义是什么,或者是对你所持有观点谈谈具体的意见和建议。

五是拔高度。这一部分是对全文核心观点、核心论点的进一步升华,可结合党的方针、宗旨和国家的有关政策对存在的问题提出更高的要求。

思考与练习

一、阅读下文,指出该份公文在内容和格式上的错误。

请求修复老年活动中心的请示报告

县委、县政府:

今年6月以来的3次大暴雨,使全县山洪暴发,河水猛涨,泥石流倾泻,到处是一片水茫茫的景象。这次洪灾中,我县老年活动中心被洪水和泥石流冲毁,2000平方米的建筑几乎夷为平地。为了使广大离退休干部、职工有一个休息、娱乐、学习的场所,做到老有所乐、老有所为,必须尽快修复老年活动中心。为此,我们决定修复我县老年活动中心并扩大原有规模,修建三楼一底活动室2000平方米,运动场一千平方米。共需资金500万元,增加5名工作人员编制。

可否,请批准。

××县民政局

2016年10月20日

二、案例分析。该案例给广大参加公务员考试考生的启示是什么?

田忌与齐国众公子三局两胜制赛马,将马分为上、中、下三等。比赛开始后,田忌用下等马对战齐国众公子的上等马,用上等马对战齐国众公子的中等马,用中等马对战齐国众公子的下等马。三场比赛,田忌一场败而两场胜,最终赢得齐王的千金赌注。

第三节　事务文书

事务文书，从广义上说，是指党政机关、企事业单位、社会团体或个人，在日常实践中常用的各类文体。从狭义上说，事务文书是指《党政机关公文处理工作条例》规定的法定公文以外的常用公务文书。事务文书虽非法定公文，却是党政机关、社会团体、企事业单位或个人用来交流情况、处理事务的重要工具之一，使用频率相当高，作用和特点都比较突出，它们有约定俗成的格式和写法，在事务的处理过程中，也起着十分重要的交流、沟通、协调等作用。事务文书种类很多，本章重点介绍调研报告，计划、总结，讲话稿、演讲词，项目论证报告等常用文种。

一、调研报告

（一）调研报告的含义

对某一情况、某一事件、某一经验或问题，经过在实践中对其客观实际情况的调查了解，将调查了解到的全部情况和材料进行“去粗取精、去伪存真、由此及彼、由表及里”的分析研究，揭示出本质，寻找出规律，总结出经验，最后以书面形式陈述出来，这就是调研报告。

调研报告的核心是实事求是地反映和分析客观事实。调研报告主要包括两个部分：一是调查，二是研究。调查，应该深入实际，准确地反映客观事实，不凭主观想象，按事物的本来面目了解事物，详细地占有材料。研究，即在掌握客观事实的基础上，认真分析，透彻地揭示事物的本质。至于对策，调研报告中可以提出一些看法，但不是主要的。

调研报告按其内容和作用的不同，可分为不同种类，如反映情况、介绍经验、揭露问题、反映新生事物、研究问题等的调研报告。

1.反映情况的调研报告

此类调研报告是比较系统地反映某地区、单位、行业等某项工作的基本状况。例如《对××大学乡镇企业学院大学生膳食的调查与建议》。

2.介绍经验的调研报告

此类报告是对工作中出现的先进单位或典型个人，进行深入、细致调查研究，总结成绩和经验，主要是找出规律性的东西，加以阐发与推广。例如《农民是科学的主人——××

农村科技进步调查》。

3.揭露问题的调研报告

此类调研报告针对工作中出现的重大问题、失误或恶性事故以及社会生活中的不良现象,揭露其问题的真相,或者分析原因,找出解决办法,以引起人们的关注和重视。例如《关于××市棉纺厂发生重大火灾的调研报告》。

（二）调研报告的特点

1.真实性。调研报告的基础是客观事实,其主旨是调查研究后所揭示的客观事物的本质和规律。因此,撰写调研报告,就需要深入调查,对材料的真实性要反复核实。绝不能是道听途说,东拼西凑的虚假材料。在调研报告中,不仅主要人物和事实要真实,所发生事件的时间、地点、过程及各种细节,也要绝对真实,不能有半点的浮夸和扭曲。如果了解的仅仅是事物的表象,那么得出的结论,要么是假的,要么是非本质规律的。

2.针对性。调研报告须遵循一条原则,即事件的发生、问题出现在前,调查与报告在后。这就决定了调研报告必须有较强的针对性,它要时时瞄准生活,在明确的目的支配下,去选择调查、报告对象,去集中、深入地反映生活的新变化。调研报告要根据党和国家的方针政策,从实际出发,有针对性地调查研究,总结经验,回答人们最关心的问题,提出现实生活中迫切需要解决的问题。同时,在一篇调研报告中,往往是只就一种或一类现象、一个问题进行调查和报告,重点突出,内容也集中。针对性越强,调研报告的作用就越大。

3.典型性。调查对象和运用的材料是否典型,是调研报告成败的关键。调研报告所写的对象主要是现实生活中的各种人物和事件,调研报告在反映这些典型的时候,虽然是从个别落笔,但产生的却是广泛的意义,对当前的工作有着普遍的指导作用。在一定的时期内这些人和事常常代表着各类典型,材料不典型,就不能很好地揭示现实事物的本质和规律。因此,必须选择具有典型意义的事实或材料撰写调研报告,这样才能以点带面,给全局工作提供借鉴。

4.思想性。调研报告不是简单的罗列事实,也不是对事物的具体描述。它主要是通过对大量的事实材料进行分析研究,从中得到规律性的认识,达到揭示事物本质的目的。这就使它具有了思想性。调研报告在写作时一般是通过对事实的概括叙述和简要说明,由事论理,最后引出结论,在表达上多采用夹叙夹议、叙议结合的方式。

5.时效性。首先,调研报告调查的人物、事件都是当前或特定时期的典型,要回答的问题也是当前工作中迫切需要解决的;其次,调研报告的指导和借鉴作用也是有时效性的,对一个或几个事物的调查对当前或今后一定时期内的工作都有指导性作用,但随着时代的发展和社会的进步,过去的调研报告也会逐渐失去意义,人们需要重新调查、研究、总结形成新的报告。这一点类似于新闻。因此,调查要迅速、报告要及时,不能让新事变旧事,失去指导意义。

（三）调查方法

常用的调查方法主要有以下几种：

1.普遍调查

这种方法是对调查对象的总体包括的每一个分子进行毫无遗漏的逐个调查,以达到准确无误地了解总体情况的一种基本方法。它的好处是通过调查可以全面了解和掌握情况,缺点是涉及面过大时需要的时间较长、耗费的人力物力较大。

2.个案调查

这种方法是有别于普遍调查的一种个别调查,其特点是只调查一个单位,通过对这个单位解剖麻雀式的具体了解,达到认识全体的目的。它的优点是深入、具体、细致,投入不大,时间和活动安排灵活;缺点是如果调查对象缺乏代表性,难以通过个案调查掌握面上的总体情况。

3.典型调查

这种方法是只在对所要了解的社会现象或问题有了总体的初步认识之后,从中选取一些具有代表性的典型单位,进行全面、系统、周密、具体的调查,收集大量活生生的感性材料,了解调查对象的有关情况,搞清所调查现象或问题的性质、特征及发展、变化的一般规律。这种调查方法的特点是,调查的单位少,内容系统,反馈快,有深度,便于领导亲自深入基层、了解情况,抓点带面、推动工作。

4.抽样调查

这一方法是按照随机原理,抽取研究对象中的部分代表进行调查,然后根据调查来的情况,运用科学的方法推断全体情况的调查方法。进行抽样调查需要根据研究对象的总体情况,通过科学计算,合理选定抽取样本的个数,并按预定的统计指标调查统计数值,对抽样调查数据进行抽样误差的修正。这种调查方法的特点是:可以节省大量的人力、物力、财力,时效性、科学性、可靠性比较强,但对调研人员素质的要求较高,没有专业人员的指导难以较好地完成任务。

5.座谈调查

这种方法,就是把需要调查的人员召集到一起,通过开座谈会的方法,按照调查内容,逐项请参加座谈者谈情况、谈看法。其特点是,可以当面讨论,直接交流,听取各个方面的意见,有利于优化信息,全面掌握情况。一般来说,召开座谈会之前,预先通知参加座谈的人员提前做好准备,可以取得更好的效果。

6.走访调查

又称“访谈法”或“谈话法”,是通过调查者和被调查者面对面交谈获得信息的一种方法。这种用谈话方式进行的调查活动,分为引导性调查与非引导性调查。所谓引导性调查,就是有重点地引导谈话内容;非引导性访谈,就是不带任何启示、让调查对象畅所欲言,无所顾忌地谈出自己的看法和主张。

7.问卷调查

所谓问卷是一组与研究目标有关的问题,或者说是一份为进行调查而编制的问题表格,又称“调查表”。它是人们在社会调查研究活动中用来收集资料的一种常用工具,是对社会事实及人们的行为和态度进行衡量的一种技术手段,是一种常用的科学而经济的传统调查手法。调研人员借助问卷这一测量工具来对社会生活的动态过程进行准确、具体的测定,并应用社会统计方法进行量化描述,解析所获得的调查资料。

8.文献调查

就是通过查阅相关的文献资料,对调查对象和调研内容的有关情况进行了解。分为三种情况,一种是图书文献,一种是档案文献,一种是网络文献。无论哪种情况,文献调查法了解的内容都是经过加工处理的,属于间接调查,材料本身的真实性决定这种调查的科学性。一般来说,理论工作者大都采取这种调研方式。它的优点是费劲小、成本少,“秀才不出门便知天下事”;缺点是贴近生活不够。

应当指出的是,在开展调查的过程中,往往是几种方法交叉运用,并不拘泥于哪种形式。同时,也要善于运用现代网络信息技术,提高调查工作效率,获取更为科学、准确的调查结果。

(四)调研报告的写作

调研报告的写作活动包括制订调研方案、实施调研、统计分析调研结果和撰写调研报告。这里只介绍如何撰写调研报告。在长期写作实践中,调研报告的格式已约定俗成,相对固定,一般由标题、署名、前言、正文、结尾五部分构成。

1.标题

调研报告的标题有三种形式:一是公文式,用单标题概括调研对象、内容、文种三部分内容。如《关于××县等七个县区调整农村经济结构的调研》;二是主题式,单标题概括内容或主题,如《××市靠产业化实现农民增收》;三是新闻式,即双标题,正标题揭示调研的内容或主题,副标题具体明确,反映调研的范围和对象,如《投笔从戎的一代人——关于本世纪初地方大学生入伍情况调研》。

2.前言

前言的作用是概括介绍有关情况,为下文展开作好铺垫。所以,调研报告的前言要

简明扼要,信息含量大,适合下文展开的角度。一般有这样几种方式:

(1)交代调研的组织情况,如调研目的、调研对象、单位、时间、地点,有时还包括调研方法、过程及结果。

(2)概要说明调研对象的基本情况,如调研对象的工作内容、基础、工作现状等,让读者对文中所涉及的工作基本情况有一个初步了解,便于在此基础上展开分析。

(3)疑问式前言,如《"独角兽"的兴衰》的前言:"近年来,我省涌现出许多新兴互联网企业,被誉为'独角兽'。它们状况如何?有什么发展变化?从中可以总结出哪些经验教训?为此,我们会同有关部门的同志进行了一次调研。"这个开头抓住群众关心的热点提出疑问,从而引出下文予以回答,方式灵活,具有吸引力。

3.正文

正文是调研报告的主体,一要全面具体地反映调研到的情况,二要对有关情况做出分析。不同类型的调研报告,正文的写作内容也各有所侧重和区别。

(1)反映情况的调研报告的正文主要内容有:①对调研对象的情况进行较为全面而详尽的反映;②介绍情况应抓住要点和特点,特别要注意反映那些变化了的、新鲜的、独特的新动向;③介绍情况应分门别类,区别特点加以介绍,可以根据对象的不同特点、不同类型或区域特点介绍。

(2)典型经验的调研报告的正文主要内容有:①用成绩说话,要在工作的项目、规模、效益等方面用统计材料说明工作所取得的成绩,达到令人信服的目的;②介绍取得成功的经验、做法,选准工作取得成效的根本经验,从方法、过程、措施、步骤等方面进行陈述,并用工作的实绩加以具体的说明介绍;③分析优越性,总结先进工作所带来的各种效益和成功经验的先进性所在。

(3)揭露问题的调研报告的正文主要内容有:①存在的问题,要用数字和具体事实说明问题的严重程度,所造成的后果,以及损失的程度,以准确把握问题的性质。这部分属于基本情况介绍;②分析问题产生的原因,这是反映问题的关键环节。因此,原因分析要抓准,就问题找原因,分清主客观原因,辨别人为因素与外在因素,便于采取相应的改进措施,使问题尽快得到纠正和解决;③提出改进建议,针对问题、针对调研对象的实际情况,提出具体可行的改进建议或措施,建议应针对性强,切实可行,对调研对象有参考利用的价值。

4.结尾

结尾的功能是归纳前文,补充完善。典型经验的调研报告往往在结尾指出不足或有待改进提高之处;反映情况、揭露问题的调研报告在结尾提出建议;研究分析型调研报告结尾多用于总结全文,得出结论。不论采用何种形式,结尾要确有必要,对全文是不可缺少的补充或完善。

【例文】

关于当前“网红”现象的调研报告

一、调研背景

随着网络技术的不断发展，兴起了网络红人的说法，甚至演变成了一种职业或商业营销方式。网络红人层出不穷，人们对网络红人的追捧令人咋舌。而我们又是否了解网络红人？如何了解？我们对网红有什么看法？为了了解大众对网络红人的态度和看法，从思想上端正人们的道德观和价值观，我们拟定了关于当前“网红”现象的调研报告，并希望通过本次调查来达到预期的目的。

二、调研方式

此次调查我们以社会普通群众为调查对象，以5个问题为主要内容，分别是：人们对网络红人的了解度和关注度、人们对网络红人的了解途径、人们对网络红人的看法、人们是否想成为网络红人、人们对网络红人发展趋势的看法，采取网上问卷调查方式，将问卷分享到朋友圈、QQ空间、微博等社交平台，总共回收有效问卷38份。

三、调查内容分析

本次调查我们采用网上问卷调查方式进行，问卷共设有八小题，共回收有效问卷38份，其中女生占76.3%，男生占23.7%，已经参加工作的人占28.9%，还是在校学生的人占71.1%。

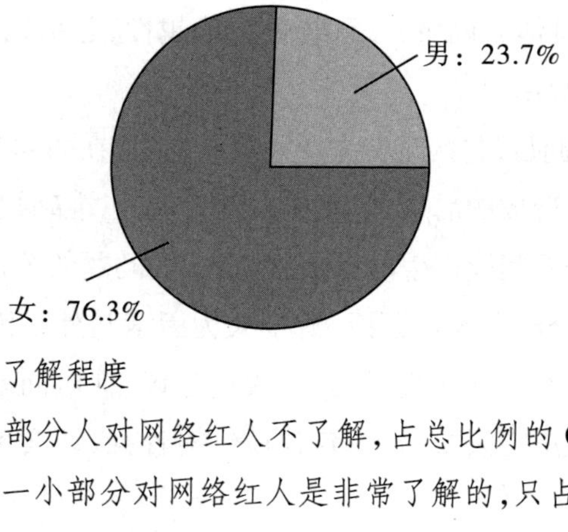

（一）对“网红”的了解程度

通过此次调查，大部分人对网络红人不了解，占总比例的60.5%，其次是比较了解的占34.2%，而只有一小部分对网络红人是非常了解的，只占5.3%。总的来说，大多数人对网络红人都没有很深入的了解。如下图所示：

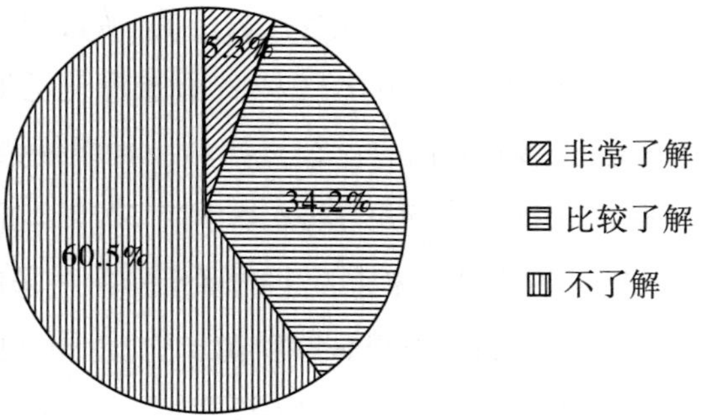

(略)

四、调研结果

通过以上分析,网络红人对人们的价值观影响有利有弊。网络红人在网络中备受关注大多数是由于炒作的原因,但也有凭借自己独特能力而出名的。人们对网络红人的关注度还是挺高的,微博是网络红人的主要活动平台,也是人们了解网红、关注网红的主要途径。学生的人生观和价值观还需要被正确地引导。网络平台需要加强对网络红人的管理,防止助长不良风气,使其传播多一点的正能量,杜绝传播不良信息,纠正网红的某些不良作风,使其给人们带来一些正能量作用。只有人们端正对网红的态度,理智看待网红,相关机构加强对网红的管理,网红行业才会向好的方向发展。

二、计划与总结

(一)计划

1.计划的含义

计划是党政机关、企事业单位、社会团体对今后一段时间的工作、活动作出预想和安排的一种事务性文书,包括具体任务,要达到的指标以及完成指标的进度和措施。计划对工作、学习和生产有着重要的指导、组织、推动和提高效率的作用。

计划是一个统称,规划、纲要、要点、方案、设想、打算、安排等都属于计划的范畴。它们的区别如下:

(1)"规划""纲要"是指适用时间较长、范围较广、内容比较概括的一种长远计划,其中纲要更原则、更概括,常常是对工作方向、目标提出纲领式的计划。如《2015—2016 年干部教育培训规划》《十年绿化××城的规划》《中国教育改革和发展纲要》等。

(2)"安排"则适用于时间较短、范围较小、内容单一、比较具体的计划,如《房产局一季度工作安排》。

（3）“方案”则适用于专项工作的、专业性比较强的、从目的到方式到具体进度均作周密详细具体的计划，如《××市旧城改造方案》《××省××市深化卫生改革方案》。

（4）“要点”适用于时间比较短、内容比较概括的一种粗线条、提纲式的计划，常用于领导机关，如《中共××省委 2018 年工作要点》《××学院 2018 年招生工作要点》。

（5）“设想”“打算”是对下阶段及未来发生的事情作粗线条的预测和打算，一般是初步的、预备性的或者非正式的计划。设想是一种初步的、意向性的、涉及比较长一段时期的非正式的计划，如《××县发展乡镇企业的初步设想》《××市关于设立高新技术产业开发区的设想》。打算则是时间比较短、内容比较具体的计划，如《人事局下半年工作打算》。

2.计划的种类

（1）按功能分，有规划性计划和实施性计划。

（2）按性质分，有综合性计划和专项性计划。

（3）按上级下达计划要求分，有指令性计划和指导性计划。

（4）按具体内容分，有工作计划、学习计划、生产计划、科研计划、教学计划、施工计划等等。

（5）按制订者分，有国家计划、部门计划、单位计划、班组计划、个人计划等。

3.计划的行文方式

（1）条文式：采用分点列项写。多适用于单项任务的实施性计划。

（2）表格式：通篇用表格表达。多适用于任务项目较多的综合计划。

（3）图示式：用图示表示计划情况。适用于单项指标、时限具体明确的任务。

（4）综合式：综合表格或图示与条文表达。

4.计划的写作

除图示式、表格式外，条文式与综合式的正文都可以写成“前言—主体—结尾”三部分，但也可以穿插图示、表格，以具体形象地表述工作步骤。

（1）标题

计划标题的常规写法是由单位名称、适用时间、指向事务、文种四个要素组成，如《××工厂 2018 年度工作计划》。省略标题要素，如《2000 年度义务植树计划》《科研工作计划》。省略要素时要注意，如果是小单位制订计划，因其涉及范围小，有些要素不说大家也明白，可以省略；但是大单位的正规计划、要素不可省略。

（2）正文

前言部分是计划的开头。这一部分主要说明制订计划的背景、依据、目的、意义、指导思想等，要写得简洁明了，具有概括性。主体部分是计划的核心部分。这一部分要写清楚计划的目标与任务，并且提出相应的措施、方法与步骤。由于这部分的篇幅较长，内容也较多,所以组织内容时通常采用条文式、表格式或者条文表格相结合的方式。

①前言,它介绍写此计划的背景,交代其依据,说明目的及其重要意义。如北京市《2018年市政府工作计划》的前言部分:综观国内外形势,首都发展既面临着良好机遇,也面临着严峻挑战。2018年是十九大召开后的第一年,完成好全年各项工作,时间紧、任务重、责任大,容不得半点松懈。我们要以学习贯彻十九大精神带动全市各项工作的开展,切实增强紧迫感、责任感、使命感,紧紧抓住机遇,敢于应对挑战,努力化解风险,全市动员、全力以赴、全面完成首都发展建设的各项任务,不断提升城市现代化水平,不断提升城市文明程度,不断展示首都新形象。

②目标和任务。它是产生计划的导因和制订计划的出发点,是计划的灵魂和核心内容。目标必须是先进的,同时又是切实可行的。要写明总的目标是什么,达到什么要求;有几项任务,分别达到什么指标。提出的任务,要突出重点,主次分明。提出的要求,要写明数量界限、质量标准、时间进程等方面的问题。总而言之,要写得简明具体,便于贯彻实施。

③措施和方法。只有制订切实可行的措施,并明确方法,才能保证计划的实现,是解决"怎样做"的关键。要写明怎样利用优势,依靠什么力量,采取哪些方法,创造何种条件,克服哪些困难。对下属部门、人员提出什么要求,提供什么工作方法;各下属部门如何分工合作,做到各方职责分明;采用哪些奖惩办法等。其内容包括组织领导、任务分工、完成任务的物质条件、政策保障、采取的措施等。

④步骤和安排。完成目标需要分几步走,先做什么,后做什么;主抓什么,次抓什么。每步什么时候完成,达到什么程度。这就是工作的进程和时序。一般是把计划的整个过程分几个阶段,确定每个阶段的时间和指标要求,安排好人力财力等。步骤的安排必须切实合理,步步落实,确保计划的完成。

⑤其他事项。即附注事项。有些与计划有关的材料,在正文里不便逐一表述,可以附表、附图;一些生产计划、财务计划的指标和数字,科研计划的项目、成果类别、期限和完成者等等,常常在正文中列表说明,遇有需要解释或说明的情况,则作为附件列于文末。这些附表、附图和解释说明,也是计划的重要组成部分。

⑥结尾。可以表达完成计划的决心,也可以号召为完成计划而努力,展望未来前景。有时也可省写,但要简短有力。同时,在正文的右下方应写明制订计划的日期。如果计划的标题中没有写明制订计划的单位名称,还要在正文的右下方写明制订计划的单位名称,再写明制订日期。如果是需要上报或下发的文件计划,最后还要写明主送、抄送单位的名称。

【例文】

××市闲置土地清理工作实施计划

为规范土地市场行为,促进合法合规和节约集约用地,根据国土资源部《闲置土地处置办法》及省相关规定,结合我市实际,制订本实施计划。

一、清理范围

对各乡镇、街道及经开区历年来已供应的土地利用情况进行全面梳理,凡符合下列情形之一的国有建设用地,皆列入清理范围:

(一)未经市政府同意,超过国有土地使用权出让合同约定或者国有土地划拨决定书规定的期限,未动工开发建设的;

(二)国有土地使用权出让合同未约定或者国有土地划拨决定书未规定动工开发建设期限,自国有土地使用权出让合同生效或者建设用地批准书颁发之日起满1年,未动工开发建设的;

(三)已动工开发建设但开发建设的面积占应动工开发建设总面积不足三分之一,且未经批准中止开发建设连续满1年的。

二、时间步骤

(一)清理上报阶段(6月20日前)

各乡镇、街道及经开区要按照"属地管理"的原则,对本辖区范围内的闲置土地进行全面清理,填写《土地利用情况(宗地)调查表》《闲置土地调查汇总一览表》,书面(含电子表格)报送市闲置土地清理工作领导组办公室进行确认。

(二)处置整改阶段(6月20日至7月20日)

各乡镇、街道及经开区要将本辖区的闲置土地清理结果及处理建议专题向市土委会汇报,经市土委会审查同意后,在7月20前依法依规处置完毕,并将处置结果书面上报市闲置土地清理工作领导组办公室备案。具体处置方法如下:

1.因政府及政府有关部门原因造成土地闲置的(略)。

2.因企业自身原因造成土地闲置的(略)。

(三)检查验收阶段(7月20日至8月5日)

市闲置土地清理工作领导组对各乡镇、街道及经开区上报的闲置土地清理处置情况进行检查验收,并将结果上报市政府。

三、工作职责

市政府成立以分管副市长任组长的闲置土地清理工作领导组,研究制定相关政策,督促检查并查处典型闲置土地行为;领导组下设办公室,办公地点设在市国土资源局,抽调人员集中办公,负责全市闲置土地清理的统筹工作和日常事务。

（一）国土资源局对已经认定的闲置土地在处置完毕前，不得办理土地使用权转让、出租、抵押手续；在低效利用土地处置、闲置土地开发动工或者被依法收回行为完成前，不得受理国有建设用地使用权人新建项目的用地申请。

（二）各乡镇、街道及经开区是此次闲置土地清理工作的责任主体，要成立相应的工作机构，负责组织实施本辖区范围内闲置土地的清理工作，确保各项任务落到实处。

四、工作要求

（一）加强宣传。本次集中清理闲置土地工作，既是阶段性的集中整治工作，也是建立长效机制的基础。要结合工作步骤，加大宣传力度，在相关宣传媒体设立专栏刊登有关信息和政策，各乡镇、街道及开发区要利用各种宣传方式进行宣传和引导，在全市上下形成依法合规、节约集约利用土地的良好氛围。

（二）源头控制。对新增建设用地报批，严格执行国土资源部、××省及××市的土地使用标准，加强用地规模预核定工作，对不符合标准的不予报批或核减用地规模，违法用地未处罚到位的不予报批。

（三）合理确定开工时间。在签订国有建设用地使用权有偿使用合同或者划拨决定书时，就约定、规定动工开发时间，综合考虑办理动工开发所需相关手续的时限规定和实际情况，为动工开发预留合理时间。

附：××市闲置土地清理工作领导组人员名单（略）

××市人民政府

2016 年 7 月 17 日

（二）总结

1.总结的含义

总结，是机关、团体、企事业单位对规定时限内的某项工作或任务加以回顾、分析、研究，从中找出经验和教训，引出规律性的认识，明确今后实践的方向，把这些内容系统化、条理化，形成文字的文书。总结是对实践的认识，总结的过程是由感性认识上升到理性认识的过程。总结应对实践进行全面、深刻的概括。

常用的小结、体会实际上也是总结，只是它所反映的内容较简单、经验不够成熟、时间较短、范围较小。

2.总结的作用

（1）总结是推动工作前进的重要环节。任何一项工作，不管是个人或群体去进行都需要多次反复操作、辛勤劳动才能完成。每一次具体实践，都有成绩与失误、经验与教训。及时总结,就会及时取得经验教训,提高认识和工作技能。不断总结,那么人们对客观事物的认识也就越来越深刻,知识越来越广,智慧越来越高,所进行的事业通过总结才会不断发展、前进。

(2)总结是寻找工作规律的重要手段。任何一种事物,都存在着内在联系、外部制约,都有它自身的发展、运动规律。遵循这些规律办事就能顺利达到预期的目的,否则就会受到违背规律的惩罚而招致失败。而要找寻、发现客观规律的途径就需要总结。

(3)总结是培养、提高工作能力的重要途径。一个人的工作能力是指它能否承担某项工作、执行某项任务的能力。具体表现有两个方面:一是他的专业知识水平,二是他的解决、处理实际工作中的问题的能力。在实践中二者常常是糅合在一起的,相得益彰。运用所学到的知识,处理实际工作中问题,并不断总结经验的过程,就是工作能力不断提高的过程。因此,总结是提高能力的重要手段。

(4)总结是团结群众,争取领导支持的好渠道。一项工作任务完成之后,必须进行总结,总结中全面、深入地回顾、检查,对成绩与不足、成功与失败、经验与教训,实事求是地做出正确的评价,使大家认识统一。这样的总结群众心服口服,能最大限度地把群众团结起来。同时,通过总结把成绩、经验、问题和今后的努力方向等向领导部门汇报,能引起领导的重视,争取领导的支持、指导。

3.总结的写作

(1)标题

①公文式标题。单位名称+时限+内容+文种:如《××学院中文系 2017 年教学工作总结》;

②文章式标题。根据总结内容概括而成,多用于经验式总结,如《抓住机遇,发挥优势,促进电力事业的发展》;

③双行标题。如《无问西东四十年——中国改革开放的欧洲故事》。

(2)正文

一般分为导言、主体和结尾三部分。

①导言:这是总结的开头部分。通常要简明扼要地说明总结所涉及的时间、背景、任务、效果等,目的在于给人以总体印象,领起下文。表达方式有以下几种:

概述式:概括介绍基本情况,简要交代工作的背景、时间、地点、条件等。

结论式:先明确提出结论,使人了解经验教训的核心所在,然后再引出下文。

提示式:对工作主要内容作提示性、概括性的介绍。

提问式:开头先提出问题,点明总结的重点,以引起人们的注意。

对比式:采用比较法,将有关情况进行对比,显示优劣,说明成绩。

②主体:是正文的主要内容,这部分一般要写明以下几个问题:

基本情况:所做工作的基本过程,以及主要措施、做法。

经验体会:即工作中哪些做法是成功的,取得成绩的主客观因素是什么。这是总结的重点。其中做法与成绩的说明是基础,经验体会的总结是重心。因为抓住了基本经验,总结就有了主题,而从做法和成绩取得的过程中找到规律性的东西则是写好总结的关键。要写好这部分的内容,一定要注意点面结合,详略结合,叙议结合,而且叙议得当。

问题和教训:即工作中遇到哪些问题,给工作带来哪些损失和影响,要着重分析问题和教训存在及产生的主观原因。

③今后打算和努力方向。这是总结的结尾部分。即针对工作中存在的问题,提出切实有效的改进措施,提出一些新的奋斗目标,以表述决心,展望前景,鼓舞斗志。如要发扬什么,克服什么,要采取哪些新的措施和方法,要向什么方向努力,达到什么目标等等。这一部分内容要力求避免空洞、一般化及八股调。

4.总结写作的注意事项

(1)要明确总结目的。不同目的的总结,对内容的选择有不同的侧重。

(2)要实事求是,必须真实客观。

(3)要高度概括,上升为理论。写总结,必须进行归纳概括,上升为带规律性的理论认识。切忌不作概括,写成“流水账”或“一堆散沙”。

(4)要写出个性特征。总结是“我写我自己”,而“每一个我又总是不同于每一个他”。即使同一件事,由不同的人来完成,其做法、效果、认识是不会完全相同的。因此,总结须写出个性特点。

三、讲话稿与演讲词

(一)讲话稿

1.讲话稿的含义

讲话稿有广义与狭义之分。广义的讲话稿是指人们在特定的场合发表讲话的文稿,比如:领导人讲话、群众代表发言、婚礼主持词、产品推销演说词、庆典仪式讲话稿等。狭义的讲话稿通常是指领导人在各类会议及有关场合所做的讲话,具有传达政策、阐发思想、指导工作、宣传鼓动、体现外交礼仪等重要作用,是机关、团体、部队、企事业单位常用的一种文体。我们在这里讲到的是狭义的讲话稿,即:领导讲话稿。

2.领导讲话稿

领导讲话稿,是领导在各种会议上讲话时所用的文稿。它与党政机关的普发性文件不同，与一般工作人员的发言稿也不同。这类文稿不是正式公文，却代表着相应组织的意图。就是说，不管领导讲话稿所涉及的问题、事件、对象多么不同，内容是指示性、指导性的，还是总结性、号召性的，抑或礼仪性、应酬性的，都是代表组织发出的声音，都有一定的权威性，不能看作领导的个人意见。

（1）领导讲话稿分类：由于领导讲话稿涉及的内容比较广泛，因而没有统一的分类标准。但从其功能、用途着眼，这类文稿可以划分为三种类型：有实质内容的实务性讲话稿、表明立场和态度的表态性讲话稿、在特定场合完成礼节的礼仪性讲话稿。

一是实务性讲话稿。用于正式的、常规性的公务会议，具有思想性、实务性和逻辑性等特征。平时所说的领导讲话侧重指这一类，例如大会工作报告、干部会议上的工作部署讲话等，都归入这一类。大会工作报告的内容一般是对上一届领导班子或上一次会议以来的工作情况作回顾总结，对今后工作作出部署。由于是比较大型、隆重的会议，讲话稿的内容相对充实。干部会议上的工作部署讲话，主要针对今后工作的重点，需要讲明具体的任务、进度和措施。

二是表态性讲话稿。侧重于陈述观点，各种大会的开幕词、闭幕词，纪念性聚会和座谈会上的讲话，先进工作者、模范人物表彰会议上的讲话，研讨性会议上的讲话等等，都可归入这一类。这类讲话主要是起引导、鼓励、激发等作用。开幕词主要讲会议的目的、意义及进程，要起到启示和导引的效果，发挥“引子”功能。闭幕词或会议总结讲话主要是总结会议的成果，要求贯彻落实会议精神，要起到鼓舞和号召的效果。表彰会议上的讲话，内容主要是对先进、模范人物的肯定，同时号召大家向先进、模范人物学习。业务会议和专业座谈会上的讲话，则要针对会议议题，讲述相关政策及指导性意见。

三是礼仪性讲话稿。其主题是感谢、答谢、慰问、庆贺等，用于礼仪性场合，具有简洁性、礼貌性、情感性等特征。比如，领导人在签约仪式上讲话时，实质性的谈判已经完成，现在只是举行一个仪式将实质内容宣告出去，讲话内容主要是对所签合约予以积极评价，向合作方表示感谢，对合作事项表示信心并寄予厚望，起到沟通情感、增强互信的作用。接见下级单位的代表并发表讲话，内容主要是表示某种褒奖、慰问和鼓励。会见客人时的讲话，主要是表示友好情谊。节庆活动、文艺演出上的讲话，以及欢迎词、感谢词、答谢词、慰问词、祝贺词等，主要目的在于表达庆贺、祝愿，力求营造一种欢乐、喜庆、热烈、轻松的气氛。所以，礼仪性讲话稿的篇幅要简短，用语要礼貌亲切，尤其要有一定的文采和感染力，以激发大家的兴趣和热情。

（2）领导讲话稿的写作

领导讲话稿通常由标题、称谓、正文等几部分组成。一般情况下，讲话稿在现场讲话时并无标题，需发表时才加上标题及讲话人姓名。标题可以是单标题，也可以是双标题。

单标题一般由讲话人的姓名、职务、事由和文种构成,如《×××书记在全县干部会议上的讲话》。双标题由主标题和副标题组成,主标题一般用来概括讲话的主旨或主要内容,副标题则与单标题的形式相同,如《打击犯罪 维护治安——×××副市长在先进警察代表会议上的讲话》。讲话直接面对听众,因此讲话的开头要有对听众的称呼。对象不同,称呼也就不同。党的会议上通常称"同志们",面对学生常用"同学们",代表大会上常用"各位代表",学术会议上常用"各位专家学者",国际性会议和活动中常用"女士们、先生们",等等。讲话稿的正文由开头、主体和结尾三部分组成。

①开头部分用简洁的文字概述要讲的内容或要点、说明讲话的缘由,起到导入话题的作用。

②主体部分围绕会议的主题和讲话的目的,具体阐述相关的问题、事件和情况;也可以通过分析形势和明确任务,提出搞好工作的意见;还可以结合本单位情况,结合分管的工作谈谈看法。例如,李克强总理 2014 年 2 月 11 日在国务院第二次廉政工作会议上的讲话,主体分为三个部分,一是"2013 年政府系统反腐倡廉取得新成效",二是"2014 年政府反腐倡廉工作重点任务",三是"确保廉政建设和反腐败要求落到实处"。三个部分层次清楚,递进有序,思路明晰,易为听众接受。实务性讲话因为涉及具体工作,内容相对丰富,其主体部分常分为几个段落进行表述,以求层次分明;表态性讲话、礼仪性讲话的主体部分内容较少,可以一气呵成,一般不分段。

③结尾部分用以照应开头,总结全文。这部分可以对前述内容加以总结,强调重点;可以征询听众对相关问题的意见或建议;可以发出号召,动员听众以饱满的热情投身某项工作;也可以展望未来,引起大家对美好前景的憧憬与向往。结尾部分要求言简意赅,精练简明,起到画龙点睛的作用,不要罗列堆砌,画蛇添足。例如,周恩来总理 1957 年访问尼泊尔时,在加德满都市民欢迎会上讲话的结尾:"在我要结束我的讲话的时候,我祝中国和尼泊尔的友谊像联结着我们两国的喜马拉雅山那样巍峨永存。"只两句话,简短有力,且有文采。

(3)领导讲话稿的写作要求

写作领导讲话稿有相应的规范和要求,需要注意几个方面的问题。

一是把握方向。领导讲话不是代表个人,而是代表相应的组织,因而要把握好政治思想方向,做到立意明确,观点正确,意图清楚,角度合适。这里所说的观点正确,是说所表达的思想、观点要符合国家的政策、法令,符合人民的利益和愿望。领导在公开场合的讲话,起着性质定调、思想导引的作用,因此一定要旗帜鲜明,不能含糊其辞、模棱两可。把握方向,需要写作者具有理论水平、政策水平和思想水平。水平是平时学习、思考和探索的结果,因此写作者要在平时关注理论性、原则性问题,关注现实性、实质性问题。不学习、不思考、不研究的人，自然不会有理论素养和思想深度。

二是有的放矢。无论是哪种类型的讲话，都有特定的目的和内容。因此，写作领导讲话稿需要了解对象，弄清问题，集中内容，紧扣主题。听众的情况决定领导讲话稿的内容和表达方式，写作者必须了解听众的职业特点、文化层次、思想状况、最关心的问题等。在表达方式和遣词造句方面，也要根据听众的教育层次和理解水平，来决定俗与雅、深与浅、文与质。对象不同，语气、句式、修辞也要有所区别。此外，写作讲话稿一定要有主题意识，集中讲述与主题相关的事情，不宜面面俱到，更不能漫无边际。

三是简洁明了。有些机关的领导或秘书，有意无意地将讲话稿拉长，因袭的内容、浮夸的文风、张扬的措辞、矫揉的用语、乏味的套话，致使讲话苍白无力。实务性讲话稿固然可以写得细一些、长一些，但也不能空话连篇、言之无物。至于表态性讲话、礼仪性讲话，本身不需要过长，贵在内容简练、语言明快，忌讳陈词滥调、老生常谈。

【例文】

习近平在北京大学师生座谈会上的讲话（节选）

（2018年5月2日）

各位同学，各位老师，同志们：

今天，有机会同大家一起座谈，感到非常高兴。再过两天，就是五四青年节，也是北大建校120周年校庆日。首先，我代表党中央，向北大全体师生员工和海内外校友，向全国各族青年，向全国青年工作者，致以节日的问候！

近年来，北大继承光荣传统，坚持社会主义办学方向，立德树人成果丰硕，双一流建设成效显著，服务经济社会发展成绩突出，学校发展思路清晰，办学实力和影响力显著增强，令人欣慰。

每一代青年都有自己的际遇和机缘。我记得，1981年北大学子在燕园一起喊出"团结起来，振兴中华"的响亮口号，今天我们仍然要叫响这个口号，万众一心为实现中国梦而奋斗。广大青年既是追梦者，也是圆梦人。追梦需要激情和理想，圆梦需要奋斗和奉献。广大青年应该在奋斗中释放青春激情、追逐青春理想，以青春之我、奋斗之我，为民族复兴铺路架桥，为祖国建设添砖加瓦。

同学们、老师们！

当代青年是同新时代共同前进的一代。我们面临的新时代，既是近代以来中华民族发展的最好时代，也是实现中华民族伟大复兴的最关键时代。广大青年既拥有广阔发展空间，也承载着伟大时代使命。青年是国家的希望、民族的未来。我衷心希望每一个青年都成为社会主义建设者和接班人，不辱时代使命，不负人民期望。

对广大青年来说,这是最大的人生际遇,也是最大的人生考验。

2014 年我来北大同师生代表座谈时对广大青年提出了具有执着的信念、优良的品德、丰富的知识、过硬的本领这 4 点要求。借此机会,我再给广大青年提几点希望。

一是要爱国,忠于祖国,忠于人民。爱国,是人世间最深层、最持久的情感,是一个人立德之源、立功之本。孙中山先生说,做人最大的事情,“就是要知道怎么样爱国”。我们常讲,做人要有气节、要有人格。气节也好,人格也好,爱国是第一位的。我们是中华儿女,要了解中华民族历史,秉承中华文化基因,有民族自豪感和文化自信心。要时时想到国家,处处想到人民,做到“利于国者爱之,害于国者恶之”。爱国,不能停留在口号上,而是要把自己的理想同祖国的前途、把自己的人生同民族的命运紧密联系在一起,扎根人民,奉献国家。

二是要励志,立鸿鹄志,做奋斗者。苏轼说:“古之立大事者,不惟有超世之才,亦必有坚忍不拔之志。”王守仁说:“志不立,天下无可成之事。”可见,立志对一个人的一生具有多么重要的意义。广大青年要培养奋斗精神,做到理想坚定,信念执着,不怕困难,勇于开拓,顽强拼搏,永不气馁。幸福都是奋斗出来的,奋斗本身就是一种幸福。

三是要求真,求真学问,练真本领。“玉不琢,不成器;人不学,不知道。”知识是每个人成才的基石,在学习阶段一定要把基石打深、打牢。学习就必须求真学问,求真理、悟道理、明事理,不能满足于碎片化的信息、快餐化的知识。要通过学习知识,掌握事物发展规律,通晓天下道理,丰富学识,增长见识。人的潜力是无限的,只有在不断学习、不断实践中才能充分发掘出来。

同学们、老师们!

辛弃疾在一首词中写道:“乘风好去,长空万里,直下看山河。”我说过:“中国梦是历史的、现实的,也是未来的;是我们这一代的,更是青年一代的。中华民族伟大复兴的中国梦终将在一代代青年的接力奋斗中变为现实。”新时代青年要乘新时代春风,在祖国的万里长空放飞青春梦想,以社会主义建设者和接班人的使命担当,为全面建成小康社会、全面建设社会主义现代化强国而努力奋斗,让中华民族伟大复兴在我们的奋斗中梦想成真!

(二)演讲词

1.演讲词的含义

演讲词,是指在重要场合或群众集会上发表讲话的文稿。

演讲,是在听众面前就某一问题表示自己的意见或者阐述某一事理的活动。凡三人以上、有一定时间的个人讲话都可以称为演讲。

演讲二字,可以分为两部分,即演和讲。演讲既是一门学问,更是一门艺术。有的演讲重"演",有的重"讲"。毛泽东的讲话以及他一贯的讲话风格,和周恩来的讲话明显不同,列宁的演讲正如斯大林所说,有一种逻辑的强大力量,而希特勒的演讲,却有一种迷人的蛊惑力,使人像是"中了电一样浑身颤抖"。卡特和里根这两个竞选美国总统的人的演讲,正好是两种风格的典型。然而,我们要参加的演讲赛却要求两项并重,而且要求规范。

2.演讲词的分类

(1)政治演讲词,包括竞选演说、就职演说、述职演说、政治动员、开(闭)幕词、祝酒词等。

(2)学术演讲词,包括科研报告、学术讲座等。

(3)社会生活问题演讲词,包括演讲赛、巡回报告等。

(4)教学演讲词,教师用的有开场白、收束语、介绍作家作品以及进行思想教育的讲稿;学生用的有读书报告、问题辩论、专题演讲、论文答辩等。

(5)法律演讲词,律师常用。

3.演讲词的写作

演讲稿的基本结构一般由称谓、开头、正文、结尾四个部分构成。

(1)称谓。演讲的对象不同、场所不同称谓也就不同。常见的有"各位领导""各位来宾""女士们、先生们""同志们""朋友们"等,通常在称谓前加上"尊敬的""敬爱的"等词,以表示尊重和友好。

(2)开头。演讲的开头,也叫开场白,它在演讲稿的结构中处于显要的地位,具有重要的作用。一是建立说者与听众的同感,获得听众的好感和信任,拉近二者的距离;二是打开场面,达到出奇制胜的效果。

演讲稿的开头有多种方法,通常用的主要有:

①开门见山,提示主题。这种开头一开讲,就进入正题,直接提示演讲的中心。如宋庆龄《在接受加拿大维多利亚大学荣誉法学博士学位仪式上的讲话》的开头:"我为接受加拿大维多利亚大学荣誉法学博士学位感到荣幸。"运用这种方法,必须先明晰地把握演讲的中心,把要向听众提示的论点摆出来,使听众一听就知道讲的中心是什么,注意力马上集中起来。

②提问式。这种开头方式,通过提问,制造悬念,以激发和强化听众的关注兴趣和期待心理,从而产生引人入胜的表达效果。如"同学们,你们见过著名画家罗中立的油画

《父亲》吗? 如果见过,还记得那位可亲的中国北方农民、饱经沧桑的父亲形象吗?”

③幽默式。用风趣、幽默、活泼的语言开始,争取尽快吸引听众。

④引用式。引用名人名言、故事、成语、格言、歇后语、诗句等现成的语言材料作为演讲的开头。如果运用得当,可使演讲效果倍增。如“在座的各位,请让我先讲一个故事。在古希腊神话中,有一位名叫皮格马利翁的雕塑大师。他在将一根象牙雕成美女的时候,对这件作品产生了感情”。

⑤抒情式。用对偶、衬托、排比、夸张、反复等修辞手法,直抒情感。如:“人生的最大不幸,莫过于少年丧父,中年丧偶,老年丧子。我亲爱的丈夫常冬青烈士走了,两声罪恶的枪声使他来不及感觉太多的痛苦,却把这刻骨铭心、绵绵无期的痛楚留给了涉世之初的女儿,留给了年逾七旬的父亲,留给了我——与冬青相濡以沫二十年的妻子。”

(3)正文。这是演讲稿的中心部分。要根据演讲对象、内容的特点加以选择材料,要选取有生命力的例子,要条理分明,层次清晰,有情有理,充分体现演讲的说理性和感染性。

常见的结构方式有并列式、渐进式和融合式。

①并列式。就是将中心论点分成几个论点来全面阐述和论证,也就是将整体分成几个并列的部分,再以中心论点为线索将各个部分串成一个整体,这种方式层次分明,全面严谨,比较适合论证重大的问题,特别是适合于学术性演讲。

②渐进式。就是中心论点由浅入深层层推进,渐渐贴近中心,这种方式将层次与层次联系得非常紧密,丝丝入扣,而且容易让听众理解和接受演讲者的主要观点。

③融合式。将具体事例和所要讲述的道理融合在一起,边叙述具体事例,边阐述道理,夹叙夹议,寓理于事,寓事于理,合情合理,显得非常自然,通俗易懂。

不管采用何种结构方式,在撰写行文过程中,都应处理好层次、节奏和衔接等问题。

层次是演讲稿思想内容的表现次序,它体现着演讲者思路展开的步骤,也反映了演讲者对客观事物的认识过程。由于演讲是直接面对听众的活动,所以演讲稿的结构层次是听众无法凭借视觉加以把握的,而听觉对层次的把握又要受限于演讲的时间。因此显示演讲稿结构层次的基本方法就是在演讲中树立明显的有声语言标志,以此提醒听众的听觉注意,从而获得层次清晰的效果。演讲者在演讲中可反复设问,并根据设问来阐述自己的观点,这就能在结构上环环相扣,层层深入。此外,演讲稿注意用过渡句,或用“首先”“其次”“然后”等语词来区别层次,也是使层次清晰的有效方法。

节奏是指演讲内容在结构安排上表现出的张弛起伏。演讲稿结构的节奏,主要是通过演讲内容的变换来实现的。演讲内容的变换,是在一个主题思想所统领的内容中,适当地插入幽默、诗文、逸事等内容,以便听众的注意力既保持高度集中而又不因为高度集中而产生兴奋性抑制。优秀的演说家几乎没有一个不长于使用这种方法。演讲稿结构的节奏既要鲜明,又要适度。平铺直叙,呆板沉滞,固然会使听众紧张疲劳,而内容变换过于频繁,也会造成听众注意力涣散。所以,插入的内容应该为实现演讲意图服务,而节奏的频率也应该根据听众的心理特征来确定。

衔接。衔接是指把演讲中的各个内容层次联结起来,使之具有浑然一体的整体感。由于演讲的节奏需要适时地变换演讲内容,因而也就容易使演讲稿的结构显得零散。衔接是对结构松紧、疏密的一种弥补,它使各个内容层次的变换更为巧妙和自然,使演讲稿富于整体感,有助于演讲主题的深入人心。演讲稿结构衔接的方法主要是运用同两段内容、两个层次有联系的过渡段或过渡句,撰稿时要掌握此要领。

(4)结尾。演讲稿的结尾没有固定的格式,或对演讲全文要点进行简明扼要的小结,或以号召性、鼓动性的话收束,或以诗文名言以及幽默俏皮的话结尾,但一般原则是要给听众留下深刻的印象。

4.演讲词的写作要求

(1)了解对象,有的放矢。演讲稿是给人听的,因此,写演讲稿首先要了解听众对象:了解他们的思想状况、文化程度、职业状况如何;了解他们所关心和迫切需要解决的问题是什么,等等。否则,不看对象,演讲稿写得再下功夫,说得再天花乱坠,听众也会感到索然无味,无动于衷,也就达不到宣传、鼓动、教育和欣赏的目的。

(2)观点鲜明,感情真挚。演讲稿观点鲜明,显示着演讲者对一种理性认识的肯定,显示着演讲者对客观事物见解的透辟程度,能给人以可信和可靠感。演讲稿观点不鲜明,就缺乏说服力,就失去了演讲的作用。演讲稿还要有真挚的感情,才能打动人、感染人,有鼓动性。因此,它要求在表达上注意感情色彩,把说理和抒情结合起来。既有冷静的分析,又有热情的鼓动;既有所怒,又有所喜;既有所憎,又有所爱。当然这种深厚动人的感情不应是"挤"出来的,而要发自肺腑,就像泉水喷涌而出。

(3)通俗易懂,合乎口语。演讲稿与一般文章不同,要合乎口语,具有说话的特点。句子不要太长,修饰部分要少,以免造成听众的错觉,不得要领。

(4)时间控制,不宜过长。演讲都有特定的对象、场所、目的,以及时间的限定,所以演讲稿不宜过长,要适当控制篇幅。现在人们的工作和学习都很紧张,演讲时间太长,会影响效果,而且会引起人们的厌烦。在一次演讲中不必要期望得到太多,宁可只有一个给人影响深刻的思想。

【例文】

态度决定一切（节选）

尊敬的各位领导、各位评委、各位同事：

大家好！今天我演讲的题目是——态度决定一切。

在工作面前，态度决定一切。没有不重要的工作，只有不重视工作的人。不同的态度，成就不同的人生，有什么样的态度就会产生什么样的行为，从而决定不同的结果。

有这样一个小故事：三个工人在砌一堵墙。有人过来问他们："你们在干什么？"

第一个人抬头苦笑着说："没看见吗？砌墙！我正在搬运着那些重得要命的石块呢。这可真是累人啊……"

第二个人抬头苦笑着说："我们在盖一栋高楼。不过这份工作可真是不轻松啊！……"

第三个人满面笑容开心地说："我们正在建设一座新城市。我们现在所盖的这幢大楼未来将成为城市的标志性建筑之一啊！想想能够参与这样一个工程，真是令人兴奋。"

十年后，第一个人依然在砌墙；第二个人坐在办公室里画图纸——他成了工程师；第三个人，是前两个人的老板。

可见，一个人的工作态度折射着人生态度，而人生态度决定一个人一生的成就。

每个人都有不同的工作轨迹，有的人成为单位的中流砥柱，实现了自己的价值；有的人一直碌碌无为；有的人牢骚满腹，总以为与众不同，而到头来仍一无所获——众所周知，除了少数天才，大多数人的禀赋相差无几。那么，是什么在造就我们，决定我们呢？我想是"态度"！

工作和生活需要热情和行动，需要努力，需要一种积极主动、自动自发的精神，这就要求我们以积极的态度对待工作、对待他人、对待生活。有积极的态度才能够担负起责任，才能够团结，才能够开拓创新，才能够应对各种复杂的问题。

态度决定选择！

态度决定思路！

态度决定命运！

态度决定一切！

让我们从现在开始，以积极的态度来勇于超越自我，不断完善自我，丰富我们的人生吧！

谢谢大家！

四、项目论证报告

项目论证又称“可行性研究”,是指对拟实施项目在条件上是否允许、技术上是否可能、经济上是否有利、建设上是否可行所进行的综合分析和全面科学论证的研究活动。其目的是为了避免或减少项目决策的失误,提高收益和综合效果。以书面方式表达就是项目论证报告,一般都有固定格式。

(一)项目论证报告的特点

1.超前性。项目论证是对将要开展的项目及其效果进行预测。由于它是在事情没有发生之前的研究,是估计事物未来发展的状况、可能遇到的问题和结果,具有超前性。因此,必须进行调查研究,掌握有关信息,运用各种预测方法,对未来做出科学的估量。

2.综合性。项目论证报告的内容涉及诸多的学科领域,如地质、水文、土建、交通、环境、人口、政治、文化、科技、教育、经济、财务、统计、法律、政策等,具有多科知识的综合性。它要围绕影响项目和方案的各种因素进行全面、系统的分析论证。

3.论证性。项目论证报告要从多方面对方案是否可行进行分析、评估和论证。要从经济、技术、科学等方面,进行综合评估、论证,并就法律、政策、环保以及对整个社会的影响,做出科学的论证和评价。

(二)项目论证报告的分类

项目论证报告按照内容分类,一般包括:

1.科学技术类,主要涉及通信行业、IT 行业、航空航天领域等,例如,大数据信息技术在信访领域应用研究项目论证报告;

2.生产建设类,主要涉及机械工程、土木工程、产品研发、经济开发、创新创业等,例如,政务系统信息化建设项目论证报告、大学生毕业后在网络信息领域创新创业研究项目论证报告;

3.科研课题类,主要涉及社会学、教育学等领域,例如,心理健康教育与学科课堂教学的整合研究课题论证报告。

这里主要介绍科研课题类项目论证报告和创新创业类项目论证报告的写作规范与要求。

(三)科研课题类项目论证报告的写作

科研课题类项目论证报告,简称“课题论证报告”,是对选定的问题进行详细的分析、预测和评价,目的在于避免选题中的盲目性,进一步完善课题方案。论证包含两层含义:一是指对课题研究设计的理性思考。具体包括对课题的研究价值、有关概念、理论依据和假设、研究思路等进行论述或证明。二是指有组织地、系统地鉴别课题研究的价值,分析研究的条件,完善研究方案的评估活动。课题论证,本身是一种评价性研究,它必须依据翔实的资料,以齐全的参考文献和精细的分析来支持自己关于课题的主张。

课题论证报告写作的一般结构如下:

1.研究问题的性质和类型;

2.本课题研究的迫切性和针对性,具有的理论价值和实践意义;

3.该课题国内外研究的水平和动向,包括前人及其他人有关研究的基础,研究已有的结论及争论等,进而说明该课题研究将在哪几方面有所创新和突破;

4.本课题的研究思路,拟采用的具体研究方法、策略步骤及实施程序;

5.本课题理论、事实的依据及限制,研究的可行性,研究的基本条件(包括人员结构、任务分配、物资设备及经费预算等)及能否取得实质性进展;

6.课题研究的成果表达形式。

科研教学类课题论证报告一般都有固定的格式和要求,实际写作中要按照制式要求,注重结构的严谨和遣词造句的准确性。

(四)创新创业类项目论证报告的写作

这类项目论证,应该依次考虑以下几个问题:

1.项目是什么

考虑这一问题要明确项目的性质是什么,与之相关的情况有哪些。

2.必要性分析

主要考虑三点:一是进行市场调查和预判,对产品未来需求量与产品总供应能力进行分析比较,论证拟建项目是否必要;二是评价拟建项目在国民经济和社会发展中的作用;三是分析产品在市场上是否有竞争能力,以论证拟建项目是否开发。

3.可行性分析

研究项目的客观和主观条件。客观条件主要应该分析环境条件和技术条件,主观条件要分析人的技术素质等。

4.经济上是否合理

要研究和测算经济效益是否显著。根据经济效益来判断还款能力如何,根据盈亏平衡分析判断拟建项目的抗风险能力。

5.潜在问题

既要研究项目内容是否存在问题,又要研究内部与外部环境之间是否协调的问题;

在此基础上，还得研究相应的对策。

6.做出结论

【例文】

《综合大学教育学专业学生专业认同感研究》课题论证报告

一、研究背景

（一）选题背景（略）

（二）选题的意义（略）

二、国内外相关研究综述（略）

三、研究内容及目标（略）

四、研究的方法和具体措施（略）

五、研究人员分工及步骤（略）

六、课题研究条件分析（略）

七、课题研究预期的成果表达形式

课题结果将呈现为一篇课题研究的调查报告，以及一系列的课题资料。本课题将参与学校组织的相关研究活动，也将作为研究活动的成果进行发表，包括研究报告、论文、专著等。

大学生洗衣店创业项目可行性分析报告

一、项目名称：速洁快洗店

二、项目建设必要性分析

随着现代大学生生活水平的不断提高和生活节奏的加快，他们穿衣质量越来越高，对衣物清洗提出更高的要求，他们的时间意识也越来越强，为减少内务整理时间，迫切需要快速洗衣店来满足其需求，所以开一家快速洗衣店是创业者不错的选择。

三、市场分析

在和平，这里有四所大学，常住学生人口达到近五万人，我们拥有着强大的消费群体，而大部分学生每月生活费都在一千元左右，所以他们完全具备经济能力来推动我店的发展。而在和平，这里只在商学院的巷道中稀疏坐落着不到五家洗衣店，不能满足广大消费群体的要求。从各大学院设施来分析，每一栋学生宿舍楼平均拥有两台可用的小型洗衣机，根本无法满足学生的实际需求。从男女生活习惯来分析，男生比较懒惰，在博文学院男生比例较大，而陇桥、外院和商学院女生比例较大，我们的目标市场主要选择博文和陇桥学院的群体，所以洗衣店应选在博文和陇桥学院之间的地段，可以吸引大量潜在消费群体，从而达到营业目的。

四、项目规模确定

我们的服务对象主要针对博文和陇桥的近两万人，洗衣店无需太大的空间，能放置两台洗衣机和部分晾晒衣物的空间就可以，初步拟定30㎡的店面可以完全满足需求。

五、建设条件及店铺选择方案

洗衣店的建设必须要考虑当地人流量和消费群体的实际需要情况，其次又要四通八达，店面处于交通要道。经过实地勘察，出于对租金及客流量的考虑，最终决定在支点教育内，月租金600元，该地段正好处于陇桥与博文两所院校之间，人流量大，学生也相对集中，送取衣服相对便利，学生可以在吃饭、娱乐、学习时顺路送取衣物。

六、环境影响评价

支点教育门口有一片街道绿化带，洗衣废水中含有部分促进植物生长的微量元素，我们把洗衣废水通过排水系统直接引到绿化带中，这样既可以浇灌花草树木，排放到绿化带的废水经过植物和微生物的分解也达到了一定的净化效果，被净化的污水还可以直接通过排水通道进入街道下水道流出或者直接填补进当地地下水。这样洗衣的污水不会污染环境，也充分的实现了水资源的循环利用。

七、项目技术方案分析

（一）生产设备

①洗衣设备（2台）：型号TCL- XPB80-2228S，双缸，洗涤容量8kg，价格700元/台；

②晾晒设施：风扇（2台）——联创DF-EF06010，转叶扇，价格40元/台；

③生产用电费1.5元/度，水费全免。

（二）技术管理：

随着社会的发展进步，人们的生活素质也在不断提高，特别是对服装的卫生功能，不但要求服装上的整洁，同时还要求洗涤熨后的衣物干净卫生，有利于人体健康。对衣物消毒显得尤为重要，对衣物消毒的技术活动进行科学的管理和周密计划，认真执行衣物的消毒技术标准。

第一，加强检查。在工作中要有定期或不定期的技术执行情况的监督检查，这样可以促进和落实各项技术标准的贯彻执行。

第二，严格把关。不符合技术标准的材料不能使用，没有按技术标准洗涤消毒的衣物，必须返工退回，不符合质量标准的被洗衣物不能出库。

第三，建立顾客档案。顾客档案要设专人保管，不能乱放以免遗失，在存放时做好分类编目，这样便于查找。要建立健全顾客档案登记制度，方便管理顾客档案的人员在工作调动时，能及时有效的为顾客服务，防止部分顾客的衣物被遗忘洗涤或衣物内遗留财产引起纠纷。

八、投资估算与资金构成

项目初期投资结构为：

固定投资成本：房租1800（预付3个月）+生产设备1480+广告宣传费用200（传单打印、店面美化）=3480（元） 流动资金2520元作为支持洗衣店内日常零碎开支

资金来源：三人合资，签订出资合同，每人出资2000元

九、项目财务评价

营业时间：周一至周五 12:00—14:30 16:30—20:00

周六至周日 8:00—22:30

服务单价：单件牛仔裤1.5元/条 普通衣服0.5元/件 床单被套3元/套 上门送取衣物服务费用2元

每日营业额预计收入：1.5×10+0.5×100+3×10+2×20=135（元）

每日耗能及其他费用：20（房租费）+1.5×10度（电费）=35（元）

投资回收期：平均每月能有3000元纯收入，只需要2个月就能全部回收资本，到第三个月便可以开始真正获益。

十、不确定性分析（风险考虑）

①物价上涨，电费上涨，房租涨价，生产设备的损坏更新致使成本增加；

②遇到天气季节影响，顾客减少，影响洗衣店营业额收入；

③周边洗衣店增加，市场竞争变强，消费群体分流，需要改变经营策略，更新设备和改变服务方式，从而增加成本。

十一、应对风险措施

①选址最重要

对于开创洗衣店来说，最重要的就是选址。据业内人士称，因为店址的好坏几乎决定洗衣店能否经营成功。

②季节性风险

由于洗衣店是属于季节性很强的特殊行业，呈现出“冬暖夏凉”的态势。因此，每年有四五个月的时间属于淡季。在冬季，因为气候寒冷，气温较低，衣物不易风干且洗衣市场会出现低迷现象，市场竞争日趋激烈，为了争取更大的市场份额，可以采取优惠价格吸引忠实顾客。为增加洗衣店额外收入，可在洗衣店内零售一些饮料零

食等配店经营,在冬季洗衣市场低迷时,保证洗衣店能正常运转。

十二、项目分析结论

综上所述,洗衣店开在支点教育内,面向博文和陇桥两所院校的学生,市场前景大,投资回报快,完全可以作为小型投资开发项目。虽然存在着一定的风险,但是只要我们保持着先进特色、良好的服务态度和优质的洗衣质量,相信我们会做得更好。

思考与练习

一、以“拯救可能被手机游戏废掉的孩子们——农村留守儿童沉迷网游现状调查与研究”为题,写一篇调研报告。

二、你所在的学校将举办运动会,请你以组织者的名义代拟一份筹备计划。

三、围绕开学以来你的学习情况,写一篇学习情况总结,突出学习过程中的经验教训,为进一步提高学习提供指导。

四、你所在的学校将举办建校××周年纪念活动,请你为校长起草一篇在活动开幕仪式上的讲话稿。

五、从你所学专业中选择某一课题作为研究对象,或者选择某一创新创业项目,起草一篇项目论证报告。

第四节　科研文书

科研文书是记录社会科学和自然科学领域在实验、观测和理论探讨等方面具有新的研究成果和创新见解的文章。

一、说明文

商品广告与产品说明书传播的是有关商品和服务的信息，是连接生产、交通、交换和消费诸多环节的桥梁，被广泛地运用于商品、书刊、服务、文娱和公关等领域。

（一）商品广告

商品广告，是借助一定的媒介物作为宣传手段，公开而广泛地向人们介绍商品、劳务等方面信息的一种传播方式。商品广告传播的是有关商品和服务的信息，有明确的广告主；是有偿服务，即广告主必须向广告经营者偿付广告设计、制作、代理服务等项的费用；商品广告必须通过媒体（即报纸、杂志、广播、电视等）传播信息。商品广告具有功利性、真实性、创造性等特点。商品广告对于传递信息、诱导与说服、刺激需求、维持印象等起着重要的作用。我们在这里讲商品广告，是从广告文稿的角度来说明的，是指广告作品的语言文字部分。

商品广告从不同的角度，可以获得不同的划分结果：以制作目的来分类，可以分为销售广告和信誉广告。所谓销售广告，即为推销某种商品而制发的广告。信誉广告，指为宣传公司或企业的信誉、历史和成就，塑造公司或企业形象的广告；以媒介方式来分类，可以分为报纸广告、杂志广告、广播广告、电视广告和招贴广告等；以广告的文体来分类，可以分为说明体广告和文艺体广告等；以广告的心理效果来分类，可以分为攻心广告、迎合广告、征奖广告和承诺广告等。本节从文体的角度，讲授说明体广告和文艺体广告。

说明体广告是主要以说明方式来撰写的广告。其特点是主体以说明为主，内容比较详细，语言准确、平实。说明体广告由标题、前言、主体和尾部四个部分组成。广告的标题具有重要的宣传作用。其写法有三种：直接式，即直接用企业和商品名称或经营项目、服务内容等命题，如“浙商假日酒店”“美的空调”等。这类标题比较直白。间接式，是指用迂回办法吸引人来阅读广告，如“我爱荷花美”（荷花牌洗衣机），“万事俱备，只欠东风”（东风汽车）等。此类标题生动、含蓄，令人回味。复合式，即综合运用直接、间接式，制作出一种含蓄丰富、概括全面、表意完整的主题。这类标题多采用多行式的写法，如：

中国名酒（引题）
西凤酒（正题）
芳香可口，醇和甘甜，清洌净爽，余味久长（副题）

前言部分对商品或劳务作概括介绍，对全文起提纲挈领的作用。主体部分说明宣传对象，使读者较为详细地了解商品或服务的具体情况，如产品的性能、规格、作用和保管等，服务的内容和项目等。尾部部分包括产品价格、销售方式以及联系方式、销售地点等。

文艺体广告是以文艺形式进行商品推销和宣传广告主信誉的广告。其特点是主体为叙事抒情的文艺形式，包括小品、诗歌，对联等，有的主体仅一两句话，但用了积极的修辞方式，采用比喻、象征、夸张、双关和暗示等手法，使广告耐人寻味，具有艺术性。

文艺体广告种类较多，我们这里仅举三类，供大家了解文艺体广告的特点。

首先是文艺叙事体广告。该类广告的主体具有叙事性，有的是故事式，有的是抒情散文式。通过故事或抒情，揭示商品的某一特征，引发读者或观众的兴趣。因此，这类广告有人物和基本的情节。虽然它不像地道的文学作品那样要求人物有鲜明的性格，也不要求叙事有复杂的情节，但还是需要人物有一定的个性特征，对话要耐人寻味，事件要有基本的冲突，背景要有气氛，抒情要有意境。

其次是诗歌体广告。该类广告的主体是诗歌，在写作中要求有诗的特点。语句精练押韵，既要表述出商品或服务的特征，又要创造诗的意境。

如：汾阳杏花汾酒

杏花汾酒远驰名，洌润甘芳品格清。
应请太白来一醉，好诗千首唤人醒。

又如：青岛啤酒

青翠纷披景物芳，岛环万顷海天长。
啤花泉水成佳酿，酒自清清味自香。

例一是旧体诗，用于赞美历史悠久的汾酒，加深了传统的意味。例二是藏头诗，隐

"青岛啤酒",开头铺叙青岛景物,再论酒香,可谓地灵物美,每句结尾的字句组成"芳长酿香",表达了美好的祝愿。

最后是修辞体广告。该类广告多是广告口号,用于配合画面宣传,或作为一般广告的口号,即警句,以引起读者的注意和思考。其写作手法主要是用积极修辞手法,如:比喻、比拟、借代、反复、反语、双关、夸张、衬托、比兴、暗示(委婉)、谐音等。

例一:虽云毫末技艺,却是顶上功夫。———某理发店广告

例二:如果不是最好的,那它又有什么用呢?———某油漆广告

例三:小莫小于水滴,细莫细于沙粒———储蓄广告

例四:它能够将愤怒吞没———镇静剂广告

例一采用了双关手法,"毫末"既指头发,又指"微末"。"顶"既指"头顶",又指"最好"的。例二用反问的手法,暗示自己的产品是最好的。例三采用比喻手法,宣传积少成多的道理。例四用比拟手法,将镇静剂比拟为物,具有幽默感。

优秀广告的写作要求主要体现在四个方面,它们分别是:首先内容要真实,值得信赖。其次主题要突出,诉求明确。再次创意要新颖,独树一帜。最后文字要生动,感染力强。

(二)产品说明书

产品说明书是对产品的成分、性能、特点、用途及使用方法、保养与维修等内容进行介绍和说明的文书,又叫"商品说明书"或"使用说明书"。产品说明书既是生产厂家介绍和宣传产品的重要媒介,又是用户认识和正确使用产品的指导书。产品说明书是架起产品与消费者之间的一座桥梁。编写产品说明书必须执行 GB9969.1-88《工业产品使用说明书总则》和 GB5296.1-85《消费品使用说明总则》等国家标准。

产品说明书本质上是有别于广告的一种文体。它们都能起到让消费者了解产品,扩大销售的作用。但广告以推销商品为目的,产品说明书则是以说明产品为目的;产品说明书在说明产品的性能、效用和使用方法时,能起到广告宣传的作用,而广告却是通过说明商品的特点来招揽顾客。

产品说明书有四个特点,其一是知识性,产品说明书通过介绍产品的名称、产地、型号、性能、原理、使用方法、注意事项、保养维护等方面的知识,扩大顾客的知识领域,增进了消费者对产品的了解。其内容必须科学、可靠、简明。其二是客观性,产品说明书是对产品的性能、特点和用途等方面作客观、如实的说明,其内容要符合产品的真实原貌,作者不能渗透任何主观感情,不夸大、缩小、捏造事实来欺骗消费者。其三是说明性,产品

说明书主要采取说明的手法，直接、全面、准确地介绍商品，以使消费者透彻地了解产品的性能、特点、使用方法等。写作时可按生产过程及其相互关联的顺序，也可按消费者认识商品的递进程序，条理分明地对产品加以说明，以利于读者正确理解。其四是应用性，产品说明书广泛应用于生产、销售以及用户的生活中，其直接目的在于帮助顾客正确地认识、使用和维护该产品，为顾客提供方便。因此，产品说明书通常直接随同产品一起给用户。

产品说明书种类繁多。按说明目的和内容繁简的不同，有生产性产品说明书、消费性产品说明书，有侧重性能说明的，有侧重操作说明的，有侧重使用说明的等。内容简单的，一般附在产品的包装上；复杂的，编印成专册予以详解。

产品说明书的写作格式根据商品的不同可以进行灵活处理，并没有统一不变的形式。但从大体上来说产品说明书通常由标题、正文、结尾三部分组成。

说明书的标题常见的写法有四种：其一以产品名称为标题，如“冬虫夏草”“草莓牛奶”；其二由产品名称和文种名称两项构成，文种名称常用的有“说明书”“使用说明书”“介绍”“简介”“须知”，如“××牌木制地板说明书”“海尔洗衣机使用说明书”“DVD 说明书”；其三由产地名与产品名称构成，如“沈阳味精”；其四由产品的品牌、型号、产品名称和文件名称组成，如“三角牌 SYL 型保温式自动电饭锅说明书”。

说明书的主体部分，用来详细地介绍产品的基本情况，如产品的成分、功能、用途、规格、使用方法及注意事项等。但不同类型的产品，其说明的侧重点应有所不同。比如，药物说明书，要着重说明其成分、功能主治和用法用量；机械产品说明书，要着重说明其构造、操作方法和维修保养的知识；食品说明书着重说明其配方、食用方法；家电类说明书着重说明功能和操作。此外，有些关系到人民健康、安全问题的产品，其说明书上还要印有技术鉴定单位和提供有关测试实验资料及例证，以示慎重。

说明书的结尾部分应写明生产厂家的名称、地址、电话号码、邮政编码、电报的挂号、开户银行等。根据需要，结尾部分的内容，可以写在文末，也可写在封面。生产日期标注的位置不确定，有的在说明书中，有的在包装上，有的在袋(管)口。无论怎样，生产日期都不能缺少，特别是一些有严格保质期的产品，如食品、药品等。

产品说明书写作的要求可以概括为三个方面。首先内容必须实事求是。生产厂家在制作产品说明书的时候必须要如实反映产品的情况，不能任意夸大或缩小商品具有的优点或不足。如有的厂家对产品的副作用或者不写，或者轻描淡写，有的保健食品生产厂家夸大产品的药用价值，这些都是对消费者的不负责任和欺骗。其次产品介绍必须具体。在制作产品说明书的时候，有关内容如产品的性能、功效、用法、使用要求等情况必须完整具体，并对其分出条款进行介绍，力求全面又重点突出，使消费者能够充分地了解产品的相关情况。最后语言通俗易懂。产品说明书是帮助消费者更好地了解和使用商品的工具,因此,在书写产品说明书的时候,要避免滥用专业术语,语言上做到通俗浅显,简单易懂,使消费者能够轻松理解,否则,就失去了产品说明书存在的价值和意义。

【例文】

××口服液说明书

[产品名称] ××口服液

[成分] ×× ,××,××,××

[作用类别] 本品为感冒类非处方药药品

[功能主治] 清热镇痛,用于感冒引起的头疼、咽痛、发热。

[规格] 每支装 20 毫升

[包装] 每盒装 10 支

[用法用量] 口服。一次 20 毫升(一支),一日 2 次;小孩酌减。

[注意事项]

1.忌烟酒及辛辣、生冷、油腻食物。

2.对本品过敏者禁用,过敏体质者慎用。

3.用药三天后症状无改善,应去医院就诊。

4.本品性状发生改变时禁止服用。

5.请将本品放在儿童不能接触的地方。

[贮藏] 密封,避光,置阴凉处。

[生产日期] 见包装

[有 效 期] 24 个月

[批准文号] 国药准字××

[生产企业]

企业名称:××公司

生产地址:××省××市××路×号

邮政编码:××××××

电话号码:×××××××

传　　真:×××××××

该说明书分别从产品名称、成分、作用类别、功能主治、规格、包装、用法用量、注意事项等方面对"××口服液"作了详细的说明,文尾企业名称、生产地址等联系方式齐全,增加了消费者对产品的信任感。全文条理清晰，语言通俗简洁，是一篇较为规范的产品说明书。

二、解说词

解说词，是用于电影、电视、展览、旅游等活动时，通过口头解释或文字说明的形式，对事物进行描述、渲染，以补充视觉和听觉的不足，使观众了解事物的来龙去脉和意义，达到宣传感染观众或听众的效果的应用文体。

解说词在实际运用中除了它本来的功能外，还有一个重要的作用，那就是"脚本"作用。它是一些专题片编辑前的必要"蓝本"。有了这个蓝本，编辑才能进行素材的剪辑取舍，才能编配适当的音乐，营造适合的情景。

根据解说词所针对的对象不同，大致可以把解说词分为电影纪录片解说词、电视专题片解说词、图片解说词、展览解说词和旅游解说词等。

解说词具有五大特点，其一是陈述性。解说词是在画面或事物的引导下，对对象的过去或现在所发生的事件的陈述，以让观众或者听众能对对象产生兴趣，从而达到进一步渗透的目的。其二是艺术性。不管是哪一类解说词，解说的目的都是希望观众或者听众对对象产生兴趣，进而接受编者或主办者的某种观点或思想。因此，强烈的艺术感染性是实现这一目的的有效方法。很多解说词本身就是一篇很好的文学艺术欣赏品。其三是口语化。特别对于用于口头解说的那一类解说词，由于口头语言的时空性，要求解说词能够适宜观众或者听众的现场特点，能够听懂，以避免思维脱节。其四是评论性。解说词不是看图说话，不是简单地对画面或者事物进行解释，而是借助于画面或者事物的引导，进而拓展更深层次的内涵。就手法而言，它是多种表达方式的综合运用。其五是综合性。写作解说词不仅要有一定的文学底蕴，而且还要有一定的音乐、美术、造型等方面的修养，能综合考虑如何统筹材料、如何设置悬念、如何营造气氛和如何布局场景等。

解说词的格式基本有文章式、剧本式和表格式三种。

文章式解说词一般用于展览、旅游等场合，其结构顺序多依据布展或游览的顺序安排。其格式由标题、前言、正文和结尾组成。

这种解说词的标题一般由解说对象加上"解说词"构成；前言部分概要介绍对象的总体情况；正文部分按照参观游览的顺序依次进行解说；结尾部分是结束语，或者是小结，或者是对下一对象的提示。

【例文】

××职业技术学院校史陈列室解说词

各位尊贵的来宾：

您好！

欢迎来到××职业技术学院校史陈列室！

××职业技术学院是2002年经××省人民政府批准成立、国家教育部备案，从事高等职业技术教育的全日制综合性普通专科学校。

××职业技术学院的历史可以追溯到1901年，距今已有117年的职业教育办学历史。本陈列室分三部分，概要介绍了××职业技术学院100多年的创业历程，展现了××职院人在不同的历史时期“自强不息，勤奋敬业”的感人事迹，激励我们在新的征程上继承先辈的光荣传统，为职业技术教育的明天再创辉煌。

第一部分　光荣的历史

××职业技术学院的前身是×××学院、××师范学校、×××水利机电学校。

1901年，由×××筹款白银6000两，经×××批准，成立了××学堂，后改名××师范学堂，新中国成立后更名为××师范学校。首任校长是×××。此后，老一辈无产阶级革命家××、×××曾先后来此担任校长，他们将革命的火种播撒到了这片神奇的土地。

……

第二部分　英雄的前辈

回顾三校走过的筚路蓝缕的艰难创业之路，我们骄傲地感慨，××职业技术学院的先辈们在革命战争年代，为中华民族独立、为中国人民的解放做出了永载史册的伟大贡献，有的还献出了他们宝贵的生命。他们是无产阶级革命家、校长、国文教师×××，无产阶级革命家、国文教师×××……

……

第三部分　再次创业

2002年学院成立以后，面对挑战、面对困难，××职院人励精图治，发扬前辈“自强不息，勤奋敬业”的精神，胼手胝足，不辍探索，以“瞄准社会需求，培养创业技能，造就优秀人才”为办学理念，经过不懈努力，使学院各方面的建设迈上了一个崭新的台阶。

……

忆往昔，峥嵘岁月稠，展未来，路漫漫其修远兮。在职业技术教育这条希望大道上，××职业技术学院才刚刚起步，但是，我们相信，在各级领导的关怀下，在××职院前辈自强不息，勤奋敬业精神的激励下，××职业技术学院的明天会更辉煌！

谢谢大家!

剧本式解说词是按照剧本写作的格式,先交代场景、时间、切入点等,然后按一定的顺序写作,中间还要插入具体要求,如音效、字幕、场景等。

【例文】

全民动员创卫、共建美好家园

——××镇创建省级卫生镇纪实

(××镇远景,渐近)

××镇是一方古老的土地,大自然赋予了她得天独厚的资源,8000年裴李岗遗址折射出人类文明最早的曙光,望京水库、公主湖、望母台传唱着美丽的故事。××镇又是一个年轻的小城镇,自1996年撤乡设镇,刚刚走过10年的发展历程。仿佛一夜之间,××镇悄然兴起一股全民行动的卫生创建热潮,这里面凝结着××镇三万人对家园“文明、卫生”的企盼,展示出了一方干部群众抢抓机遇、众志成城的豪情。

(出片名)

全民动员创卫、共建美好家园

——××镇创建省级卫生镇纪实

(字幕:××镇现辖24个行政村、156个村民组。全镇总面积74平方公里,总人口3.4万人)

××镇具有良好的区位优势、资源条件和经济基础……

表格式解说词是一般的专业单位或者部门常用的解说词写作方式,事先设定好项目,然后按照项目要求填写内容即可。表格式的项目内容一般包括场景、文稿、音效等内容。

【例文】

×××电视台××年元宵节烟火晚会解说词

场　景	文　稿	音效
烟火晚会现场	开放的××在发展,发展的××在腾飞 各位领导、各位来宾、观众朋友们,这里是××年××市元宵节烟火晚会现场！在这举国同庆、月圆人和的夜晚,首先祝大家节日快乐,身体健康,万事如意！	同期声
	新春伊始,万象更新。全市人民振奋精神,以全新的姿态、高昂的激情,迎来××年又一个春天。过去的一年,××人民在市委、市政府的正确领导下,在各级领导和各界朋友的关心支持下,高扬“一切为了××,全力发展××,共同创造新××”主旋律,大力实施以工立市、以海强市、以港兴市和城镇化带动“四大战略”,锐意改革,大胆创新,各项工作取得了一个又一个辉煌的成就。项目建设如火如荼,城市发展日益加快……	画外音

以下这篇是瑕疵文,应引以为戒:

【例文】

××公司解说词

××实业有限公司位于××市江阳南路新泰大厦,是××市唯一的一家以汽车销售为主,兼营汽车营运、汽车修理、油品供给、园林建筑、旅游开发为一体的多元化民营企业。这是一支年轻的民营企业,她创立于一九九五年,是当年二汽贸因经营不善而岌岌可危时,××人力挽狂澜,从小到大发展起来的。经过七年多时间艰苦卓绝不懈地努力,公司高速成长,业绩斐然。如今的××公司资产总额已达二千五百多万元,被××市列为民营企业前三十强。获得××市政府颁发的“重合同、守信用企业”的称号,而且“××”商标还被评为知名商标。

……

三、学术论文

学术论文,简称“论文”,又叫“科学论文”或“科技论文”,是指在哲学、社会科学和自然科学领域内专门探讨学术问题,反映研究成果的理论性文章。它既是实现科学研究的手段,也是进行学术交流的工具。

《中华人民共和国国家标准·科学技术报告、学位论文和学术论文的编写格式》

(GB7713-87)中详细阐述了它的定义、作用和要求:“学术论文是某一学术课题在实验性、理论性或观测性上具有新的科学研究成果或创新见解和知识的科学记录;或是某种已知原理应用于实际中取得新进展的科学总结,用以提供学术会议上宣读、交流或讨论;或在学术刊物上发表;或作其他用途的书面文件。学术论文应提供新的科技信息,其内容应有所发现、有所发明、有所创造、有所前进,而不是重复、模仿、抄袭前人的工作。”

学术论文具有五大特点,其一是学术性。它是学术论文存在的最基础条件,侧重于对事物或现象进行抽象的论述,探讨事物发展的内在规律和本质变化。不停留在客观事物的外部形态和直观的过程中。其二是创新性。创新性是衡量学术论文价值的根本标准。要求是新观点、新理论、新思维、新方法和新突破,甚至在某一方面能够填补学科领域的空白,反映出写作者对科研对象研究的独特视角。其三是科学性。科学性是学术论文的核心所在。学术论文要能正确地揭示客观真理,本着实事求是的精神,绝对忠实于事实和材料,研究的态度公正、客观、求实,论证富有逻辑性和说服力。其四是理论性。学术论文不能就事论事,不能从现象到现象,不能停留在具体的介绍和说明层次。一定要通过论证、阐释,将自己的认识和发现提高到理论的高度,论述过程中也要旁征博引,充满理论色彩。其五是文献性。学术论文论述和表达的是客观真理和自然规律,可以长期保存,为后人探讨和研究相同或相似的人文科学和自然科学起到借鉴、思考的作用,也是人类精神文明进步成果的记载。

学术论文是论文中的高级形式。根据不同的划分方法,可以分为三类。从学科门类来划分,可以分为人文社会科学论文与自然科学论文两种;从社会功用来划分,可以分为报告论文、杂志论文和学位论文三种;从研究方法来划分,可以分为理论性论文、描述性论文和试验性论文。

学术论文的写作一般经过选题、收集资料、草拟大纲、撰写成文四个阶段。

选题应遵循选题原则和选题方法。选题原则有四个原则,其一是客观性原则。即选题的内容真实不虚构,不违背自然规律的研究。其二是应用性原则。即课题要应用于社会实践,有益于人们生产、生活的需要。其三是可行性原则。即指要从主客观两个方面的条件来判断课题实现的可能性。其四是创新性原则。指选题要有新意,富有批判精神和开拓意识,能开创新的领域。选题方法包括从理论与实践的结合上选题、从自然科学的内部矛盾中选题、从学科交叉的领域中选题和随机选题四种方法。

收集资料指要有目的地搜集资料,了解和掌握前人对所研究课题的已有科研成果、相关学科的发展为研究课题所提供的信息、所研究课题的最新资料。这三方面的准备将为我们提供纵向资料、横向资料和最新资料。另外,还要懂得进行分类和优选资料。

之所以要草拟大纲,是因为拟定大纲可以帮助作者更好地围绕主题收集资料,进而确定文章的整体框架结构。拟定大纲的方法大致有两种:第一,只列出简要大标题,标明全文思路,收集资料加以补充。第二,详细列出大小标题,在各标题下列出要讨论的问题,根据细目查找资料书写。

撰写成文包括初稿、修改和定稿三个环节。撰写初稿需注意三点:第一,力求完整,避免遗漏、残缺不全;第二,力求翔实,充分铺展,便于取舍删改;第三,力求清晰,即结构层次要清晰,语言表达也要清晰畅达。写作过程中可灵活运用立论或驳论的论证方法,一般以立论为主,常见的立论论证方法有例证法、引证法、比较法、归纳法和演绎法等。当然,一篇文章往往要综合运用几种论证方法,要视具体情况具体对待,不可一概而论;修改是完成学术论文的最后环节,也是不可或缺的程序。好的论文不可能一次定稿,须经过多次的修改,加以充实完善、深化提高。当然,除了自己认真修改以外,还可以请同行、老师或专家审阅,虚心征求他们的意见。修改论文的范围包括订正论点、修改论据、调整结构、推敲语言。修改论文的方法主要有读改法、冷却法、商讨法、求助法等;当论文在标题、摘要、关键词、正文、致谢、参考文献等各部分的内容都完善的情况下,就可以定稿并发表。

根据《中华人民共和国国家标准科学技术报告、学位论文和学术论文的编写格式》,学术论文的写作格式包含题名、署名、摘要、关键词、绪论、本论、结论、致谢、注释及参考文献等部分。

题名即所研究的课题名称,具体地说,也就是论文的标题,具有新颖醒目的功能,要求以最简明恰当的词语概括出文章特定内容的逻辑组合。题名中应尽量避免使用缩略词、字符、代号和公式等。通常不采用问句形式。标题中所使用的每一个词语必须考虑到有助于选定关键词和编制题录、索引等二次文献可以提供检索的特定使用信息。标题中的字数一般情况下,汉语字数不宜超过 20 个,外文题名不宜超过 10 个实词,如果题名字数偏多,可以采用正、副标题形式。

署名写在标题的正下方。学术论文中署名只限于课题制定者、主要参与者及撰写论文并对其内容负责的人。论文作者如果有多位,按贡献大小排名次,要注明作者单位、职务、邮编等情况。署名一是表示文责自负,二是作者劳动成果的记录,三是便于读者与作者的联系及文献检索(即作者索引)。

摘要写在作者和正文之间,是论文内容不加注释和评论的简短陈述,包含与论文同等量的主要信息,便于阅读者不看全文,也能了解文章大意,获得必要的信息。大致包括从事这一研究的目的和重要性;研究的主要内容,指明完成了哪些工作;获得的基本结论和研究成果,突出论文的新见解;结论或结果的意义等。文字书写要求简练、概括。中文字数一般在 200—300 字,外文摘要不宜超过 250 个实词。

关键词就是概括论文内容的主题词,从论文标题和正文中选择提炼的术语和单词,它也是最具价值的检索词语。按照国家相关规定,每篇论文中可选择 3—8 个词语作为关键词,而常见的关键词以 5 个左右为宜。关键词之间可加分号隔开,或者直接以空一格、中间不需要添加任何标点符号形式书写。一般应按照研究的对象、性质(问题)和采取的手段等顺序进行,不应任意排列。

绪论也叫引言,指论文的开端。主要说明研究工作的目的、范围、对前人工作的评述及理论分析、研究设想、研究方法和实验设计、预期结果和意义等。篇幅可视需要而定,长可达千字,短亦可百字。要求精练、准确、集中,不能冗长。一般不单独设章。

本论是论文的主干和核心部分,是作者研究成果的集中体现。本论中论文的三要素"论点""论据""论证"缺一不可,要求论点要正确、深刻,论据要新颖、翔实,论证要深入浅出,环环相扣。本论常用的结构形式为并列式、递进式、混合式、分总式、总分式等。当然,这些结构形式并不是机械地运用其中的某一种,往往是灵活地综合表现,以达到最佳的论证效果。

结论是论文最终总体的结果,亦可对课题进行讨论,提出设想或建设性意见。更是作者逻辑推理和深入论证的升华。应当准确、完备、明确、精练。不能是某一局部或分支问题的结论,也要避免出现正文中各段小结的简单重复。如果不能导出应有的结论,也可以没有结论而进行必要的讨论。可以在讨论中提出建议、研究设想、尚待解决的问题等。

致谢一般放在正文后,感谢提供帮助的组织或个人。致谢词要简洁真诚,是礼节性表达,更是个人修养的表现。

注释指对文中读者不易理解的材料、不便展开的说明或引用文献资料的出处加以说明。常见的有文中夹注、当页脚注、被注释章节注和正文集中尾注(又称为文后注,一般放在致谢之后,参考文献之前)等形式。

学术论文的最后要列出相关参考文献。参考文献指在文中引用他人论著、期刊、学位(术)论文等中的数据、观点、图表等,以出现的先后顺序标明数码,注明出处的文字形式。它是论文不可缺少的组成部分,反映该论文的取材来源、材料的广博程度和可靠程度,也是作者对他人知识成果的承认和尊重。

常见的文献类型及其标识为:专著[M],期刊论文[J],报纸文章[N],论文集[C],学位论文[D],专利[P],古籍[O],标准[S],档案[B],报告[R],汇编[G],参考工具[K],联机网上数据库[DB/OL],网上电子公告[EB/OL],磁盘软件[CP/DK],光盘图书[M/CD]。

专著:[序号]作者.文献题名[文献类型标识].出版地:出版者,出版年.起止页码.如:

胡胜.明清神魔小说研究[M].北京:中国社会科学出版社,2004.3—4.

期刊:[序号]作者.文献题名[文献类型标识].期刊名称,出版时间,卷号(期号):起止页码. 如:李宝龙.《西游记》中的生命观[J].辽宁大学学报(哲学社会科学版),2009(7):65—70.

报纸:[序号]作者.文献题名[文献类型标识],报纸名.出版日期(版次).如:孙军.大学讲座如何叫好又叫座[N],中国教育报.2013-04-05(2).

电子文献:[序号]作者.电子文献题名[电子文献类型标识].出处或网址,发表或更新日期/引用日期.如:李忠杰. 初心和使命一以贯之[DB/OL].http://paper.people.com.cn/rmrb/html/2019-07/17/nw.D110000renmrb_20190717_2-09.htm,2019-7-17.

【例文】

三道合一:《论语》"中庸"思想的精神实质(收录本书有删减)

×××

(××学院××系,合肥,巢湖　　238000)

摘　要:"中庸"思想是儒家思想的重要构成。"中庸"思想一方面被继承传播,深刻地影响着中国人;一方面又常被误解误读,甚至受到批判。细读《论语》,"中庸之道"的精神实质其实是三重内涵的统一:它是和谐之道,又是平常之道,同时是权变之道。

关键词:《论语》;中庸

《中庸》乃"四书之一",相传为战国时孔子之孙子思所作。为何做此书,朱熹在《中庸章句序》中说:"若吾夫子,则虽不得其位,而所以继往圣、开来学,其功反有贤于尧舜者。然当是时,见而知之者,惟颜氏、曾氏之传得其宗。及曾氏之再传,而复得夫子之孙子思,则去圣远而异端起矣。子思惧夫愈久而愈失其真也,于是推本尧舜以来相传之意,质以平日所闻父师之言,更互演绎,作为此书,以诏后之学者。"[1]这段话梳理了"中庸"思想的来源、继承与发展。《大学》《中庸》和孔子、孟子并列,足见其在儒家思想中的重要性。而孔子是这一思想学说的创立者。

"中庸"思想或者说"中庸之道",有很长一段时间是受到批判的,因为它不符合斗争哲学。而"近代以来,对它的评价发生了严重的分歧。维护传统者仍然视'中庸'"为至德,并且以为它恰可以对治西方文化的自私、偏狭、极端、分裂;批判者则视其为毒瘤,把中国人爱调和折中的习气,乃至懦弱、苟且等,都认作它的流毒。"[2]所以识其至理,辨其流弊,就显得具有重要意义。

一、"中庸"之道是和谐之道

孔子认为"中庸"是"德之至",是道德的最高境界。什么是"中庸",孔子说"中行","中行"就是"中庸"。"中行"或者"中庸"的含义反映在师生的一段对话中。子贡问:"师与商也孰贤?"子曰:"师也过,商也不及。"曰:"然则师愈与?"子曰:"过犹不及。"(《先进》)[3]……

"过犹不及"就成为品读"中庸"思想的重要命题。"过犹不及"就是"执两用中"。任何事物都具有相互矛盾的两个方面,此所谓"执两",就是不走两个极端,力求取其中点,以达到某种和谐统一的状态,这就是"中庸"。宋儒解释说:"中着,不偏不倚,无过不及之名。庸者,平常也"。[4]中庸就是不偏不倚的平常的道理。……

由此可见,其"中庸"思想的核心其实是立足"和谐"的价值立场。"中"而"和"。"中也者,天下之大本也;和也者,天下之达道也。致中和,天下位焉,万物育焉"。[7]"中"是根本,"和"是目的。……

二、"中庸"之道是平常之道

如果说"中"是"中庸"的核心立场与思想,"庸"则是"中庸"存在的基本特征。"中庸"的意思按照宋儒的理解,就是不偏不倚的平平常常的道理。"不偏不倚"合乎"和谐之道",平平常常才是中庸之道。

孔子首先是不谈"不平常"的事情。子不语"怪力乱神"。……

孔子讲"德政","为政以德",是以"仁者爱人"为核心,十分具有针对性,同时具有可行性。表现为"反战""禁暴""重民""举贤"。关键还在于当政者"德正"。"德正"之首要,就是"重民生"。孔子说:"所重民:食、丧、祭。"(《尧曰》)百姓的衣食问题是首要的头等大事。他的治国理政思想,既坚守和谐立场,又注重切实可行。

……

孔子认为出现这种情况,要不然是思想出了问题,要不然就是脱离实际。思想出了问题,就会不作为或者乱作为;脱离实际,就是空谈与虚言。不作为或者乱作为都是违背"中庸"原则的。

三、"中庸"之道是权变之道

"中庸"是"德之至",是很高的境界,其实也是基本的要求。即便如此,在践行"中庸之道"的过程中,却并不是一蹴而就、一帆风顺的。这种思想与方法的具体实践是一个复杂的创造性过程。

……

子曰:"可与共学,未可与适道;可与适道,未可与立;可与立,未可与权。"(《子罕》)"学""道""立""权",相互联系,层层推进,"权"当为最高最难。王弼云:"权者，道之变，变无常体，神而明之，存乎其人，不可豫设，尤至难也。”[15]

“学”“道”当为思想层面，“立”“权”当为实践层面，“立”强调去做、去达成，而“权”则是原则性与灵活性的高度统一，是主观愿望与切实可行的高度统一。“权”，称也，能做到不偏不倚。“权，然后知轻重；度，然后知长短。”[16]能做到客观公正。“权”还意味着“权变”。要依据不同的事物采取不同的方法方能不偏不倚，客观公正。“权衡”，就是分析情况、分析形势、分析利弊、选择进退得失。“权宜之计”不是最好的办法，却是最合适的办法，不仅比没有办法、简单处理好，实际上也是暂时解决问题的最好办法。中庸之道，首先讲同道，然后讲融通，最难的是变通，就是将原则性与灵活性有机地结合，两者不可或缺。只讲原则性，可能是高调，可能是刻板，可能解决不了问题；只讲灵活性，则可能是缺乏原则，不顾全大局，无远大目标，这同样是中庸之道反对的，这就是走极端。

四、结语

……

综上所述，“中庸之道”其实是由三重内涵的统一而构成了其精神实质：它是和谐之道，又是平常之道，同时是权变之道。和谐之道是价值核心，平常之道是联系实际，权变之道是灵活运用。这一思想逻辑与实质的把握，对于理解“中庸”并践行“中庸”至关重要。既避免误解误读，又避免简单偏颇的理解；既避免流于理想的教条主义，又避免在实践中无原则地随意运用。儒家的中庸思想固然侧重于伦理层面，但是它同样具有在思想、方法与智慧上的价值与意义。正因为它要求理论联系实际，力求达到原则性与灵活性之统一，理想与实践的相对高度一致，所以需要不断摸索实践，这也就是孔子说真正做到很不容易的原因所在。

参考文献

[1][4][5][11][14](宋)朱熹.四书章句集注[M].北京，中华书局，2016：15、17、180、98、158.

[2]张郁乎.“中庸”的分析[J].中国哲学，2017年(11).

[3]引用《论语》语录，均出自《四书五经》[M].长沙：岳麓书社，1989.括号中标注具体篇名，不再另注。

[6]孟子.孟子·尽心下.《四书五经》[M].长沙：岳麓书社，1989：136.

[7][12]中庸.《四书五经》[M].长沙：岳麓书社，1989：7、9.

[8]左传·昭公二十年.《四书五经》[M].长沙：岳麓书社，1989：1127.

[9]李海兆.君子之道——《论语》中的“君子”思想阐发[J].巢湖学院学报，2010年(4).

[10]皇侃.论语义疏[M].北京:中华书局,1995:231.
[13]司马迁.孔子世家.史记[M].杭州:浙江古籍出版社,1990:596.
[15]楼宇烈.王弼集校释[M].北京:中华书局,1980:65.

该学术论文在细读《论语》的基础上,结合实际,对“中庸”思想进行了论述,立论明确,逻辑清楚,层层展开,论证具体,富有启示。本文从学术性、科学性、理论性、文献性和创新性来看,都为我们提供了一定的写作借鉴作用。

四、毕业论文

毕业论文是指高等院校应届毕业生在专业教师指导下,按照教学计划要求独立撰写完成的含有一定学术价值的论文。它既是学生完成学业的标志性成果,更是检验高校毕业生掌握知识的程度、分析问题和解决问题能力素养的标杆尺码和综合答卷。

毕业论文是学术论文的一种,其特点和要求与一般学术论文大体相同,其特殊之处有三点:首先是指导性。毕业论文写作自始至终都离不开专业老师的指导帮助,从选题、开题、列提纲、撰写、修改直至最后的答辩,答疑解惑,每一步教师都要给予具体指导。教师的悉心指导贯穿始终,不可或缺。其次是专业性。高等院校不同的专业有不同的理论体系和科学术语,隔行如隔山。毕业论文在选题、材料、框架、语言等方面都体现明显的专业性。相对来说,只有在自己研究的领域才能驾轻就熟,自如表达。最后是时效性。毕业论文须在毕业之前规定的时间内完成,不能随意推迟。除特殊原因等可适当延迟外,一般不得迟交和延误答辩,因而具有时间的约束性。

毕业论文本质上属学术论文,但两者又有所不同。在写作上,学术论文主要的目的是在学术刊物上发表或在学术会议上交流以推动学科的建设发展,也可用于考核科技人员的业务或评定技术职称。毕业论文则是对学生进行考核的一种形式,它综合考查学生对已学知识的掌握及应用能力,并为毕业后从事科学研究工作或其他技术工作打下一定基础;在内容上,学术论文要求主题单一,内容集中、深入,选材严格,突出创新成果,不必详述研究过程。毕业论文则要求系统、具体地介绍研究过程和方法或充分论述某观点;在篇幅上,学术论文一般可长可短,视论述内容而定。毕业论文的篇幅则有字数要求,如学士论文在万字左右,硕士论文在三四万字之间,博士论文在十万字以上;在发表方式上,学术论文要求在正式出版的学术刊物上发表,或在学术会议上交流。而毕业论文则是在教师的指导下,经过教师、专家或评审组、答辩委员会评审、答辩通过,在内部交流,后归档保存。

毕业论文按照不同的标准,可以分为不同的种类。以毕业论文学历层次分为四类:其一是普通毕业论文。一般指高职高专毕业生撰写的,用已有理论知识表达对某一课题内容见解的毕业论文。不授予学位,字数约为五千字左右。其二是学士论文。指本科毕业生为申请学位,运用所学领域专业知识对某一课题进行初步研究而撰写的毕业论文。其三是硕士论文。指硕士研究生为申请学位,运用所学领域专业知识对某一课题进行深入研究而撰写的毕业论文。其四是博士论文。指博士研究生为申请学位,运用所学领域专业知识对某一课题进行独到研究而撰写的毕业论文。也常有博士以书稿或已出版的专业书籍的形式进行博士论文答辩。以毕业论文的内容可分为两类:其一是自然科学毕业论文,由理、工、农、医等学科内容构成。其二是社会科学毕业论文,由政治、经济、历史、哲学、文学、管理等学科内容构成。以研究方法和对象分为三类:其一是理论型。通过对资料进行理论分析的方法证明已知的观点和定理,或提出某种新的理论与见解的毕业论文,如数学、社会科学等论文。其二是实验型。通过科学实验对实验结果进行讨论分析,最终找出客观规律的毕业论文。其三是调查型。通过对某一问题的调查采访,了解其历史、现状及发展趋势,或分析其成因、危害及意义等,提出解决问题的建议的毕业论文。

具体说,本科毕业论文一般包括封面和标题、摘要、关键词、目录、正文、致谢、注释、参考文献和附录等九部分。其中封面指毕业论文的封面页,一般由学校统一印制。主要信息包括学院名称、论文标题、所属系别、专业、学生姓名、学号、指导教师姓名及职称、论文字数、成文日期;目录部分由毕业论文各部分内容的顺序号、名称和页码组成。一般单独设页。目录使论文层次更加分明,便于阅读,更便于查找。编制时,切记目录上章节标题的文字和正文中相应章节的标题文字要完全一致,不可随意增减;一般情况下,本科生论文所列参考文献不少于 15 篇;硕士学位论文参考文献 50 篇以上;博士学位论文参考文献在 100 篇以上;附录部分收录与论文关系密切的材料、数据、图表等。

以上所列举的是一篇毕业论文所具备的基本格式要求,根据实际情况,除了“注释”和“附录”部分根据需要而定之外,其他部分是不可缺少的。论文写作完成后,都要求打印并装订成册,其中字体大小、页面设置等都有相应的要求,毕业生应在指导教师的具体要求下,认认真真地完成论文写作的每一个步骤。

毕业论文工作的全过程包括“论文选题”“材料的搜集和整理”“论文写作”和“论文答辩”四个阶段。前三部分与学术论文写作大同小异,本节重点介绍“论文答辩”部分。

论文答辩指由专业教师或相关专家学者构成的答辩小组或答辩委员会就毕业论文中的相关问题采用当面问答的考核方式,一般让学生略作准备后直接以口述的方式回答。它是论文完成的最末环节,也是审查论文的补充方式。答辩合格通过者,方能授予其相应专业的毕业证书和学位证书。这种直接面对面进行口头陈述的考试方式最能真实掌握论文写作者“为何写”“写什么”和“怎么写”的问题。

论文答辩既能有效地考查论文写作者的基本学风,检测论文写作的真实性,写作态度是否认真严谨,又能进一步培养学生的创新意识,以及综合运用已学知识的能力和顺畅的口头表达能力。最终发现并指出论文中存在的问题,指导写作者应如何修改和完善。

毕业论文的评价标准通常采用五级记分制,从高到低为优秀、良好、中等、及格和不及格。论文成绩先由指导教师、评阅人和答辩小组分别评定,最后由答辩委员会确定并公布。

论文答辩准备大致包括思想准备和物质准备两个方面。思想准备指要从论文本身涉及的问题去着手及思考答辩事宜。即除了考虑答辩规定的作者陈述写作思路、研究方法、核心论点、论文层次等,更要考虑如何回答答辩专家可能提出的问题,以便积极应对,有的放矢。

比如:陈桂良在《大学应用文写作》(浙江大学出版社,2002 年)一书中提醒论文写作者:

选题的价值何在?你又在研究中具体做了哪些工作?当前的研究现状及主要成果有哪些?具体某一则引文的出处及相关背景是怎样的?你立论的根据以及你是如何一步步论证的?有没有发现新问题?还有哪些没解决或暂时解决不了的问题?下一步打算如何处理等等。

物质准备指参加答辩要携带必要的纸质资料和纸笔。纸质资料,如论文完整打印稿及相关资料,准备回答提问的材料及思考的答案。纸笔,是为记录答辩小组提的问题及答辩老师的意见而准备的纸张和用笔。

毕业论文答辩,先由院系成立答辩委员会,其下再分设若干个答辩小组。答辩小组由 3—5 名本学科中级职称以上的教师组成,其成员可以是本系的教师,也可以从外校聘请。

现场答辩的具体程序包括六个方面。其一是答辩主持人介绍答辩小组成员,宣布答辩事宜及答辩次序。其二是论文作者陈述。时间为 5—10 分钟。其三是答辩小组老师提问。围绕论文每人提 1—3 个问题。其四是学生回答问题。在答辩小组提问的时候,学生应认真记录,然后退场到旁边进行准备,时间为 10—30 分钟,时间一到,再回到答辩席回答刚才答辩小组提出的问题。其五是答辩小组评议。全体答辩生答辩结束后,论文作者退场,答辩小组进行全面评议后,为每篇论文写出评语,给出成绩。其六是答辩小组复会。答辩主持人当场宣布表决结果及论文评语,答辩结束。答辩记录表也一并交院系办公室存档。

答辩注意事项主要有三点:首先态度要谦逊。认真记录和虚心听取答辩老师所提问题和意见。其次应答要明确。本着实事求是的原则,对无把握或不会回答的问题可如实作答,不要自作聪明,强词夺理或察言观色,投其所好。最后礼仪要周全。答辩开始,应礼貌问候。答辩结束,要礼貌退场,对答辩组成员的劳动表示感谢。

思考与练习

一、总结商品广告与产品说明书的异同点,列举生活中一则商品广告和它的说明书做具体赏析。

二、收看一部城市或者大学宣传片,实录全文,然后从写作的角度谈谈你对这部宣传片解说词的印象。

三、结合自己的专业特色,在核心期刊上选择一篇感兴趣的学术论文,围绕学术论文的相关知识,做十张左右的PPT,向朋友作一介绍和推荐。

四、如果你是文科生,针对"浅谈戴望舒""论戴望舒诗歌意象""戴望舒《雨巷》新论""古典情怀下戴望舒的婚恋生活"和"戴望舒诗歌对中国古典诗歌意象的接受"五个选题,选择合适的论文题目,并说明理由。

五、写作实践题

1.请选择所在地某一风景区或土特产品,为其写一则宣传广告或产品说明书。

2.为自己的班级拟写一个专题片的解说词,并注意设计画面镜头和音效。

3.请根据学科的需要,按照论文的写作要求,尝试着撰写一篇专业论文。

第五节　网络应用文体

一、网络文体及其写作

所谓文体，一般是指文章的体裁或风格。特定的历史时期往往会伴随着特定文体的繁荣，如汉赋、唐诗、宋词、元曲、明清小说，而网络文体则是随着当今时代科技进步和文化更新出现的新的文体现象。那么，应该如何来定义网络文体呢？网络文体之所以区别于传统文体，主要是因为其特殊的媒介属性和传播特质。因此，网络文体指的是以网络技术支持实现其功能的、在网络上发表与传播的各种文体的总称。

网络文体的类别常见的有网络新闻、微博、微信公众号、博客、电子邮件、论坛帖子、签名档等，本节将分别在第二、三、四部分介绍网络新闻、微博、微信公众号的写作方法。

网络文体是一种新兴的文体现象，其传播基于数字化时代的新媒体技术，因此网络文体写作相对传统文体写作而言就具有了新的特点，主要体现在以下几个方面：

（一）匿名性

西方文论中对“作者”概念的质疑由来已久，如罗兰·巴特说“作者死了”，体现出明显的“去作者中心”的倾向，而当代的网络写作则进一步消解了作者主体性。一般来说，网络文体的作者不会以真名发表作品，其姓名、性别、年龄、职业等真实信息被隐藏起来，代之以虚拟的网名，这一网名对应的不是他的现实身份，而是一个虚构身份，所以网络文体写作本质上是匿名写作。这种匿名写作可能带来两方面的结果：一是作者创作自由与个性的充分展现，更大限度地表达出真实的自我，解放人的自由天性，激发出更为强大的创造力；但另一个值得注意的方面是，网络写作的匿名性也使得其中充斥着大量的平庸之作，甚至毫无价值的文字垃圾。

网络写作的匿名性也使得集体作者的出现具有了可能性，从而导致“去意义中心”。在传统写作方式下，作品的传播主要依靠纸质印刷出版发行，作品一旦印刷出版，其文本内容也就被固定下来，形成某种相对稳定的“意义中心”，在没有修订再版的情况下，读者或作者本人都无法再对文本直接进行修改。而在新媒体时代，作品以虚拟形式在网络传播，没有固定的纸质载体，对作品的编辑修改变得十分方便快捷，几乎每个人都可以去编辑修改作品，成为众多作者当中的一个，也就是作品的集体作者之一。在网络上众多作者自由修改的过程中,作品的意义也早已发生变化,不再是最初的模样,原来相对稳定的“意义中心”也就不存在了。

（二）自由性

中国古代有辨体论和破体论的说法。辨体论认为“文各有体”,就是说每种文体都有自己独特的审美特性和表现手法;破体论则强调“文无定体”,主张打破文体之间的界限,使各种文体相互融合。网络文体写作的自由性特点恰恰符合破体论所提倡的“文无定体”。

网络文体是网络上各种文体的总称,它本身是极其丰富且不断变化的;针对某种具体的网络文体来说,文体形式也并非固定不变,而是自由灵活的。网络文体写作中跨文体写作现象极为普遍,各种文体往往交叉融合在一起,很难说清它们属于哪种传统文体的范畴。表达方式也非常自由随意,尤其是经常出现在回帖、聊天等场景中的一些网络流行文体,很多时候并不符合传统写作规范,带有明显的自由化表达的特点。例如,“都9102年了,居然还会有这种事!”这里的“9102年”,写成9012年也可以,其实就是指2019年,自由打乱数字排序后获得了更加委婉、幽默的表达效果。又比如,“人艰不拆”,意思是:人生已经如此艰难,有些事情就不要拆穿了。这个网络四字词语在传统语汇系统中是没有的,它并不符合传统的语言表达规范,但在今天的网络语言中却被广泛使用。类似这样的还有“喜大普奔”,表示喜闻乐见、大快人心、普天同庆、奔走相告;“细思恐极”,表示仔细想想,觉得恐怖至极;“不明觉厉”,表示虽然不明白,但是感觉很厉害;等等。诸如此类,都是在网络时代新媒体背景下,人们为了适应信息快速传播的需要而自由创造出来的新的表达方式。

（三）多样性

网络文体写作的多样性主要体现在文体类型的多样性和文本形式的多样性这两个方面。

网络文体在吸收传统文体某些因素的基础上,发展演变出许多新的文体类型。比如,古典文学中的诗词、对联、成语等形式被网民改造成各种娱乐性的接龙、打油诗等,这些文体形式一般是在各种论坛或聊天工具上依靠知识积累而来的即兴发挥,形式多样。再有,网络新媒体与传统文体类型结合也孕育出许多全新的文体类型,如网游小说、网络接龙小说等。

从文本形式来说,网络写作改变了传统写作单一的纸笔方式,进入到多媒体写作时代,其文本形式体现出明显的丰富多样性。网络写作不仅可以使用文字,同时还可以使用声音(音频)和图像(图画、照片、动画、视频)。比如,一则新闻,传统纸媒往往以“文字

+图片”的形式进行报道,但新媒体则可以采用“文字+图片+音频+视频”的方式来进行实时实地的报道,使受众能够更加全面、真切地了解掌握信息。此外,网络文体写作也是一种超文本写作,作者可以在文本中添加链接,而读者可以在阅读过程中做出不同的选择。

（四）零散性

传统写作讲究谋篇布局,作品具有独立性和完整性。而网络文体写作的交互性、即时性使得传统写作的“深思熟虑”变得难以实现,也不再必需。这种即时即刻的写作使得网络文体呈现出来的多是一种零散的状态。比如,一般出现在贴吧、论坛、博客、微博、通信工具中的签名档,它可以是文字,也可以是图片,往往篇幅很短,有的只有一句话甚至一个词、一个字,自由随意地展现个性风采或即时即刻地分享心情感悟。

网络文体写作的零散性也和大众阅读习惯的改变有关。在当今这个快节奏时代,人们已经不再习惯静下心来阅读篇幅较长的文章,简短、幽默的文本可以快速抓住人们“眼球”,吸引人们的关注。

（五）流行性

流行又称时尚,是某些事物、观念等被人们迅速接受、推广到消失的过程。在网络中,经常会因为某些社会事件、社会现象、影视作品、文学作品等诞生一些网络流行文体,它们从出现到盛行的时间很短,可能只需要几天,甚至几小时、几分钟,仿佛突然之间就遍布网络,人们都热衷于使用这种文体在网络上交流、写作,成为一个特定时间段内的时尚,但一段时间之后可能又消失得无影无踪,几乎不会有人再使用。

比如,2010 年的一部电影《非诚勿扰 2》中有一首这样的小诗:“你见,或者不见我,我就在那里,不悲不喜;/你念,或者不念我,情就在那里,不来不去;/你爱,或者不爱我,爱就在那里,不增不减;/你跟,或者不跟我,我的手就在你手里,不舍不弃;/来我的怀里,或者让我住进你的心里;/默然,相爱。寂静,欢喜。”随着电影的上映,这首小诗被广大网友争相模仿、创造,一时间诸如微博版、考试版、堵车版等各种版本的“非诚勿扰体”在全国流行起来,比如微博版的“非诚勿扰体”:“你转,或者不转发,微博就在那里,不多不少;/你冒,或者不冒泡,粉丝就在那里,不离不弃;/你苦,或者不辛苦,心疼就在那里,不多不少;/你幸,或者不幸福,牵挂就在那里,不增不减;/让我偶遇你,或者让你偶遇我;/幸福,快乐。牵挂,祝福。”

“非诚勿扰体”是众多网络流行文体中的一种,像这样的网络流行文体还有很多,比如咆哮体、琼瑶体、淘宝体、甄嬛体、元芳体等,它们都曾经红极一时,但往往来得快去得也快,仿若昙花一现,短暂的热潮之后很快就被人遗忘。

传统写作有道德操守和专业素养的限制与要求,今天的网络写作同样应该具备道德操守。一个好的网络写作者不应该利用网络对自己事业上或学业上的竞争对手进行人格打击,使用攻击性的或不礼貌的语言。

由于网络的普及和深入,亿万用户在享受到前所未有的自由、方便的同时,也越来越多地将各种个人隐私暴露于网络中,如身份信息、家庭住址、电话号码、电子邮件、购物记录、医疗记录、生活方式、兴趣爱好等等。在网络空间这样一个公开、匿名和复杂的系统内,网络写作者有责任保护自己和他人的隐私,避免在写作中使用和公开私人信息,尊重他人的隐私,不进行人身攻击。

二、网络新闻写作

2018 年 1 月 31 日,中国互联网络信息中心(CNNIC)发布的第 41 次《中国互联网络发展状况统计报告》显示,截至 2017 年 12 月,我国网民普及率已达 55.8%,超过六成网民通过 PC 端或手机端上网浏览新闻,网络已成为人们获取新闻的重要渠道。

和传统新闻相比,网络新闻的生产主体更加多元化,传播者与接受者之间不再界限分明,任何个人或组织在作为新闻接受者的同时也可能成为新闻写作、传播的主体。网络新闻的发布平台是多样化的,有新闻网站、新闻客户端、微博、微信公众号等,这里主要介绍对各平台具有普适性的网络新闻写作方法。

由于网络传播的特殊性,写作网络新闻在遵循新闻写作一般规律的同时,还要掌握网络新闻写作的特殊规律和方法技巧。网络新闻的写作主要注意以下几个方面:

(一)标题

要精心设计新闻标题。对于传统纸媒新闻而言,由于其版面展示空间的完整性,读者可以同时看到新闻的主标题、副标题乃至主体新闻提要等,第一时间获取的具体信息相对较多,因此,新闻标题可以使用更多委婉的修辞。比如,主标题采用比喻,副标题则可以对其进行解释说明。但网络新闻的情况有所不同:目前,各大网络新闻平台为增大信息容量,通常采用新闻标题集中组合的引导式版面布局。在这样的版面结构下,最先呈现于受众眼前的是由大量新闻标题组成的链接群,每条新闻的深层内容需要点击标题链接才能进一步获取。因此,新闻标题成为受众是否获取新闻深层内容的第一引导力量,其重要性不言而喻。好的标题能够吸引读者点击链接,引导其获取下一层新闻内容;反之,不好的标题则会直接打消读者获取更深层新闻内容的想法。网络新闻想要读者进入深层内容,就必须强化标题意识,精心设计新闻标题。

优秀的网络新闻标题应该符合四个标准:一是要准确清晰地说明新闻事实,二是要突出最为重要的新闻因素,三是要强调新闻中最新的变动,四是要揭示新闻中最本质的变动意义。当然,在实际写作新闻标题时,这四个标准或许不能同时达到,但在一个新闻标题中,它们被实现的成分越多,新闻标题的质量也就越高。

在写作网络新闻标题时有两点需要特别注意:首先,不要使用卖弄的、夸张的、过分渲染的词语,因为在快速阅读时,这类标题会妨碍读者准确把握新闻的真实内容。其次,不要使用隐喻等方式“标新立异”,因为在网络新闻的版面布局下,这类标题可能会造成读者的理解障碍,甚至对读者形成误导。

值得注意的是,在网络新闻中存在一些故意使用夸张、耸动的标题吸引眼球、诱导点击的“标题党”。这些“标题党”为了吸引关注,营造眼球效应,随意夸大事实、断章取义、无中生有、偷换概念,其危害自然不可小觑,同时也会引起大部分读者的反感,长期来看,“标题党”自身也如同饮鸩止渴,得不偿失。因此,在设计网络新闻标题时要避免走入这样的歧途。正确的态度应该是在提高内容质量、审美趣味的基础上,合理利用读者心理和标题制作规律,“酒香”的同时“巷子也不深”。

(二)正文

首先,要使新闻内容便于检索。受众通过搜索引擎检索网络新闻可以扩大新闻的传播影响范围,增加新闻的再度利用率。为了使新闻最本质的内容能够在搜索引擎上清晰显现,方便受众检索,网络新闻写作要注意两个环节:

一是新闻标题要清晰明确。网络新闻标题是检索者查找识别信息的最初标识,也是最先被搜索引擎捕捉的部分。为了便于搜索引擎检索,网络新闻标题除了前面谈到过的四个标准外,还应该注意这几个方面:由于目前互联网接收终端版面布局的限定,一则新闻需要有一个单独一行的、一般不要超过 25 个字的言简意赅的文字标题,要确保这个标题的前 20 个字能够描述新闻的本质性内容;标题的第一个词对于描述一则新闻或者一页新闻的内容非常重要;新闻标题不要用套话或笼统的描述,越具有独特性的标题越容易在搜索引擎列表中被检索者注意到;每一页独立网页都必须以醒目的标题作为标识。

二是导语或概要应精彩简洁。在搜索引擎上,一则新闻最前端的几十个字会被作为其全部内容的简明提示而显示出来,检索者往往就是通过搜索引擎呈现的这几十个字去判断这则新闻与自己的需求是否有关,从而决定是否点开链接进一步阅读新闻内容。为了写好网络新闻的导语或概要,这些技巧是需要注意的:导语、概要的描述必须准确反映全文的内在联系及本质含义;使用精彩的词语和简洁的句式写作导语、概要,如果是长篇报道,要将概要置于页面的最前端,并在概要中设计链接,将读者引向报道的详细内容;不要使用浮夸的语言,要把精力集中于事实;字数应该控制在 150 字以内。

其次,要设法突出重点要素。读者阅读网络新闻的主要方式是扫描式阅读。在这种阅读方式下,要保证读者能准确清晰地捕捉到新闻的核心内容,就必须将新闻的重点要素用最清晰的表达方式描述出来，并进行合理排列。准确、简洁、突出，这三个要求在新闻主体的构造过程中需要同时完成。

第一，将最重要的新闻要素放在最前面。无论是写作一篇新闻还是一个段落，都要遵循要者为先原则，用最重要的新闻事实或观察结论作为每一则、每一页新闻的开始。任何时候都要记得把最重要的信息置于最前端，因为网络读者的注意力是稀缺资源，他们一般都无意于文山字海的艰难跋涉。第二，要高度简洁地表述最重要的新闻事实。为了让读者在最短的时间内尽可能完整准确地了解最重要的新闻要素，需要在第一视觉区域内完成对最重要新闻事实的概括、描述和引导。第三，用一个段落描述一个主要内容，用另一个段落描述另一个内容。因为网络读者的注意力往往是跳跃的，甚至经常会进行超越段落的跳跃，他们很难在一个段落中同时注意到两个重点。第四，在一个段落中，以加粗、彩色等方式突出关键词语，避免强调整个句子或段落，因为扫描状态中的人眼一次只能掠取两三个词。第五，要想方设法让读者感到新闻中的信息对他们有用。读者往往没有足够的耐心并且充满了怀疑精神，他们是为了满足自己的某种需要才去点击链接，因此网络新闻作者永远要以“对读者有用”的方式进行写作，让读者尽快找到他们想要的信息。

再次，要分层展示深度信息。写作网络新闻要精确判断新闻价值的层次结构，按照读者的关注度、需求度对纷繁复杂的新闻要素进行立体化的组合排列。这不仅需要确定在一个页面里各新闻要素的组合排列关系，还需要确定其在多层页面中的组合排列关系，建立起分层表述，特别是立体分层表述的意识。

传统纸媒，一则新闻就是一个整体，读者看到的是信息的全部，所谓分层表述是组合重点的平面排列技术。而网络媒体，由于页面的限制和读者阅读习惯的制约，写作者可能需要把同样的信息拆分为独立的个体，制作成多重的超链接页面，因为读者不可能把一个很长的页面尽收眼底。

在进行“立体分层表述”时，有两点需要注意：首先是要对新闻的重点因素进行精确的分解，以确定哪些内容需要在第一页呈现，哪些内容需要通过链动在第二、第三页呈现。其次是要保证每个页面的内容具有相对完整性，并且能从一个侧面更详细更深刻地解释主体新闻。因为网络上的读者可以在自己选择的页面间自由移动，所以不要设想读者是在看过前一页后才来索取这一页的内容，也不要奢望读者能够按照严格的逻辑程序去点击各个链动。要让读者看到一页一页的相对完整的有内在联系的信息群落，通过这些信息群落真正理解这则网络新闻所要传达的整体信息。

通常实施链动的内容包括：新闻各要素的详细描述与解释，支持结论的论据，直接背景资料，统计表格与数据，问题的定义与专门机构的缩写以及更加广泛的参考资料等。

要对文本文件进行有序的组织,它的分层展示一般不要超过四层链接。如果想要传达的信息能够在一个页面上简洁而完整地呈现,就不要使用超链接。

最后,新闻背景的交代可以灵活处理。新闻背景是解释说明新闻事件发生的原因、历史、环境、条件、意义等,具有烘托新闻主题的作用,是新闻报道的重要组成部分。网络新闻交代背景的方式有两种:第一种,新闻背景不作为独立的结构,而是与新闻事实融汇在一起,穿插在导语、主体或结尾中。这种交代背景的方式与传统纸媒新闻相似。网络新闻交代背景的第二种方式是将新闻背景与主要新闻事实分开,分别放在不同的网页,读者可以通过链接的方式随时查阅。比如,2016 年 11 月 3 日对长征五号运载火箭首飞成功的专题报道中,人民网开辟了航天人、航天报道两个小专题全面介绍中国航天的历史和发展。网络新闻页面下方通常都有“相关新闻”链接, 这也有助于读者更好地了解新闻事件的相关背景。写作网络新闻时,对新闻背景的交代可以灵活处理,新闻背景可与新闻事实融汇结合,也可作为独立结构,通过链接查阅。

三、微博写作

微博是微博客的简称,通常被用来记录和分享人们日常工作生活中的事件、人物、经历、感受。它凭借其草根性、自主性、快捷性和互动性的特点构建了庞大的用户群,成为全球广泛使用的新型文本形式。

微博写作除了记录日常生活工作中亲自看到听到的事件、人物(最好有照片、视频、音频为证)、亲身经历体验的感受、想法之外,还可以从报纸、杂志、电视、广播和互联网信息中寻找素材,一旦找到有价值的材料,就可以努力寻找一个新的角度进行改写,用微博发布出来。此外,生活中任何一个信息来源都可能成为微博写作的源泉,如一本书、一篇学术论文、一份调查报告、一封电子邮件、一件平常小事等。但微博并非只是简单地转载、复述这些内容,也不只是简单提供消遣娱乐,还应该能够启发人们对问题的深入思考。

微博写作要考虑五要素,即五个“W”:Who(谁是你的读者),What(你的微博向读者传播的核心内容是什么),How(你采用怎样的写作形式传播自己的内容),When(何时发布自己的微博最有效),Where(在哪个平台发布自己的微博效果最好)。在深入理解这五个“W”的基础上,重点注意以下几个方面:

(一)了解自己

首先问自己几个问题:我是一个什么样的人? 我的个性是什么? 我的优势是什么? 我的劣势是什么?

在微博世界,具有影响力的人大致分为三类:

专家型。他们的影响力来源于身份地位或专业知识,这些人包括:党政要员、专家学者、媒体领袖(如著名评论家、著名记者、著名主持人等)、文化精英(如著名导演、著名演员、著名作家、著名画家、著名音乐家等)、社交圈名人,他们在网络之外的地位和声誉带给他们网络之内的地位和声誉。

社交型。他们最初是普通人,但很擅长在网络上与人交往,能够充分利用各种社交媒体宣传自己,或鼓动网民情绪,具有一定的个人魅力。

内容型。他们最初也是普通人,其影响力来自于他们在微博上发布和分享的内容的高质量,他们个人口碑的建立主要依靠他们所贡献的内容。

在开始写微博之前,先弄明白自己的优势更多地体现在哪个方面,结合个人特质为自己的微博选择一个合适的定位。

(二)了解读者

谁是你的读者?他们喜欢什么?关注什么?有怎样的阅读期待?读者在阅读一条微博时,总会有一定的预期,这些预期通常包括:这条微博将能满足读者的好奇心;这条微博将更新读者的知识;这条微博将阐述一个热点事件;这条微博将对读者有实用价值;这条微博将提供给读者新的思路,等等。明确了你的目标读者,理解了他们的关注兴趣、阅读期待,可以让你的微博写作更为有的放矢,更能调动读者的阅读热情,达到更好的传播效果。

(三)确定一个连贯性的主题

在准确分析自身和读者的基础上,为自己的微博确定一个清晰明确且具有连贯性的主题。微博内容展示主要针对的是陌生人,如果你的微博昨天是描述一个严肃的社会事件,今天却写你家宠物的搞笑故事,明天又变成减肥方法的分享,这样的大杂烩使读者无法获得正确的预期,一开始因为严肃社会事件关注你的读者可能会因为你的变化而取消关注,新的有可能关注你的人因为难以从模糊庞杂的内容里找到自己感兴趣的东西,从而很可能直接忽略你的微博。因为除了名人、明星,网民很少会对一个普通人的生活琐事产生太大兴趣,除非它有什么独特的新闻或实用价值。只有当你的影响力逐渐扩大,有了一定声誉后,人们才有可能对你的个人生活琐事有点兴趣。在网络世界,你只有先让人关心你提供的内容,当人们公认你的内容具有某个方面的价值后,才有可能进而关注到你这个人本身(具有知名度的名人、明星除外)。

(四)撰写一个有价值的内容

微博写作不同于传统写作讲究严格谋篇布局和遣词造句,而是一种碎片化的写作。

它没有固定的形式要求，也不必遵循传统章法，写作过程快速、流畅，是一种自然状态下的写作。微博内容简短，但同样体现出多媒体性和超文本性，可以插入图片、音频、视频、链接等。微博写作的自由度很大，但仍然有一些基本的原则方法是写作时应该注意的，比如要尽量写出清晰明了、有实质性内容的描述和评论，不使用术语，避免过分简单化和夸张化，避免偏见等。在选择微博写作内容时可以重点关注这些方面：

1.一个戏剧性的事件：【史上最"谦虚"的笨贼】近日，常熟一位司机忘记锁车窗，车上行驶证、零钱等财物被盗。嫌疑人为敲诈事主两千元钱，便在车上留下字条，开头先道"对不起"，落款署名"一个笨贼"，同时留下了自己的微信号码方便失主转账，几小时后，常熟公安成功抓获嫌疑人。蜀黍寄语：希望你以后不要再做坏事，但是这种谦虚的态度要保持下去。

2.一种争议性的行为：【#救不救我父亲请你投票#江苏一教师发起网络投票引争议】15 日，江苏一名教师发起投票帖，称父亲骑电动车摔倒后受伤，进行了脊椎手术后本已经愈合出院，但术后手术伤口化脓导致颅内感染、切口感染等问题。医生表示"能活多久看'造化'了""一百万花下去也不一定有用"。面对父亲的生死，他不知道自己该如何选择，所以希望网友进行投票。该教师的做法引发网友的激烈争论，有人毫不留情地批评他"自己爸爸的生死让一群陌生人来决定？"，也有人表示"如果医生都说没有希望，那尊重病人的想法"，还有人称自己经历过失去父亲的感觉，"我会选择卖房治疗"。

3.一种有思考的见解："元芳，你怎么看"这样并无多少幽默元素的东西也会成为流行语，"杜甫很忙"让诗圣成为竞相恶搞的对象，这些文化现象背后的一个社会现实是，在生活节奏加快的同时，大多数人的生活，在大多数情况下，越来越无聊了。

4.一些有特点的人物：一对老年夫妇，一起走过大半辈子，多年来他们每晚睡前最后一刻必定会跟对方说一句：我爱你。别人问他们为什么有这个习惯，丈夫说：我们都这把年纪了，这样做是为了保证，假如我们其中一个第二天没有醒来，我们在人生里留给对方的最后一句话就是这三个字。

要写出精致有价值的内容，有两个方面要着重注意：首先是增强故事性。社会事件或生活经历都是故事，都可以写成微博。人们通常更喜欢通过故事而不是抽象思维来认识、理解世界。因此，擅长讲故事会让微博更具有可读性。那么用微博能叙述好一个故事吗？答案是肯定的。微博虽然有字数限制，但仍然可以成为故事的载体，加入一段故事往往比只有观点更能吸引读者。例如：【醉驾男斥交警：我要投诉你 12 点还上班】3 月 14 日，广西百色。一男子驾驶无牌摩托车冲卡，被交警截停。过程中男子叫嚣警察八小时外还工作不合法，扬言要投诉交警。经测男子属于醉驾，其酒醒后称后悔都来不及。

增强微博故事性的一个技巧是使用对话，或添加一些自己亲历的具有感染力、展示力的细节。其次需要注意的是体现个性。在写微博时,原创内容应该尽可能地多,因为这些原创作品是区分你和其他人的指纹,是微博个性的源泉。如果大多是转载内容,人们就不一定非要来你的微博看,其他地方也一样可以获取到。发表一条原创微博就是一次向世界展示自己的机会。在不断的写作中,逐渐找到一个自己独有的微博写作风格。所谓独特风格并不等同于标新立异,朴实无华也是一种风格,关键是要有属于自己的个性化的辨识度。独特的风格彰显的是作者的个性,而个性是吸引读者的磁石。

一旦决定努力成为一个有一定影响力的微博写作者,就要认真维护自己微博的质量和声誉,努力确保每篇文章、每段文字都是精品,不间断地发布微博,每天至少新添一条微博,保证读者持续关注而不流失。

微博使得人们不仅可以从网络获取信息、观点,同时也使人人都能在网络上发布信息、发表意见。每一个微博用户,既是内容的消费者,也是内容的生产者,中国大多数微博用户都使用网名而非真名,有些微博写作者出于博取眼球或宣泄情绪等原因会过分简单、偏激地表达个人偏见,而对信息的真实性反而不那么在意,这就对微博内容的可靠性提出了挑战。但博主的声誉最终将受到微博内容准确性、清晰性和可靠性的影响,如果希望写出高质量的微博内容,就必须清楚地分辨事实和谣言,区分已证实的信息和推测;也可以用真实姓名注册微博,这样做一方面可以让网民对你传播的内容更有信心,另一方面也可以使自己在发布内容时更负责,是一种自我约束。事实上,很多有社会影响力的知名微博都是用真实姓名注册的。

四、微信公众号写作

移动互联网时代,人们已经习惯于从社交媒体获取各类资讯,微信公众号成为其中最为重要的渠道之一。微信公众号根据其作用分为订阅号、服务号和企业号;根据其内容侧重点分成百科类、资讯类、教育类、财经类、科技类、时尚类、搞笑类、健康类、情感类、美食类、母婴类、萌宠类、运动类、房产类、汽车类等。微信公众号主要通过推送文章来吸纳用户、强化用户黏性,推文质量的高低将直接影响到公众号的运营。微信公众号写作不是将现成资讯完全照搬或简单拼凑,而是一种具有创造性的写作。写好微信公众号文章除了需要具备传统写作功底外,还需掌握一些特有的要求和方法。

(一)标题

微信公众号文章的标题处于文章最前端位置,对吸引读者注意力起着至关重要的作用,直接影响到正文的阅读率。如果文章标题过于粗糙平庸,即使内容再好,读者也有可能放弃点击,传播效果也就无从实现。文章的标题要尽可能新颖别致,能引起读者点击、阅读文章的欲望。

不同于传统媒体文章标题“高精简”的要求，微信公众号文章标题的字数理论上在两行内均可，根据手机屏幕大小，平均一行 15—22 字，标题总长度 30—40 字。长标题可以展示出更大的信息量，引导读者阅读正文，不过，在快速浏览的情境下，读者第一时间能接收到的仅一行文字，所以，要尽量在 17 字以内将最关键、最热点、最吸引人的内容展现给读者。

具体而言：

1.标题在合适的长度内直接阐明作者的独特观点。

2.标题嵌入热播剧名或关联热门话题，提示内容的同时又能贴合实时热搜率和曝光率，读者一眼就能从中判断是不是自己感兴趣的内容。

3.少数情况下，也可以采取缩短标题字数的方式来吸引读者，透露一部分信息的同时有所保留，避免读者一看标题就能了解作者要传达的所有信息，以隐藏的信息来吸引读者阅读正文的兴趣。

4.开放性的话题优于闭合性的话题，如此可以给公众号推文作者提供更大的发挥空间。

5.标题尽量使用通俗化、口语化、“接地气”的网络语言。网络语言以其出色的表现力与亲和力深受网民喜爱，并在网络传播中迅速融入现实生活。使用网络语言可以极大地拉近与读者之间的距离。

（二）正文

1.选择热点题材，找准独特角度，输出“有用”价值观

首先，选择热点题材。在这个资讯爆炸的时代，网络用户的注意力被高度聚焦于新近的热点信息。微信公众号文章选题非常重要的一点就是紧跟热点，通过追踪热点内容来吸引受众的注意力。

其次，找准独特角度。要善于突破固定思维模式，从非常规的角度去解读信息内容，只有切入角度非常规、够独特，受众被海量雷同信息麻木的情感才能被重新激活。比如，一部喜剧电影，最常见的角度就是从喜剧角度讨论电影内容，而突破传统的角度可以是尝试从情感角度去分析现实的情感问题，从社会角度分析现实的社会问题等。角度有新意，读者自然就有阅读的兴趣。

最后，输出“有用”价值观。在微信公众号文章中，有一类阅读量比较高的文章，看似采用了一种负面的表达方式，最终输出的却是正能量。这类文章的高阅读量其实也是读者根据自己的需求作出的选择。他们阅读这类文章，不但可以通过寻找情感共鸣的方式来宣泄现实压力，还可以顺便将文章转发到朋友圈来塑造一个相对积极正面的自我形

象。这类微信公众号的“爆款文”正是因为其完美贴合了受众心理需求及其价值观而走红。这也提醒写作者，要想真正写出高质量的微信公众号文章，必须认真研究、理解社会文化和受众心理，输出对读者和社会有用的价值观。

2.故事化、对话式的写作手法

微信公众号的推文有一个很重要的优势在于不限篇幅，可以容纳大量的文字、图片、音频、视频，为故事、细节、对话的展示提供空间。作者在撰写推文时，可以采用故事化的写作方法，通过叙述身边的人物和事件，提高文章在读者心中的相关性和可信度，使读者不仅感觉故事与“我”（读者自己）有关，而且真实发生过，加强真实感。

文章要与“我”相关，对“我”有用。读者在互联网的海量信息中选择性注意到的多是与自身相关的部分。快速建立读者的阅读兴趣，应多用“你”“你们”“我们”等词语，读者会因此被培养出对事物的好奇心，因为这些与他相关。“你”“你们”“我们”等词语用共性问题拉近了彼此之间的距离，使话题变得互动性更强，同时是对此类问题存在的肯定。“物以类聚，人以群分”，任何时候受众都在寻找归属感，习惯于自我标签。他们从同类人那里获取经验、共享情绪。公众号推文作者通过互动式写作与读者产生关联，这时候文章对读者来说是“与我有关”的，所以他们会增加点击量和阅读量。

具体而言，这种互动式写作通常以对话的形式进行，将整个写作的过程看作一个双向沟通的对话过程，多使用第一人称和第二人称，如“我们”“你”“你们”，配合平实自然的日常交流语言，将内容直接落实到与读者的关联上，提供经验，共享情绪，从而引发读者的情感共鸣。同时，这种对话写作方式也有利于统一写作角度，避免出现多人称表述的混杂局面。因此，总的来说，这就像是“我”在和“你”对话，讲述一个真实的故事，引出一种价值观。

在当下，网络用户倾向于在虚拟世界中寻找娱乐消遣，而这种故事化、对话式的写作方法在满足其娱乐要求的同时，也向他们输出了“有用的”价值观，使文章轻松愉悦又不失实际功用。例如，《狼是怎么死在兔子手下的，看懂的人都疯了》，这篇文章总共分成六个部分，下面摘录的是第六部分：

> 森林里恢复了往日的宁静，兔子吃狼的故事似乎快要被大家忘记了。
>
> 又过了很久，一只年轻的老虎听说了这个故事后，激发了灵感。于是抓住了一只羚羊，说：“如果你可以像以前的兔子那样为我带来食物，那我就不吃你。”
>
> 羚羊答应了，老虎悠然自得地进了山洞。可是三天过去了，也没有见羚羊领一只动物进洞。
>
> 它实在憋不住了，出来一看，羚羊早就跑了，只留下一篇文章在地上——《想要

做好老板,先要懂得怎样留住员工》。

思考:同样的商业模式并不适合所有的人。时间的推移,机会成本也在增加,盲目把旧的经验移植到今天的环境当中,失败是难免的。

这篇文章要传递一定的价值观,却并不通过简单的说教,而是以讲述兔子、狼、狮子、猎人、老虎、羚羊等角色的故事来达成目标。

3.简洁、幽默、时尚的文风

枯燥、说教、苦大仇深是新媒体的天敌,教育功能并不是新媒体的天性,娱乐休闲才是。人们厌倦了严肃枯燥的内容和高大完美的人设,有趣的内容能够提高公众的关注度和忠诚度,让人更有阅读的兴致;幽默的文风可以使公众号与读者之间建立起更加深厚牢固的情感关联,树立作者"接地气"的形象。有亲和感、平易近人的、活生生的形象才更深入人心。成功的微信公众号写作者在塑造自我形象时会让读者看到自己和其他人一样有各种烦恼,会把事情搞砸,会失败自卑,但不会沮丧绝望。这种模范形象更真实,他在博读者一笑的同时潜在地传递了一种正能量:我们都不完美,但生活一定要积极、乐观。这样的形象让读者感觉自己也充满实现梦想的可能,它受到追捧也就是顺理成章的了。简洁、幽默、时尚正是微信公众号写作者应该追求的文风。

首先,尽量使用网络流行语汇进行写作。相对于报纸、广播、电视等传统媒体,微信公众号文章的语言受语法规则限制更少,且随时可能产生一些新的词语和句式。其语言风格简洁、幽默、时尚,有时甚至用符号、英文来代替某些词汇表意。这些都是网民更容易接受,但传统媒体不适宜使用的语言表达方式。比如:《从惊艳到被吐槽,故宫风是不是吹歪了?》(摘录):

在大多数人的印象里,博物馆向来都是比较高冷的存在,没想到故宫博物院却是颜色不一样的烟火,凭借着自己的文化优势疯狂出周边,搞起事情来连大牌们都自叹不如。

……

近年来,故宫博物院推出的周边数不胜数,经常在网络上引发抢购热潮,受欢迎程度与正儿八经的大牌几乎不相上下。

这其中不仅有赖于故宫博物院将传统文化元素与年轻人的"脑洞"相结合,创造出各式极具"反差萌"的周边产品,充满"故宫风"的名称与宣传故事也是秘密武器之一。

黄是阿玛黄,绿是翡翠绿,红是宫墙红……既靠情怀大大拉动了故宫周边的销量，又自带传播中国传统文化的光环，这样的神仙操作，也是没 sei 了。

……

这几段文字中有多处网络用语，比如“高冷”“颜色不一样的烟火”“搞事情”“脑洞”“反差萌”“神仙操作”“没 sei 了”。文章本身比较长，所写的内容也不是纯娱乐消遣性质，而是带有一定的严肃性，但因为合理恰当地运用了具有表现力的网络流行语汇，文章的整体风格显得轻松诙谐而充满时尚气息。

其次，如果正文主要是叙述人物或事件，可在文末加入简短犀利的点评。不少微信公众号推文都有一个特点：在文末，作者往往会对文中的事件或人物进行简短犀利的点评。这些评论多则数行，少则一两行，有的甚至只有几个字，主要是个人情绪感受的表达，颇有“读完自带弹幕”的效果。进行文末点评时，作者的身份迅速转变为第三方，与读者似乎有了一个面对面的交流，强化了互动感，也可以激发读者发表评论的冲动，大大延长了文章的后续传播效应。

第三，幽默的文风还需同轻松的行文方式相结合。具体而言，就是使用短句和分行，使文章易于理解且节奏轻快，将所要表达的内容更加轻松、明了地呈现出来。但这并不是说一味地追求快节奏和娱乐效果，那样会变得散乱而毫无头绪，影响读者的阅读效率和阅读体验。因此，写作微信公众号文章，应在新媒体文章的形式下，用完整的逻辑架构来支撑。

当然，写作的技巧和方法永远只是一个方面，一篇好的文章应该能让读者感受到它的诚意和价值，因为它是源自作者内心的真诚之作。

思考与练习

一、关注身边具有新闻价值的人物或事件，写作一则网络新闻。

二、仔细分析自己的个性与优势，策划自己的微博，并根据这一策划写出一条微博文本。

三、以一部正在上映的电影及其相关信息作为题材，自选角度，写一篇微信公众号文章。

四、你曾经尝试过某一种或某几种网络应用文体的写作吗？如果有，请总结并分享一下自己的写作经验；如果没有，请根据相关知识至少写作一个网络应用文体的文本。

参考文献

[1]四书五经[M].长沙:岳麓书社.1979.

[2]刘勰著,范文澜注.文心雕龙注(上下)[M].北京:人民文学出版社.2006.

[3]刘义庆著,朱碧莲、沈海波译注.《世说新语》[M].北京:中华书局.2011.

[4]罗常培.语言与文化[M].北京:北京出版社.2011.

[5](美)亚伦·皮斯、芭芭拉·皮斯著,王甜甜、黄佼译.身体语言密码[M].北京:中国城市出版社.2007

[6]袁涤非.现代礼仪[M].北京:高等教育出版社.2014.

[7]汤秀莲.商务礼仪[M].北京:清华大学出版社.2012.

[8]张岩松.现代交际礼仪[M].北京:中国社会科学出版社.2006.

[9]金正昆.礼仪金说[M].西安:陕西师范大学出版社.2005

[10]陈红.国际交往实用礼仪[M].北京:清华大学出版社.2004.

[11]冯春等主编.公文写作[M].北京:北京大学出版社.2013.

[12]王双成.实用交际口才[M].大连:大连理工大学出版社.1993.

[13]国家教委师范教育司.教师口语[M].北京:北京师范大学出版社.1999.

[14]索振羽.语用学教程[M].北京:北京大学出版社.2000.

[15]何兆熊.新编语用学概要[M].上海:上海外语教育出版社.2000.

[16]刘伯奎.教师口语——表达与训练[M].上海:华东师范大学出版社.2002.

[17]孙海燕、刘伯奎.口才训练十五讲[M].北京:北京大学出版社.2004.

[18]程培元.教师口语教程[M].北京:高等教育出版社.2004.

[19]何书宏.演讲与口才知识全集[M].北京:北京工业大学出版社.2006.

[20]博文等.北大口才课[M].长春:吉林文史出版社.2008.

[21]王劲松.普通话与口才训练[M].合肥:安徽大学出版社.2009.

[22]汪龙光.人际沟通心理学[M].北京:中国致公出版社.2009.

[23]崔梅、周芸.话语交际导论[M].北京:北京师范大学出版社.2010.

[24]三光华.实用口才交际训练[M].北京:机械工业出版社.2010.

[25]郭建北.每天学点冷读术全集[M].北京:新世界出版社.2012.

[26]吴礼权.语言策略秀(修订版)[M].广州:暨南大学出版社.2013.

[27]刘小漂.向孔孟学雄辩:最有中国味的说话之道[M].北京:中国华侨出版社.2013.

[28](美)戴尔·卡耐基著,刘祐译.最受欢迎的演讲与口才技巧[M].北京:中国致公出版社.2013.

[29]黄伯荣、廖序东主编.现代汉语[M].北京:高等教育出版社.2015.

[30]岑运强.交际语言学[M].北京:中国人民大学出版社.2015.

[31]吴礼权.言语交际与人际沟通(第二版)[M].广州:暨南大学出版社.2016.

[32]高飞.提问的逻辑:如何让别人特别想跟你聊下去[M].武汉:湖北科学技术出版社.2018.

[33]任遂虎主编.大学写作训练[M].北京:中国人民大学出版社.2012.

编 后 记

“语言交际艺术与应用写作”是一门通识课程的名称，面向在校大学生开设。开设这门课程的目的是基于社会对于人才素质能力的迫切需求以及学生个人发展的实际需要。在一个快速流动、交流合作的时代，交流互动与团队协作、媒介传播与媒介交往能力已成为一个人最基本的生存能力与发展能力。

“交际”本是人自身的基本需要与最“原始”能力的一部分，时至今日，虽没有真正成为“公共素养”教育的一部分，但现实却对其提出了比过去更重要、更迫切的新要求。

交际属于“交际学”的范畴，是探讨人与人之间交往互动的基本理论与技能的艺术。在这个框架下，前人已经取得了很多的研究和教学成果，譬如交际与礼仪、演讲与口才、实用写作（应用写作）等。在此基础上，如何进一步突出问题意识、围绕能力提升，编写一本既综合凝练，同时又简明实用的教材就成为创作本书的基本构想。

本教材以“交际”“问题”“能力”为关键词与价值导向，分为“交际与非语言交际艺术”“语言交际艺术”“应用写作”三大部分。“交际与非语言交际艺术”侧重讲交际学的一般知识、理论与能力要求。“语言交际艺术”侧重讲口语交流的艺术和一般文字表达的规范。“应用写作”侧重讲应用文写作。

突出交流、表达与应用写作能力提升，聚焦知识、理论、行为中存在的交际问题，注重教学中传授、互动、实训相结合，是本教材的一大特点。关注当下交际目的、交际情境、交际方式与渠道等时代新变化则是本教材的一大创新。

本教材团队，由谈莉、施小琼、曹栓姐、朱大银、冯学红、褚群武、章杏玲、徐兴菊、陈海银、杜红梅、刘玲玲、童明均诸先生组成，分担具体章节撰写任务。全书由方习文任主编，谈莉、施小琼、曹栓姐任副主编，得益于诸君不遗余力，通力合作，才会有眼前的进步与收获。

感谢黄山书社的大力支持，感谢编辑张锐先生的辛勤劳动。

由于时间紧迫，水平有限，错误与缺点在所难免，敬请读者批评指正。

方习文

2019 年 4 月